横向营销

Winning At Innovation: The A-to-F Model

【美】菲利普 · 科特勒
【西】费南多 · 德里亚斯迪贝斯　著
刘云松　译

科学技术文献出版社
SCIENTIFIC AND TECHNICAL DOCUMENTATION PRESS
· 北 京 ·

图书在版编目（CIP）数据

横向营销 /（美）菲利普·科特勒，（西）费南多·德里亚斯迪贝斯著；刘云松译 . — 北京：科学技术文献出版社，2022.7

书名原文：WINNING AT INNOVATION : The A-to-F Model

ISBN 978-7-5189-9159-4

Ⅰ . ①横… Ⅱ . ①菲… ②费… ③刘… Ⅲ . ①企业管理—营销管理 Ⅳ . ① F274

中国版本图书馆 CIP 数据核字（2022）第 088278 号

著作权合同登记号　图字：01-2022-2196

Winning At Innovation: The A-to-F Model

© Fernando Trias de Bes & Philip Kotler 2011

Published in agreement with International Editors' Co., S.L., through The Grayhawk Agency Ltd.

Simplified Chinese translation copyright © 2022 by Beijing Xiron Culture Group Co., Ltd.

All rights reserved.

横向营销

责任编辑：王黛君　宋嘉婧　　产品经理：陈　楠　　责任校对：张　微　　责任出版：张志平

出 版 者　科学技术文献出版社
地　　址　北京市复兴路 15 号　邮编 100038
编 务 部　（010）58882938，58882087（传真）
发 行 部　（010）58882868，58882870（传真）
邮 购 部　（010）58882873
销 售 部　（010）82069336
官方网址　www.stdp.com.cn
发 行 者　科学技术文献出版社发行　全国各地新华书店经销
印 刷 者　三河市中晟雅豪印务有限公司
版　　次　2022 年 7 月第 1 版　2022 年 7 月第 1 次印刷
开　　本　166 × 235　1/16
字　　数　249 千
印　　张　18
书　　号　ISBN 978-7-5189-9159-4
定　　价　59.80 元

版权所有　违法必究

购买本社图书，凡字迹不清、缺页、倒页、脱页者，本社销售部负责调换

前 言

谨以本书献给那些希望在组织内部实现创新，尤其是在营销领域实现创新的人员。

本书适用于企业的首席执行官、总经理、研发人员、新产品经理、创新经理、营销专家、管理学专业的学生，以及希望员工在工作中积极发挥创造力并参与创新的所有管理者。本书的重点在于借助“科特勒创新营销模型”阐述创新营销的构成要素，是一本学习创新营销的入门读物，也是一本创新手册，包含了创新营销领域已有的重要理论、方法以及相关研究成果，可以帮助读者对营销领域的创新思想进行组织和整理，并在工作中开拓思路，提高效率。

本书架构

想要实现创新型转变，必须做好创新战略规划、创新过程、创新指标和奖励、创新文化等四个方面的工作。这四个方面就像一把椅子的四条腿，是相互依赖、彼此加强的关系，这就是我们所说的“全面创新系统”，如图 0–1 所示。

第一个方面的工作是创新战略规划，它强调创新的重点和目标，并确保总体战略、使命和目标的连贯性。创新战略规划将产生多个创新项目，这些项目通过创新过程（第二个方面）来实施。创新过程是把创新想法转变成创新行为的基本途径。本书很大一部分内容都在阐述创新过程，书

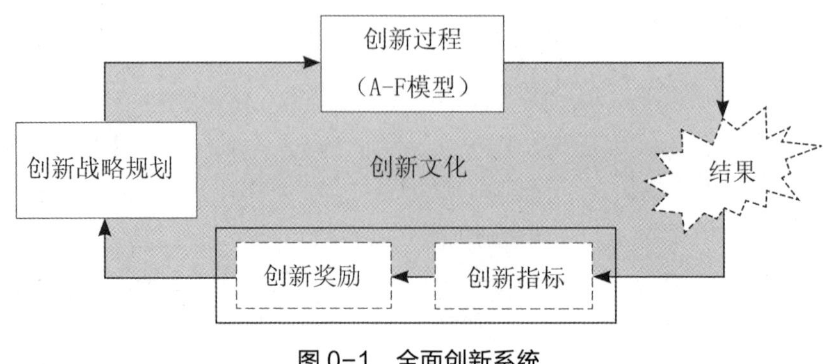

图 0-1　全面创新系统

中有大量有关创新过程的设计和类型。除此之外，我们提出了一个全新的“A-F 模型”，该模型对任何企业以及创新项目均适用。例如，应用该模型可以更灵活地设计自己的创新过程。创新项目能否产生新的产品、服务、工艺或商业模式，最终何时实现并产生结果，所产生的结果是积极的还是消极的？这些结果可以而且必须得以衡量。正如彼得·德鲁克所说：“我们没法管理无法衡量的东西。”创新成果的衡量称为创新指标（第三个方面），可以同时用来建立奖励制度，以鼓励主管创新的经理们。这三个方面（创新战略规划、创新过程、创新指标和奖励）发挥作用的背景或环境，就是我们所说的创新文化（第四个方面），它对公司在各个层次的创新都是至关重要的，可以避免创新存在盲点。

本书根据“全面创新系统”来进行架构，但我们并没有按顺序来组织内容。本书在开头阐述了创新过程、A-F 模型的形成以及对形成过程的解释，这是本书最独特的地方。我们希望首先阐释过程，因为它们是创新动力的关键。如果我们充分理解了创新过程并学会其设计方法，再去理解创新战略规划、文化、指标 / 奖励的作用，就更容易了。

在第一部分，第一章介绍了企业创新中遇到的障碍；第二章介绍了 A-F 模型；第三章至第八章分别讨论了 A-F 模型的六个角色：发起者、搜索者、创造者、发展者、执行者和促进者；第九章说明了 A-F 模型的优点、如何使用该模型帮助企业或创新组织设计自己的创新过程。

第二部分介绍了创新体系的其他三个方面：第十章探讨了确定创新战略规划的要素、如何确定创新战略规划；第十一章评价了衡量公司创新成果的不同指标；第十二章解释了如何在公司中植入创新文化；最后，第十三章回顾了对创新员工的奖励机制。

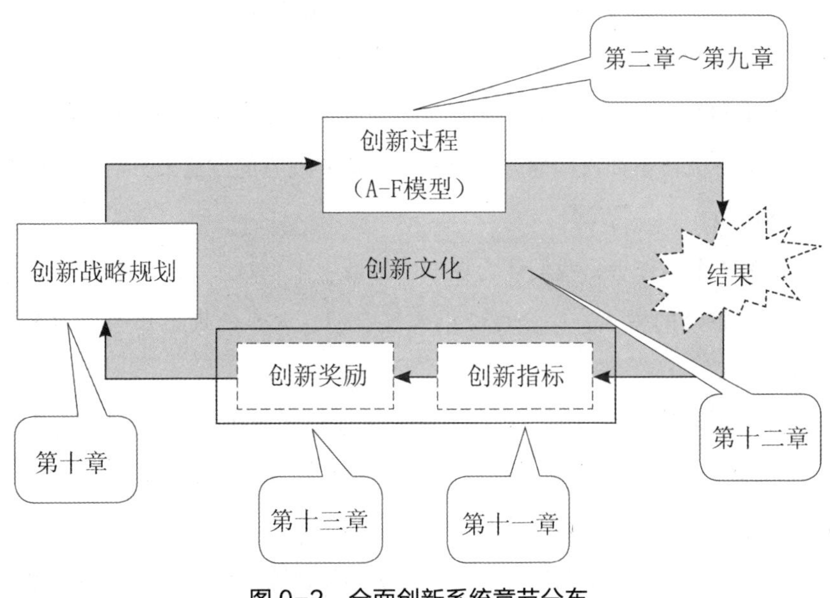

图 0-2　全面创新系统章节分布

阅读方法

本书有多种阅读方法，这取决于读者在创新方面的知识和经验水平。

如果读者对本话题比较陌生，我们建议按照本书的编写顺序循序渐进地阅读，即从本书的第一页到最后一页。

如果读者是一位管理人员，而且所在公司已经实施了创新过程中的任何一种，但没有开展或发展全面创新系统的其他方面，从第二部分开始阅读可能更有帮助。如果管理人员对各种不同公司的创新过程感兴趣，可以先阅读第一部分的第九章，然后再读第三章至第八章的内容。

如果读者是一名创新领域的专家，只希望集中阅读本书有关创新的新内容，那么我们建议直接阅读第九章，然后在第三章至第八章的具体构成部分中选择感兴趣的内容读。

最后，我们要强调的是，本书囊括了有关创新的所有已出版资料和现有文献。如果您所在的公司已经认识到不进行创新只有死路一条，并且公司需要建立一个成功的创新结构，那么本书对您非常适用。

本书的主要贡献不是所描述的各个要素和方法，而是组织它们的方式。A-F 模型包含多种现有方法，有些是最新的研究，有些是多年前的研究。该模型的价值在于如何构建、组织和运用这些现有的方法来灵活设计创新过程和模型。

作为本书的作者，我们认为在创新领域，至少对于方法和模型，亟待发展一个整合的模式，一个可以组织现有的、未来的理论和手段的系统方法。

这一直是我们的目标，在这个前提下我们构思了 A-F 模型。它作为一个系统来指导我们的创新思维，就像 4P（production，price，place，promotion，即生产、定价、定位和促销）理论帮助营销专家组织活动和发展理论一样。我们希望在令人兴奋的创新管理领域，创新 A-F 模型能为成功实践创新提供所需框架。

目 录

contents

第 一 部 分

第一章　企业的创新阻碍

没有创造力，就没有创新。在许多创新型公司，创新需要超过了已有的创新能力。一项研究统计揭示：虽然 96% 的管理者把创造力视为企业不可或缺的要素，但只有 23% 的人成功实现了创新。

创新需要与创新能力之间的鸿沟 // 002
问题一：对创新的误解 // 004
问题二：谁来对创新负责？ // 006
问题三：混淆创新和创造 // 008
问题四：缺乏框架 // 009
问题五：缺乏控制 // 011
问题六：缺乏协调 // 011
问题七：缺乏客户关注 // 013

第二章　A-F 模型概述

如果企业里没有专人负责创新，就很难在创新上有所成效，因为企业负责人都仅仅关注日常经营活动。在商业领域，这是一个很重要的因素，也是解释创新型公司数量稀少的原因。

为什么组织机构要讲方法？ // 014
通过创新过程解决问题 // 015
创新活动必须是连续的 // 016
创新过程：人员角色与创新阶段 // 017
应用举例 // 019

第三章　发起者（A–F 模型之 A）

发起者是发动机，其职能是使公司摆脱常规的、系统的模式，远离日复一日的工作模式。如果没有人发起创新，就不会有创新过程，这是一个铁打的事实。

发起者的定义 // 022
关乎创新过程成效的三个条件 // 022
发起者的类型 // 032
综合型发起的分类 // 032
最有效的创新发起类型是什么？ // 038

第四章　搜索者（A–F 模型之 B）

信息搜索者不仅要在早期创新阶段认真搜集信息，而且要在整个过程中保持积极的态度，为创新团队提供新信息。

搜索者的定义 // 040
B 至 C：创新诊断 // 042
B 至 D：技术和设计解决方案 // 056
B 至 E：营销模式 // 058
信息收集方法 // 059

第五章　创造者（A–F 模型之 C）

很多想法本身并没有太多价值，重要的是我们能够使其变得有价值，并把它们相互关联起来。创造者不应只提出想法，还应该确保所提的想法是合理可行的。

创造者的定义 // 068
创造性人才的特点 // 071
创造性思维的工作方式 // 073
好想法从何而来？ // 078
创新方法与最佳信息搜索方法 // 096
信息搜索方法评估 // 097
从想法到概念 // 098

第六章　发展者（A–F 模型之 D）

发展者的任务是把想法转为具体实物，也就是说，他们是把想法转化为有形物并可在市场上销售的人。

发展者的定义 // 109

发展者的业务限制 // 112

坚持概念 // 114

如何一步一步地推进开发工作？ // 115

联合分析法 // 116

第七章　执行者（A–F 模型之 E）

执行者是负责使创新产生实际效果的人。换句话说，执行者在任何涉及执行的问题上均发挥主导作用。

执行者的定义 // 124

如何选择执行者？ // 125

最佳执行的关键投入及特点 // 131

营销方案 // 134

实施预案 // 135

实际执行 // 139

KPI 的演变 // 145

第八章　促进者（A–F 模型之 F）

促进者的作用是确保创新进程的有效实施，并避免企业负担不必要的费用，因此促进者在创新中的作用是必不可少的。

促进者的定义 // 150

促进的类型 // 152

评估系统 // 153

启动停滞创新过程的系统 // 158

审批系统 // 162

第九章　使用 A-F 模型设计创新过程的优点

我们要从“这个阶段归我负责”转变到“这些阶段属于我们所有人”，这样每个角色都会带来额外价值。因此，我们要让所有人都参与到整个创新过程中。

A-F 模型的优点 // 176
利用 A-F 模型设计创新过程 // 181
过程协调 // 187
从方法到方案 // 187
结论 // 188

第 二 部 分

第十章　创新战略规划

通过制定创新战略规划，宝洁的创新过程在一开始就符合公司的目标和战略要求，后又在此基础上提出突破性创新项目。

创新战略规划的要素和方法 // 214
企业经营诊断 // 215
与公司的使命、目标及整体战略相匹配 // 215
创新目标 // 217
确定创新战略 // 220
实施创新战略 // 224

第十一章　创新指标

创新指标包括一整套工具和系统，用于衡量组织机构的创新能力，不仅是一个评价体系，也是诊断企业未来创新能力的工具。

创新指标的定义 // 232
如何使用创新指标？ // 233
指标的类型 // 235
指标组合 // 242
指标和目标 // 246

第十二章　如何培养创新文化？

公司具有创新文化，员工对创新保持兴趣和热情并积极提出自己的想法和建议。这样的公司，无论什么时候，都具有活力且容易实现创新。

创新文化的定义 // 248

文化创建者 // 250

妨碍创新的组织内因素 // 252

激励创新的组织内因素 // 258

对创造力的误解 // 260

沟通的作用 // 261

多元文化和职能跨越 // 263

创建创新文化的步骤 // 265

第十三章　创新奖励

公司所犯的重大错误之一是把管理人员奖励机制过于直接地同具体的创新指标挂钩。把薪酬同创新的难易程度挂钩也可能导致管理人员以冒险的方式执行创新。

创新奖励的定义 // 267

奖励类别 // 271

奖励标准 // 274

谁来颁奖？ // 275

第一部分

第一章 企业的创新阻碍

创新需要与创新能力之间的鸿沟

在当今商界，创新作为一门学科，还没有达到能够满足对创新迫切需要的阶段。我们发现，在许多创新型公司，创新需要超过了创新能力。一项研究统计揭示：虽然 96% 的管理者把创造力视为企业不可或缺的要素，但只有 23% 的人成功实现了创新。没有创造力，就没有创新。这不仅仅是纯粹的统计数字。关于公司如何创新的大量调查表明，对创新需要有一个广泛的共识，但创新的实施又会引起众多的不满。企业高管们也意识到了这种鸿沟的存在。

“创新是一个混乱的过程，难以衡量，难以管理。只有在创新能帮助企业快速实现增长时，大多数人才会承认它。当经济环境进入衰退期，收入和盈利下降，高管们常常认为努力创新一点都不值得，也许创新并不那么重要。这就是他们的看法。”

“高管们认为创新是非常重要的，但他们公司的创新做法常常是随意的，企业领导在创新决策上缺乏信心。”

几十年前在营销上也发生过类似的事情。当市场营销作为一种管理工具的优势首次被提出时，当时具有丰富经验的市场营销专家还很少，因为商学院刚刚开始在课程中增加营销学，营销专业的学生毕业并进入人才市场还需一段时间。同样，营销的专门机构或专业顾问数量都很少，除了一些公司完全赞同外包这项如此重要的职能外，营销部门大多是从当时所谓的销售部门组建而成的，这也意味着一种内部重组，这种重组带有此类变化所带来的所有矛盾。

同样，创新一直是技术创新的代名词，因为它主要源于研发部门，主要是由负责创新的工程师进行开发的。

今天，对于这种看待创新来源的观点，我们认为太局限了。图 1-1 表明了创新想法来源的多元化：

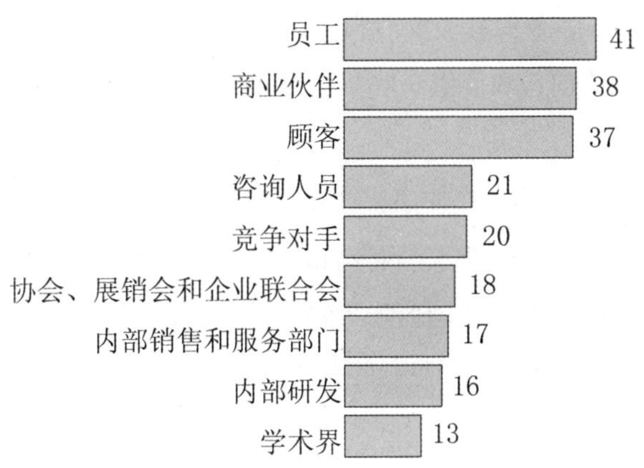

图 1-1　创新想法的来源

而且，正如 A-F 模型的 A 项所表明，创新的其他类型也很多（如商业模式创新、过程创新、市场创新、产品和服务创新等）。**在许多情况下，这些类型的创新需要的不是新技术，而是利用现有技术的新方法。**3M 公司对这一理念有着深刻的理解，他们依据 38 项核心技术成功推出了 5 万多种产品、2000 多个品牌。另一个例子是埃克森美孚，他们成功开发出速通卡系统，可让司机在加油站自助支付，这项技术是基于对用户的观察以及对应用到其他产品和服务的技术再利用。

另一个众所周知的例子，是世界上最具创新性企业之一的波士顿咨询集团（BCG）根据产品、客户体验、商业模式和流程对企业进行创新评级。

技术是否构成创新的一部分是无关紧要的。

当公司把创新的途径局限在技术方面或研发部门，它便失去了其他部门专业人才的创造潜力。不要误解我们的话，我们不是说研发部门不能创新或不该涉及创新过程。我们想说的是，除了研发和技术，公司还有很多其他部门和方法可以开展创新。创新需要和创新能力之间存在鸿沟的部分原因是目光短浅的做法限制了创新政策，并把战略仅仅局限于技术部门。

这种目光短浅的政策所导致的后果是，很多公司的管理层明确表明未对创新领域进行多少投资。

有些企业成功了，而有些企业亏损了，甚至在经营上岌岌可危。技术创新，如果不与价值创造和价值获取相结合，将无法满足客户的需要，并会因此而失败。

“越来越多的公司声称正在使创新过程更多地以市场为中心、以客户为驱动。然而，新产品的失败率仍高得令人无法接受，大约在 50% ~ 90%。”

作为商业管理的一部分，创新能力缺失并不是企业遇到的唯一障碍。人们必须认识到还有其他障碍和限制的存在。

问题一：对创新的误解

当一家公司突破常规或进行激进创新时，都会成为头条新闻，并在新闻界和商务会议上成为典型。例如，苹果推出 iPhone 以及谷歌在互联网方面的惊人成就。“这是真正的创新！”专家和记者们在惊叹。随着时间的推移，这类标题和产品对我们的大脑产生影响，进而曲解了创新的真正含义。于是我们开始相信，创新是指一个新产品、新服务或新程序，它让世界变得眼花缭乱，并重新界定市场规则。

激进创新一枝独秀，这是事实。但是并非所有的创新都是如此。事实上，对公司而言，**不断地进行激进创新可能是危险的，甚至对公司起反作用：创新需要大量的投资，创新需要时间带来利润，而且创新是一个很大**

的赌局。

这种神话般的激进创新作为唯一的，或至少是最显而易见、最被认可的方式，也会给企业管理人员带来很多问题。当高管要求更多创意或创新时，员工会错误地认为，那是在要求他们想出一些花哨的新产品或新服务。这种后果是灾难性的，因为对员工施加的压力足以使他们丧失行动力。提出一个激进创新方案意味着找到一条提升之路，而不是妨碍事业发展。所以，人们往往会对自己的想法有所保留。

其实，创新并不总是带来巨大的飞跃。循序渐进、一步一个脚印的发展也是创新，并且这类创新比激进创新更为必要，这是真正促使企业可持续发展的创新。创新也应该理解为在公司内部发展创新文化，它能够产生并带给市场一种源源不断的小幅增量型创新。

虽然看起来很矛盾，但激进创新最终还是会出现。一个企业在没有进行相当数量的小规模创新之前，是不可能轻易就成功地进行一项突破性创新的；即使有可能，这也是非常困难的。所以，如果公司不鼓励循序渐进式的创新，就不可能成功地发展创新文化。一个未形成创新习惯的公司，很难期待它可以实现非凡的创新。

事实上，随着时间的推移，缓慢的或渐进式的创新最终会产生激进创新，这点显而易见。以汽车行业为例，在过去的十年中，工程师的目标不是要设计标新立异的汽车。几乎所有的创新都是渐进的，针对的是特定部件和性能方面：更可靠的刹车、更低的油耗、更大的马力、更快的加速器，等等。结果，在这些小的改动基础上，我们将今天的汽车和几十年前制造的汽车进行比较，差别是非常大的。创新是一步一步实现的，而不是一蹴而就的。

因此，当今解决的办法不是去思考进行激进创新，而是把创新看作一个渐进的积累过程，随着时间的推移，最后就有希望成就重要创新。

问题二：谁来对创新负责？

在公司里，谁负责创新？20世纪下半叶，创新是研发部门的责任，因为几乎每个人都认为创新就是指技术进步。每当公司需要一些非技术性创新时，第一反应就是想到把责任交给营销部门。但是，营销部门整天忙于日常业务，他们必须证明产品和品牌管理的效率，但这并不一定意味着他们乐意进行创新。并且，创新性营销根本上不同于连续性营销，这就是营销部门的真正潜力所在。但是，我们看到研发部门和营销部门之间存在冲突，其中前者认为市场营销人员不知道如何捕捉价值，而后者则认为工程师们缺乏足够的创造力。

“我们主张，如果公司希望优化创新绩效，产品研发部门和营销部门必须成为亲密的合作伙伴。不幸的是，研发部门与营销部门之间的关系是不清晰的、有问题的。”

一些公司把创新分割为研发和市场营销两个方面。但是创新离不开战略管理，提出创新方案的人员与需要并执行创新的高管之间仍然存在障碍。

结果正如《麦肯锡季刊》中所指出的，许多高管选择从外部非正式渠道，而非自己的业务部门和内部创新团队获得观点和创新。通常，如果公司把所有的创新项目都外包出去，在后期实施时就会遇到很多实际问题。正如从未进行过创新的公司突然去实施一项激进创新，强制专业人员执行这个既不是他们提出的也不是他们认可的创新时，就一定会遇到问题，将会适得其反。

虽然创新对企业生存具有特别的重要性，但是为什么一直缺少创新责任呢？原因是：创新不同于其他形式的管理，因为公司的各部门之间均有明确的职能分配，但是据我们今天的理解，创新涉及公司不同层次的部门，不属于任何一个特定的部门。营销部门当然需要创新，但人力资源和财务部门也都需要创新。并且，这些部门不仅要在自己的领域进行创新，而且要着眼于市场和价值进行创新。正如《营销策略》阐述的，现在的营销是组织机构的整体营销，需要在整个组织内部进行交流。创新也是如此。例如，财务部门的人可能会发现某种投资工具，然后转化为价格创新——为什么不能呢？这也许最终会是公司的新产品线。创新不是在几个选项中进行选择，而是整个组织的责任。但是我们知道，当每个人都要承担责任时，就会没有人承担责任，责任就会被淡化。

结果是，超越技术创新的创新会成为公司的弃儿，从一个部门“漫无目的”地转移到另一个部门，不知道该往哪里走。据《麦肯锡全球调查》数据显示，仅有24%的企业领导制定创新预算，只有50%的企业领导确定了创新项目的人员。

创新能力欠佳的公司大都存在人员责任不清的问题，而创新能力卓著的公司则不存在这个问题。在创新能力卓著的公司里，创新扮演的角色已经明确界定，并有独立于市场营销和研发部门的专门人员。**创新是一种自上而下的主动管理，最终包括公司各个部门**。例如在星巴克，公司创始人兼前总裁霍华德·舒尔茨是战略创新管理和业务扩展的掌舵人。

正如我们将会看到的另一个选择，同时也是一个非常有效的选择——指定某人为创新的负责人，并让他们以360度的全方位视角来审视整个公司正在进行的所有创新。当然，这需要按照公司先前批准的计划来执行。

真正的创新型公司不是在一个特定的层次开展创新，而是在公司各个层次同时开展，创新也并不局限于某一个部门，而是在公司的所有部门开展，甚至还包括公司外部人员。我们在后面讨论开放式创新模式时将对此做进一步阐述。

事实上，在整个公司开展创新，这并不意味着混乱或无序。在谷歌，每一个人都在进行创新，并且创新过程是有序的、清晰的。当公司在各层次进行创新时，对创新的各个层次以及各个阶段也负有责任。

有些公司甚至走得更远，从公司外部引进监控人员。这些公司已经从封闭式创新（仅限于实验室或研发部门）发展到协作式创新（鼓励组织机构的所有成员都提出想法），再到开放式创新（组织外部的人员参与创新过程）。

问题三：混淆创新和创造

制约企业创新发展的第三点是普遍对创新和创造存在混淆。有时候，一个潜在的想法可能在组织机构中耗费多年时间却始终无法得以实施，因为没有人来承担管理责任。

相反的可能是：员工有好的想法，却只用于自己的创造，这可能对企业不利。西奥多·莱维特在《哈佛商业评论》上发表的一篇文章里解释了创造无法与合理的创新管理相结合时会如何导致企业或公司倒闭。信息是明确的：创造、想法和新技术均无法单独完成这项工作。创新过程必须有人管理，也需要新技能以及相关的业务管理来保证把想法推向市场后获得成功。

许多管理人员抱怨企业缺乏创新人才。其实，企业不是缺乏创造性的人才，而是缺乏职能管理的观念。他们没有开展足够的创新或创新管理，因为他们混淆了创新和创造的概念。**企业并非缺少创造性人才，企业缺乏的是创新管理人才。**这就是 3M 公司完全意识到并成功避免的问题，他们有一个被称为“双阶梯”的系统，该系统可以让员工在公司的技术和管理之间做一个自由选择。无论一个人选择何种职业，在公司的提升空间和责任程度都是相同的。3M 公司并不试图把科研人员塑造为管理人员，而是让他们各自发挥自己的作用，因为两者都是创新工作实施中必不可少的。例如，IBM 公司在一些顶尖人才的职业生涯高峰不是安排他们去维护成熟企业，而是要他们把新想法转变成利润，即进入新的业务领域。

在创造和创新之间普遍存在着混淆，一个显然的证据是公司以创新的费用大量进行创造投资：更多的资源被用来培训创造的技巧，而不是用于开发创新的机构。公司的观点是：如果员工以更具创造性的方式行事或工作，他们就会提升创造力，这迟早会转化为更大的创新。但事实未必如此。

诚然，创造力是大多数人具有的天赋，应用到企业中可产生创新。但是，一个只拥有众多创新人才的公司并不一定能称为创新型公司。正如西奥多·莱维特在前述文章中指出的，这甚至可能会带来相反的结果。

事实上，一家公司如果仅仅依赖专业人才的创造力来实现公司创新，那么这是公司推卸责任的一种做法。他们宁愿让组织机构提出想法，然后让管理层决定是肯定还是否定。但是，成功不是运气的问题。创新需要创造性人才，但它也需要对创新制定明确的目标和战略，确定资源及风险，分配责任。然而，最重要的是，公司需要各个部门的负责人一起确定并界定创新过程。

很多混淆创造和创新的公司都发现这最终不仅会阻碍生产效率，甚至会产生适得其反的作用。有人提出想法，但由于缺乏任何明确的规则来界定怎么应用，这些想法还没来得及实践就胎死腹中。结果，人们开始泄气，并不再提出新的想法。在这种情况下，公司鼓励他们再次提出想法将会更加困难。

问题四：缺乏框架

这里有许多方面的创新，使它完全不同于任何其他领域的企业管理。公司必须每天高效工作，以便有效地保持盈利，并产生现金流。同时，预计到未来的不确定性，公司也必须创新，以适应不断变化的市场需求，并保持在行业中的优势。这些需要有些矛盾，公司结构变化同效率也有冲突。

在实际做事的过程中，很难去思考如何以不同的方式行事。约翰·列侬曾经说过："生活就是当你忙着做一项计划时，发生了其他事情。"**一边工作，一边改变工作方式是很困难的。事实上，这几乎是不可能的。**我们需要停下来，想想我们做了什么，然后进行改变。而这一切都要符合管理、效益和效率的原则。在商业领域，你的任务不是改变你在做的工作，而是把工作做好。

其次，**创新往往意味着公司要改变仍有效的，至少暂时还有效的东西。**如果公司推出一种创新来取代现有仍然良好的产品或服务，它就失去了继续从最初对产品或服务的投资中获利的机会。另外，如果公司为了从当前的投资组合中最大限度地获取利润，那么公司不会进行创新，其竞争力可能下滑，之后在公司打算进行补救时或许为时已晚。那些本应做出有效改变的人，也在忙于维持业务的正常运行。没有人知道何时是进行改变的最佳时间来改变那些现在可带来丰厚回报的规则。

涉及创新，企业不能单单依赖任何通用的管理或经营框架。这和其他科目不同，其他科目常常划分了定义明确的部门，员工拥有具体的成熟方法和工具。因此，所有的管理人员都知道，在市场营销中，你需要细分市场，你必须根据著名的 4P 理论确定自己的品牌定位并营销产品。在财务领域，任何管理人员都知道财务部门的主要工具是经营性账目、资产负债表以及现金流量分析表。但是，如何创新呢？根据《营销周刊》的统计，44% 的商界领袖承认他们不知道自己需要哪些必需的工具来促使组织机构中实现创造和创新。

我们有大量与创新相关的研究文献和出版物，尽管在某些方面取得了进展，但在这个主题上仍未形成一个全面的、统一的、让人普遍接受的理论。在创造性方法、创新过程、公司如何进行创新以及如何发展创新文化等方面，有不少著作提供了有益的观点。但这一切文献包含的仅仅是众多需考虑的有趣事实而已。对于一位寻求单一、明确工作方案的管理人员而言，还没有一本书或一篇文章可以给出所有答案。创新作为一门管理科学，尚处于起步发展阶段。尽管我们越来越了解它，但是在采用什么程序、什么工具以及要建设的一般框架方面，还没有达成广泛共识。

在本书的第一部分，我们介绍了创新 A-F 模型。它是一个完整的模型，可应用到商业和市场创新中任何过去或将来的发展项目。我们不知道管理人员以后是否会使用，但是我们会尽力使其更全面，就像4P市场营销理论在当时的情况一样。

问题五：缺乏控制

从逻辑上讲，这个问题是我们在上一节讨论得出的直接结果。如果我们不能明确界定创新的功能，不能在管理框架上达成一致，不能深化并妥善分配好创新的责任，我们就一定无法控制创新过程。

在上面提到的麦肯锡公司研究中，**大多数企业缺乏一致的集中管理，不能确保对业务部门进行创新监管**。例如，只有34%的高管和仅仅22%的其他管理人员认为，创新是他们工作日程中的一部分。

除非认为创新是企业管理的一个方面，否则这种状况不会改变。只要改变这种情况，控制问题就不复存在。如果创新的责任分配合理，控制就成为可能。

在一次采访中，在2000—2008年担任宝洁公司首席执行官的阿兰·乔治·雷富礼说："我们把创新视为一种创造性的、非线性的概念，但并不意味着它无法管理。在宝洁公司，我们可以管理创新，因为我们有明确的创新界定。"

在创新指标这一章节中，我们提供了一系列有益的方法来帮助企业衡量和监控创新。同样，我们的A–F模型也是说明从方法产生到执行到反馈再到控制的过程中，如何对企业创新过程进行完全的控制。

问题六：缺乏协调

我们认为，公司各部门之间缺乏协调是创新的主要障碍之一。但是，合作不仅仅意味着拆除部门之间的分区和隔墙。创造指的是创造信息流以及创造协调的物理空间，**创新企业创造创新文化。**

这里有两种类型的问题：横向的和纵向的。

缺乏横向协调

横向协调，我们指的是各部门之间的协调，在管理控制链上相似层级的人员之间的协调。我们并不是说传统上缺乏对上文提到的研发部门和营销部门之间的协调或利益冲突的协调，而是指公司所有部门之间整体上缺乏协调。一种观点认为，创新不能局限于营销部门，要加强部门间的合作，如果在财务及运作上运用营销观念，每个人都有利害关系，那么创造性的思想就会超越观念，然后成为战略。

这个问题很可能不是缺乏协调，而是未能在一开始就让各部门参与构思过程，只在后期才让各部门参与。一个明显的趋势是，虽然有些公司意识到这种做法的负面影响，但仍然把一些部门排斥在创新项目外。

缺乏纵向协调

纵向协调也是同样重要的，也就是高级管理层、一般管理层和组织机构的其他部门之间的协调。这种矛盾通常发生在一般业务政策和创新政策之间。公司的战略目标或可接受的目标风险往往同研发和市场营销部门的创新不合拍。

我们常常发现，有人建议推出一种新产品，但是管理层不愿意资助或新产品的风险超出管理层愿意承担的范围。在其他情况下，管理层会接受一项创新，但仅仅是做一个尝试。由于管理层的意愿比较低，创新无法获得足够的支持，这样实施起来就会成为一场灾难。这种公司目标和创新目标之间的不平衡状态，导致在创新实施中不断出现问题。

问题七：缺乏客户关注

想法和创新有何不同？答案是：**创新能为客户带来更多价值，而想法却不能。**

这是一个关键点。如今，公司创新离不开最终客户。创新，最终必须获得客户的认可，公司必须努力把一种服务或产品更新为新的产品或服务。如果客户能从这种转变中获得可观的利益，就会主动付出努力，而这种努力也是这种转变所必需的。

最近的许多创新可以说都对客户进行了大量的观察研究。这种研究不同于传统的市场研究，它表现在重视使用现代的研究方法，即基于同客户的互动或对客户的行为观察来进行市场研究。客户永远不会用文字表达想法，而正是这些想法鼓舞着众多公司进行创新。这就是我们所说的“人种学”研究，目的是获取观点或是对消费者的洞察。3M 公司从便利贴相片纸获得客户想法，通过数字便利贴纸获知用户是如何使用自己的笔记本电脑、手机或黑莓软件来发送数字照片的。

作为一种产生想法的方法，“集体讨论法”正在被人种学方法取代，这种方法更具启发性，更加贴近市场的现状。以对最终客户当前行为的了解为出发点进行创新，这种创新更有可能获得成功。

需要注意的是，我们不是在谈论“满足消费者的需求”这一营销口号。我们的讨论要深刻得多。这种创新过程的依据是：对客户当前行为进行观察，对丰富的客户生活方式进行思考，这是一个如何提高客户生活层次的问题。我们将在本书后面的内容中阐述一个新观念——创造力的产生。

第二章 A-F模型概述

这部分内容我们主要介绍 A-F 模型。这一模型是对众多的创新型公司或在创新上付出并获得良好回报的公司进行分析后提出的。这些公司主要包括苹果、谷歌、Netflix 公司、3M 公司、宝洁、通用电气、宝马、菲多利公司、IBM、丰田、西南航空、星巴克、微软、乐购、壳牌、沃尔玛、埃克森美孚、宜家、爱立信、诺基亚、康宁等。

我们提出 A-F 模型的目的是克服在第一章中发现的创新障碍。我们努力灵活使用，让它适用于任何企业，并全面到足以适应任何过去或将来的创新实践。

为什么组织机构要讲方法?

我们应该记得，人们在本性上对变化是很消极的。变化通常意味着要付出更多的努力，并会增加工作风险。在组织机构中工作的人必须圆满完成日常工作任务，他们会问：为什么要付出更多努力？为什么要增加风险？人们把变化看作应该避免的东西，变化至少在短期内不会带来好处。因此，人们希望保持现状的意愿会阻碍创新和改革。

这对于公司的影响是显而易见的。如果企业没有专人负责创新，就很难在创新上有所成效，因为企业负责人都仅仅关注日常经营活动。在商业领域，这是一个很重要的因素，也是解释创新型公司数量稀少的原因。对于公司或企业而言，效率高于一切。公司努力赚钱，并为此设计业务流程，提供畅销的产品和服务。公司专注于能给自身带来效率的工作。事实上，几乎所有的任务，从装配线工人到销售员的任务都受特定规则的支配。员工收到指示，了解到何时何地以何种方式做什么工作。在规则之内以及企业制定的工作体系内，员工做的工作越多，效率越高。因此，在短期内公司并不热衷于进行改变。相反，公司的成功来自有效的规则、惯例及程序，并日复一日地带来利润。

加里·哈默尔的策士咨询公司于2004年发布了一份对高管就有效创新中的主要障碍的调查。根据63%受访者的答复，主要是因为“对组织的短期关注，以及对日常运营的关注”。

然而，大家都知道，稳定性和确定性并不存在。一切都在不断变化中，这种变化现在越来越快。全球的竞争也变得越来越激烈。环境变化的速度令人难以置信，这主要是由于技术进步和资本流动。其结果是，今天有效的东西明天很快就不复存在。因此公司面临的挑战是协调日常工作效率、现有规则和工作系统与变化，改进和创新的矛盾。

我们面临着一个极大的矛盾：公司效率高，则会获利；如果按部就班地执行计划，就要尽量避免不可预计的东西；然而，随着时间的推移，公司只有在有能力适应这种变化，并有能力在行业及市场中带头创新时，才能获得利润。

公司创新面临的挑战及实施创新的关键所在是：公司在这两个方面的协调能力。

通过创新过程解决问题

当公司试图改变已有的工作方式时，同时需要保证现有工作的有效开展。公司的创新必须通过过程及独立的项目来实现，是公司要求变化与维持现有稳定局面的需要这一对矛盾运动的必然结果。如果我们打算对现有的工作方式做一些改变，就必须停下手头的工作，退一步思考，再思考前提条件，比较并研究其他组织的工作方式，思考新的可能性，评估这些可能性，设计并界定、测试，最后将其延伸到组织的其他部门，可作为一种被认可的新标准和新规则。这是一项必要的任务。

公司通过让员工遵循高效原则，制定新的规则来确定效率更高的规则，这个方法非常有效。创新企业的最佳做法是，让负责创新的人员完全或部分地摆脱日常工作。我们重申：**让员工改变完成任务的方式并且还要高效地完成任务是不可能的，甚至会造成适得其反的结果。**

不管你把这个规则称为产品、服务、销售方法、物流系统还是生产方法，创新项目都将改变公司的惯例及规则。

创新活动必须是连续的

创新项目有一个开始时间和结束日期，分配特定的资源，配备专门的团队，有明确的目标，并有专人对结果负责。但是，企业中的创新活动必须是连续的、坚持不懈的。因此，只有一家公司能将许多单个的、独立的创新过程联系起来实施时，我们才能说这家公司是创新型公司。

比方说，创新是持续的活动，它是由不连续的任务（过程）组成的。**在实现创新之前，需要设计创新过程。它们是必须在特定的时间内完成的特定任务。**如果公司的创新过程没有时间期限，往往只会增加费用，很少会增加公司收入。所以，必须给创新过程设定一个最终期限。创新过程到期后必须终止，然后开展其他的创新项目。创新型企业要同时保持多个创新过程运作。公司不断实施新任务，结束那些已达标或不达标的任务。同样，创新过程可发生在产品的所有方面，包括对产品或服务的一般改进及突破性改进。这是在不考虑企业性质的前提下，大多数组织在创新中所采用的系统。

创新过程：人员角色与创新阶段

创新项目是通过创新过程实现的，这个事实使专家对此过程进行调查。差不多每个星期都会有一本解释一种新的创新过程的书出版，每本书都有各自的优缺点。

过程是一个按时间顺序排列的任务组。这里得到的结论是：为了创新，我们需要一个跨越若干阶段的项目。各著作的作者在各自描述的阶段数量上存在差异。

本书中很多创新过程均采用以下图示进行说明，如图 2–1 所示：

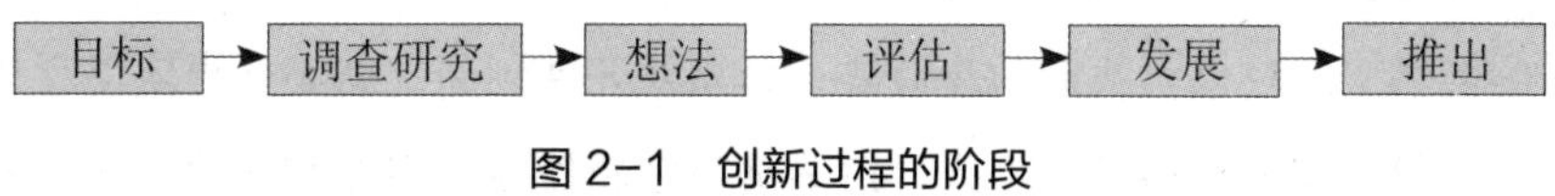

图 2–1　创新过程的阶段

这看起来像生产线和输送带的图纸，意味着从视觉上传达出这样一个观点：创新过程就像一台灌肠机，一步一步进行加工，如果我们在一端输入想法，在另一端就会输出有用的产品和服务。在这方面，一些作者把创新过程看作撰写食谱或说明书。

如果公司规定每个星期都必须有新方法或新的创新过程，最可能的结果是：毫无成效。

我们的观点是，创新过程的各个阶段或时期的界定一定要基于创新过程中有关人员及事物相互作用的结果。当然，基于项目的目标和性质，每一个创新都需要有自己特设的进程和顺序。例如，电机升级的过程完全不同于纺织品质量提高的过程。

本书的主要思想是这样的：创新过程的阶段或时期无法预先确定，它只能是一组人员在发挥一套功能或扮演一组角色中进行互动的结果。

因此，我们不需要让特定人员必须遵循某一过程，而是要让那些项目相关人员通过自发的相互影响及需求，来设计一个流程。换言之，在传统的创新过程中，根据各个阶段或时期来确定我们所需要的人员。而我们在这里提出角色第一，创新过程就是这些角色之间相互作用的结果。

我们相信这个方法更为合适，因为我们已经解释过，创新过程难以参数化。创造需要类比，而不是连续性思维，创新也是如此，只不过创造适用于特定学科。创新需要做大量的工作：反复、回到相同想法、剔除、再思考、修改、查找更多信息、设计、实现优化设计，然后我们需要再去修改。创新不是一个线性过程，而是一个渐进的过程，这个过程往往有许多迂回反复。

因此，我们在这里提出的 A-F 模型不是一个创新过程，而是我们发现并已存在于企业中的那些关键角色，这些角色在最近几年已经显示出最佳的创新实践效果。我们的建议是，**公司要开展创新，就必须界定下列角色，并把这些角色落实到个人，然后确定创新目标、资源和期限，让这些指定人员自由互动来实施各自的过程。**

这些角色是：

（1）发起者（Activators）。他们是启动创新过程及各阶段的人，无须担心阶段性和时期性。最终但不是必定，他们可能影响到创新团队的成员（谁将去承担什么样的角色）。从本质上讲，他们的使命是启动这一创新过程。

（2）搜索者（Browsers）。他们是信息搜索专家。他们的任务不是提出任何新东西，而是给创新团队提供信息，调查整个过程，并去找寻关于过程开始和新理念应用的信息。

（3）创造者（Creators）。他们是向组织提出想法的人。他们的职能是形成新概念、确定可能性，以及在过程中寻找新的解决办法。

（4）发展者（Developers）。他们是专门把想法转化为产品和服务的人，让想法“实物化”，给出概念的形式，并制订一个粗略的营销计划。创造者提出想法，发展者把想法转变成现实存在的东西。他们的作用是获取想法并把它们转变成解决方案。简而言之，就是实现创新。

（5）执行者（Executors）。他们是负责实施和执行所有事务的人。他们的职能是执行，即把正在开发的创新带给组织和市场。

（6）促进者（Facilitators）。他们是在推进创新过程中批准新的开支项目和所需投资的人。他们还要避免创新进程陷入僵局。他们的任务是监视创新过程。

对于每个角色，我们将分章节进行阐述，内容不仅包括各角色所需要的技能，也包括能够帮助他们履行职能所需的各种最新、最佳的工具。

应用举例

正如前文所解释，创新过程是在这些角色相互作用的基础上形成的。对于以上所述的六个角色，让我们看看两个完全不同的创新过程：

例 1

A–B–C–A–F–D–B–D–F–E–C–E

说明：发起者（A）要求搜索者（B）提供有关的创新信息，搜索者（B）把信息搜集的结果提交给创造者（C）。后者向发起者（A）提交在该过程开始时未予考虑的新想法。发起者（A）批准这些想法，并要求促进者（F）给予评估并提供另外的资源。从这时起，发展者（D）开始着手如何把这些想法转化为有价值的产品。他们需要更多的市场调查信息，因此他们要求搜索者（B）提供有关市场信息。搜索者（B）把搜集到的信息传递给发展者（D），发展者（D）提交产品模型给促进者（F），促进者（F）批准预算，开始生产。执行者（E）开始着手该产品的上市准备工作及销售工作。他们意识到，新产品需要新的营销思路，并需要再次帮助创造者（C）构思出新产品销售的其他方法。创造者（C）提出一套营销理念，在产品确定上市之前，执行者（E）从中选择最适合的理念。

例 2

A–D–E

说明：另一家公司可能需要搜索者（B）或创造者（C）的帮助，因为他们已经确定了在国内销售的海外产品。这种新产品现在只需要进行一些调整。在这种情况下，发起者（A）提交项目给发展者（D），发展者（D）调整产品来适应当地市场，并在不需其他人员批准的情况下，把其直接提交给执行者（E）进行上市工作。这样，项目就不需要促进者（F）的参与。

图 2–2 显示了 A–F 六个角色及他们之间的相互作用：

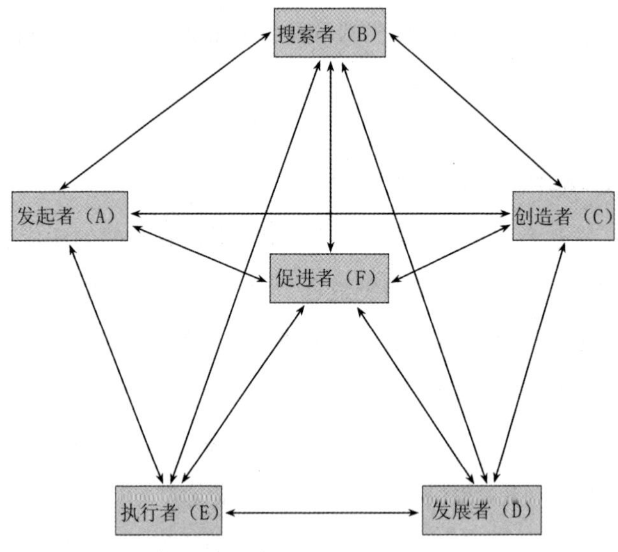

图 2–2　A–F 模型

图 2-3 显示了相应的 6I 创新：

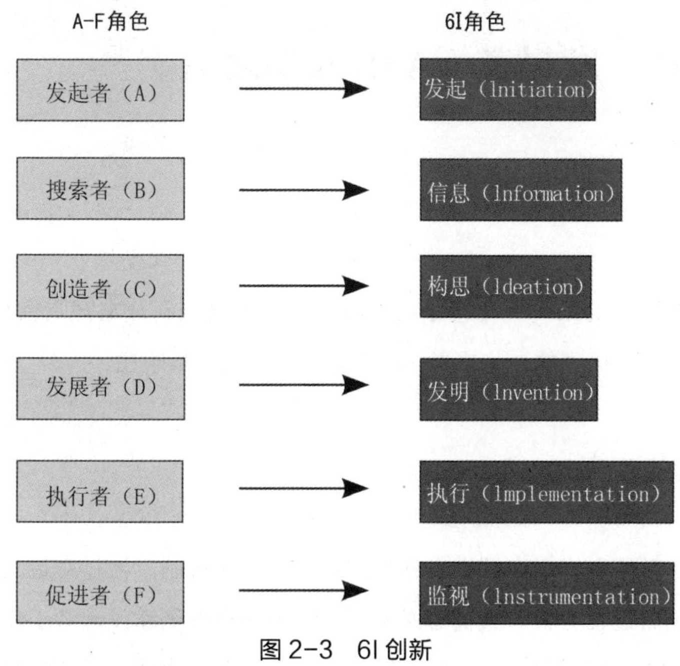

图 2-3　6I 创新

现在，可以检查全面创新系统，包括 A-F 模型（见图 2-4）：

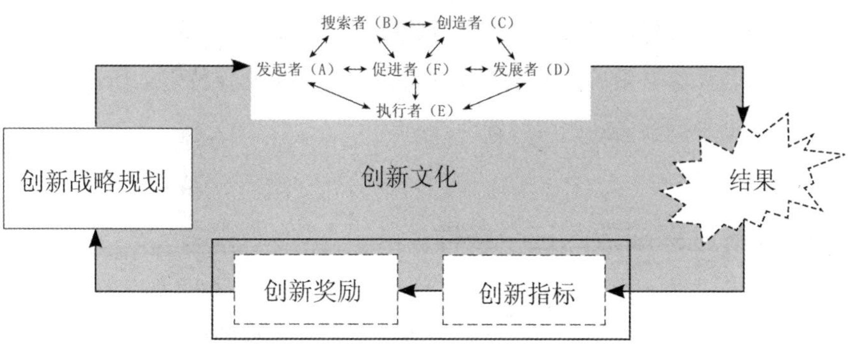

创新过程

搜索者（B）↔ 创造者（C）

发起者（A）↔ 促进者（F）↔ 发展者（D）

执行者（E）

创新战略规划

创新文化

结果

创新奖励

创新指标

图 2-4　全面创新系统和 A-F 模型

本书另外的章节（第三章至第八章）中详细阐述了该模型的六个角色。

第三章　发起者（A-F 模型之 A）

A-F 模型的第一个角色是发起者。该角色同创新战略规划密切相关。因此，在本章提到的一些要素，将在第十章做进一步阐述。

发起者的定义

发起者是在组织内部推出创新过程的人员或机制。通过对最具创新性公司的创新过程分析，我们总是发现这些公司存在创新发起者。创新发起者是发动机，其职能是使公司摆脱常规的、系统的模式，远离日复一日的工作模式，即使公司不急于进行改变，也要改变现在的方式。

如果公司目标是提高效率，就需要对人员进行监督。如果公司目标是创新，则需要鼓励人员勇于“挑战自己”。公司中如果没有人发起创新，就不会有创新过程，这是一个铁打的事实。

所有公司都必须确定其创新发起者，这有助于确保特定创新过程的启动，还有助于创新活动能够持续进行。

关乎创新过程成效的三个条件

在描述发起者类型之前，我们要确定对创新过程的成效起到重要作用的三个条件：创新框架、创新准则和创新检查单。这三个条件必须来自高管，并传递给发起者，发起者在创新过程中必须把它们进行融合，并传达给所有相关人员。

这些条件有点类似创新概要，它们在创新战略规划的过程中（见第十章）产生。创新框架、创新准则和创新检查单是反映创新战略规划的一面镜子，它们的功能是保证发起者启动与组织相关的创新过程。在 A–F 模型（或任何其他类型的创新过程）和创新战略之间必须要有一个密切的协调，如图 3–1 所示：

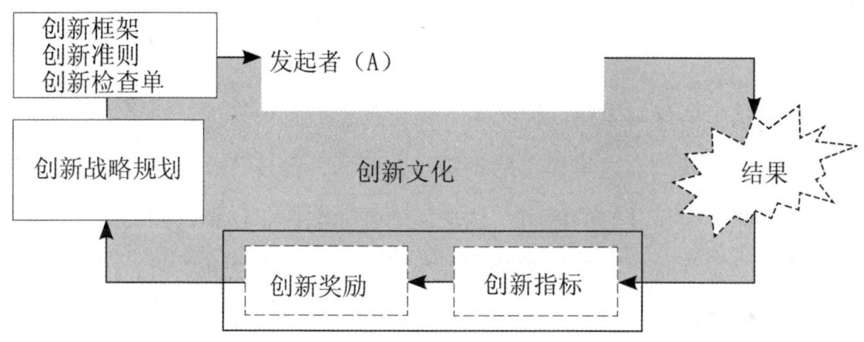

图 3–1　创新战略规划和发起者（A）的协调

创新框架

创新的发起者必须遵从公司的总体目标和公司战略。时间太早或太晚，创新过程都将进入死胡同，结果是浪费公司的时间和金钱。

对于创新也存在一种普遍的误解：很多人认为任何创新的限制都会阻碍创造的实施。这种观点致使许多企业在发起创新时，不对创新设定任何限制。很多企业采取一种“听之任之”的政策，并且同意在创新实施时不会有任何行动限制。

这种做法存在严重的问题。**限制创造力空间，并不一定会限制创新能力——恰恰相反，创造力需要一个行动框架。**这在任何学科中都是事实，包括艺术，这是“自由”创造力的典范。画家在进行创作之前，需决定是否要使用油墨、木炭或水彩，也需选择好主题或模型。这些都不是限制，而是一个框架，这个框架并不限制或削弱画家的创造力。创新领域也是如此。如果创新过程获得的新概念因为不符合公司的远景目标、经营范围或资源条件而导致公司无法采用，那么这类忽视公司实际的创新只会浪费公司的资金，打击公司职员的士气。

我们必须承认，**如果公司不限制范围，公司人员提出新想法的潜力更大，这也就大大增加了无效想法的可能性。**根据我们的经验，也许你因行动的范围受到限制而丧失一些创造潜力，但结果可能是：这个创新过程产生的产品、服务或观念的可行性也将增加，这两方面可以相互抵消。

普遍接受的规则表明，你必须首先让创造力自由发挥，此后如有必要再施加限制。我们在这里提出的规则与此不同，与现实并不矛盾。关注创造力的结果不会破坏它的潜力。创造能力并非取决于创新范围的大小，而是取决于员工在提出并发展相关新观念时所采用的方法和工具，以及相关职员的个性特点。

今天，创新对企业而言，必不可少。但是，创新不可用来界定企业的战略。相反，企业战略给创新过程指出了开展的方向。公司的使命、管理层设定的目标以及企业发展和市场及产品多样化的战略构成了创新框架，这个框架是限制公司整体创新活动范围所必需的。

很多缺乏明确战略的公司都不自觉地把创新当作别人的事。他们推出创新是希望由此形成的新思想和新观念会产生成功的战略。这在某些情况下也有可能，但绝对是碰运气的事。最常见的结果是，针对公司希望或有能力生产的产品或提供的服务所提出的想法和倡议均被否决。

高管需避免这种常见的错误，并应向发起者明确指出公司不感兴趣并且也不愿意生产或销售的产品或服务类型。这一步虽然很简单，但对一个有效的创新进程而言却是基本的要求。在创新战略规划这一章中，我们将进一步发掘创新与战略的关系。

所以，如何定义这个框架？应如何做出具体的限制？创新过程的框架在特性上有三个层次，从低到高分别是：限制创新范围、界定创新层次、定义创新重点。

限制创新范围

至少，创新框架应当确定需要创新的产品和服务类型以及其市场区域。例如，一家决定仅在本土运营的航空公司重点关注的是航空运输服务。因而，国际航班、运输以外的业务及任何其他海上或陆上交通事宜均不考虑。对于在创新过程中合作的人员来说，乍一看，这好像限制颇多。而事实上，这个界定相当广泛。它留下了足够的空间，让人们思考直升机、小飞机、客机以及为什么不是气球、飞艇或超轻型飞机提供航空运输服务。因此，我们很容易知道，一个界定后的框架不会限制创造力的发展。此外，为了不浪费精力，我们要避免提出这样的想法，例如，在机场销售礼品，因为该框架中明确指出，尽管这能提供许多机会或者可能带来好的想法，但这个并不是我们的业务目标。

产品类型或市场区域的界定也许是最广泛的、最普通的。最高管理层可以决定不再进一步限制创新过程的活动范围，或者可能更愿意施加更多限制，在这种情况下，就有必要界定我们所说的创新等级。

界定创新层次

从最具战略意义到最具战术性，我们基本上可以把创新分为四个层次：

第一层：商业模式创新

第二层：过程创新

第三层：市场创新

第四层：产品和服务创新

商业模式创新是这样一种类型的创新：它有必要对公司创造价值的方式进行深刻变革，并因此要求公司进行重大的结构调整或创建新的业务单位或部门。商业模式创新的一个例子是，一家传统的银行推出新的网上银行，须通过互联网提供专门服务。苹果公司决定共享其程序代码，使任何软件公司或个体程序员可以开发 iPhone 应用程序，以下是商业模式创新成功的一些例子：

· 联邦快递

· 巴诺书店

· 地中海俱乐部

· 戴尔

· 宜家

· iTunes

· 网上银行

· 亚马逊

过程创新是指在公司现有的物流、销售或生产经营上的创新。举个例子，如果苹果公司现在要从一个国家仅一家 iPhone 独家经销商转为允许任何经营者出售 iPhone 手机。或者，制造商决定外包给某个国家来生产一些组件。

市场创新是指针对新的购买人群，满足新的需求或正在进行的新采购和消费的情况。例如，银行允许客户通过手机进行支付，客户在新形势下使用以前不存在的银行服务（流动性）。市场创新主要是涉及横向营销理念，我们建议对这类创新感兴趣的读者对此认真阅读。表 3-1 给出了界定市场创新的三个维度：目标、需求和条件。

表 3-1　界定市场创新的 3 个维度[1]

目标	需求	条件
吉列（Gillette）是一个男性用品品牌，通过吉列维纳斯（Gillette Venus）也可以成为一个女性产品品牌	Wonderbra 结合了品牌的功能和审美要求	Nesquik Night 是一种晚上饮用的可可饮料
Kidiboo 是一种含冰淇淋甜点的奶酪品牌产品	手机与家庭报警器的连接	加油站一天 24 小时营业，包括销售面包
小小爱因斯坦是一个儿童视频集	购买 CD 可反映对电视内容的不满态度	家庭影院具有电影院的音响效果

最后，产品和服务创新包括技术变革、新模型或针对相同消费者群体、需求和行情的变化扩大生产范围。例如，iPhone 每次升级都代表一次产品创新。对消费者而言，需求和行情在此前的手机中保持不变，唯一的变化是更好的性能、容量和处理速度，以及一些设计改进。

这些分级可以更加具体详细。这是创新战略的一部分，我们将在第十章对这些创新层次做进一步说明。

这四个层次各自都有完全不同的风险、投资及创新影响。因此，每个创新层次都对应一种特定水平的责任。首席执行官负责新商业模式创新，总经理负责新过程创新；市场总监负责新市场创新，或根据创新彻底的程度，由高管负责新市场创新；市场总监负责新产品创新，产品经理或品牌经理负责新模式或产品种类扩大的创新。

很多进行创新的公司都未能把创新的类别同相应的责任进行很好的结合。在这种情况下，就会出现整体功能障碍。结果是产品经理修订商业模式或总经理花费时间扩大产品种类——这些都是他们不应该着手处理的事情，但是他们如此行事的依据是任何创新过程都必须要有他们的参与。

---

[1] 见菲利普·科特勒，费南多·德里亚斯迪贝斯：《水平营销》（*Lateral Marketing*, *John Wiley*，2003）。

定义创新重点

确定创新的级别，这很有帮助。尽管最大可能地限制创新重点并非完全必要，但重点是你希望改变或升级的事物或一组事物。

我们在创造性思维上有足够研究，而且知道创造性思维本质上是归纳性而不是演绎性。演绎性思维从广泛的规则或观察中得出具体结论，而归纳性思维则刚好相反，是从具体中得到一般规则。

创造性思维是归纳性的，因为创造不可能无中生有。创造力是对现有事物或概念之间建立联系新方法的获得能力。通过确定一个重点，我们提供给创新团队更精确的框架。重点选择也可以反过来，是指其中某一特定事物或部分。例如，可以对软饮料、瓶子或瓶盖发起一个创新过程，促进产品的销售。这里，我们有三个不同的侧重点（软饮料、瓶子、瓶盖），但后一个侧重点都比前一个更加具体。

我们在上文阐述了四个创新层次，这让我们在创新上有不同的侧重点。表 3–2 给出了各个创新层次的具体的侧重点。

表 3–2　各个创新层次的侧重点

商业模式	过程	市场	产品和服务
同供应商的协定类别	仓库系统	新客户（根据社会阶层）	产品有效期
顾客选择	质量控制	销售政策及卖点	包装
顾客的定价及付款计划	生产计划组织	新的市场细分（根据顾客年龄）	顾客享受到服务的等待时间

宽泛的框架和具体的框架哪个更可取？

是否有必要确定创新重点？确定我们希望创新的级别是否就足够了？或是我们只需缩减我们想要的产品和区域范围？

这个答案涉及三个因素：①企业希望其创新过程是开放的还是封闭的；

②对创新过程的控制程度；③同步实施的过程数目。如果企业选择非常开放、松散界定的过程，他们在操作时受约束的准则或限制就很少。他们在每周例会上甚至可能不会指出其希望员工思考的范围。相反，在指派人员、资源和期限方面对过程严格界定的企业一定有高度的特定性。

另外，很多公司在创新过程中进行非常严格的控制和积极的监控。监控包括核实目标的实现，这种情况在创新框架中要求高度的特定性。

最后，往往多个同时进行的创新项目（见第十章关于创新战略规划的内容）与其相关的规范水平之间存在关联。当一个公司同时开展多个创新项目时，需要划分各自的职责，以便两个创新团队各自着手不同的项目。他们之间的合作方式应依据工作重点尽可能明确。

然而，我们认为，更可取的做法是尽可能地缩小创新框架范围，尤其是在公司危机时或在不利的经济环境下。确实，当指定一个团队进行创新的东西具体到像瓶盖那样，这个团队的创造范围肯定比从饮料到标签的任何变更工作更具体。如果你限制重点的范围，那么创新过程的结果将会完全符合公司的战略目标和现有资源情况。

或许，一个好的解决方案是在两个重点层次上进行良好结合。也就是说，指定一些团队在非常特定的领域进行创新，而另一些团队进行开放式思考，目的是运用其工作成果到最初未预计的领域，这可提供一些发人深思的或范围之外的建议供管理层评估。我们把这称为探索性创新，这将在第十章进行阐述。但是，即使在后一种情况下，我们建议你至少要确定区域或产品的范围，如前一节所述。

在任何情况下，只要我们了解到发起者所考虑的创新层次（是否涉及产品、工艺、市场或业务）以及创新对管理人员的影响，这个信息必须立即传递给组织机构，以便管理层决定是否要继续此过程。

在未明确过程之前，这是发起者和创新战略之间的第二次接触。发起者的建议必须经主管创新的负责人批准，这表示同意过程随后的预算分配以及 B —F 其余的角色分配。

无数的企业没有考虑到这点，就让团队着手进行创新项目，而这些项目是监督员很久之前就已抛弃的创新项目。如果提前进行告知，情况就不是如此。在这个意义上说，创新规划和战略监督员的作用是至关重要的（见图 3-2）。他们不仅批准创新过程，还包含更高层次的管理。如果创新继续，这种管理会受到创新的影响。

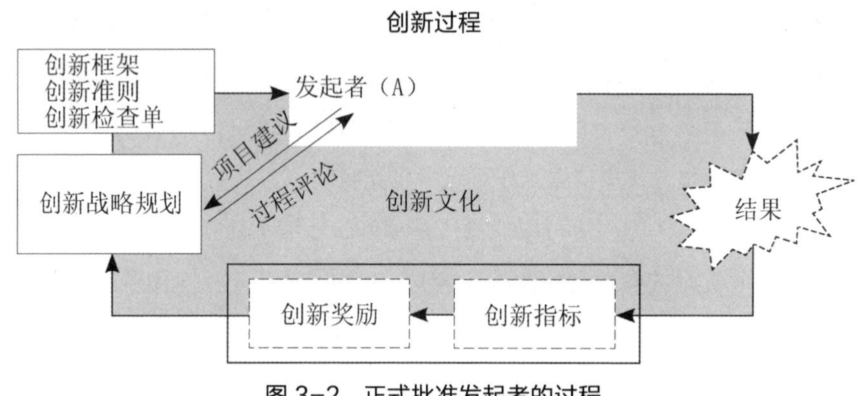

图 3-2　正式批准发起者的过程

创新准则

有些公司使用创新准则增强创新框架，以进一步说明考虑什么类型的创新。例如，一家大公司可能仅对预计销售额超过一定金额的创新项目进行投资，而另一家公司可能要求创新项目必须在三年内实现盈亏平衡。此外，有的公司还要求创新项目达到预期的投资回报率（ROI），有的公司限制创新项目可用资金（投资）的金额，也有的公司要求拟议的创新项目需利用公司的一些优势，例如，公司的第二个竞争优势。

这些准则并不是相互排斥的，我们可以同时确定多个准则。例如，销售额达到一定水平以及所需要的时间表。对于从事创新的团队而言，这些准则提供了非常有用的标准。

创新准则的作用是减少提交供审批的建议数目，同时，它们也是一种确保不超出既定的可接受风险水平的手段。最后，它们间接地界定了创新是渐进式低风险还是激进式高风险的程度。

表 3-3 列出了很多著名公司使用的创新准则。

表 3-3　创新准则举例

项目的推出必须至少达到最低销售额 100 万美元
自项目推出之日起 3 年内，必须开始盈利
项目的推出必须使用公司现有的品牌
创新过程的时间不得超过 18 个月

创新检查单

在发起者着手创新过程之前，我们建议的最后一项内容是创新检查单。

这个类似于航空公司飞行员在飞机起飞之前进行的检查单，必须一项一项地检查飞机的诸多组件和各项功能，确保它们都正常工作，为安全舒适的飞行做好准备。

同样，在创新领域，先提出一系列关键问题，这些问题必须在实施之前获得肯定性答案，这种方法是非常有用的。

表 3-4 给出了检查单通常包含的问题类型。

表 3-4　创新检查单举例

· 是不是真正必要的项目？
· 是否在完成项目后，能带给客户好处？
· 是否在完成项目后，对公司或员工有所帮助？
· 是否现在必须实施该项目，或者如若延期实施，是否会存在任何负面影响？
· 项目的实施是否阻碍公司的经营，进而影响公司的目标？
· 项目的最终目标是什么？这些目标符合实际吗？
· 项目的总体时间计划是多久，如何衡量项目的进度？
· 项目的成本效益如何及项目的成本效益优势是什么？

在创新过程的任何时候，无论是在开始、开发中、原型测试中或落实我们的想法时，都必须回答这些问题。我们建议经常进行检查，因为创新过程的不可预测性可能会发生偏离检查单的情况。

在启动创新过程之前，先确定发起者应该具有的标准，然后开始讨论下列主题：公司里谁是发起者，承担何种类型的发起任务，以及最佳配置是什么？

发起者的类型

发起者有四种类型：

（1）管理层或高管：在这种情况下，公司的高级管理层通过具体要求发起创新过程。

（2）员工：在这种情况下，组织机构的成员发起创新过程。例如，雇员提出建议，这种建议可能是雇员主动提出的，或通过为此设计的信息渠道提供的。

（3）利益相关者：这些人是在组织外部但又和组织有关系的代理人。最常见的发起创新的利益相关者有供应商、分销商和客户。不太常见但同样有效的人员有投资者或股东。

（4）科学界及研究人员：在这种情况下，发起者是学术或研究机构的人员，也可能是发明者、工程师或任何类别的科研人员。

综合型发起的分类

通过联合两个维度——发起需要的人员及指定承担责任的人员，我们有以下几类创新发起类型：

（1）自上而下的发起：从高管开始，到公司的员工。

（2）由内到外的发起：从高管开始，到利益相关者或科学团体。

（3）自下而上的发起：从公司的员工开始，到管理层人员。

（4）由外到内的发起：从利益相关者或者科学团体，到管理人员或功能区域管理人员。

下面，我们用真实案例对以上各分类进行详细说明。

自上而下的创新发起

自上而下系统是：创新由最高管理层明确决定发起，并指定一个专门的团队，放弃部分或全部原有职责来着手创新项目。

对于缺乏永久性资源的创新公司以及更愿意同系统团队和项目一起进行创新的企业，这是发起中最著名、最常见的类型之一。

自上而下发起的例子有很多。例如，壳牌公司在 20 世纪 90 年代中叶组建了“博弈规则转变者”小组，这个小组的成员为富有创意的中级管理人员，他们可以利用整个公司的其他技术资源。他们的任务是发展新想法，有 2000 万美元的预算来实施想法，以打破现有的规则和传统智慧。博弈规则转变者小组创建了几个专门小组，以执行创新过程中的一些基本功能——创新实验室，任务是完善和改进他们的想法；行动实验室，在受控环境中探索想法；以及企业家理事会（创业板），评估最好的项目并提供资金。博弈规则转变者实验从一个部门开始探索和生成想法。现在它已经扩展到整个公司，并且每个部门都有自己的博弈规则转变者小组程序，甚至还成立了一个专门从事激进项目创新的博弈规则转变者小组，这些是壳牌公司现有业务范围以外的项目。

通用电气也采用自上而下的发起模式。在系统中他们称之为“泡沫分配”，管理人员摆脱自己一贯的职责，被分配到另一个项目上短期工作。通常情况下，该公司会动员来自不同专业的专家，并促进各部门之间的流动性，以促进内部关系，并连接起项目。

通常，专门的创新团队都需委任一名负责人来监督团队工作。例如，在全球玻璃行业的领导者、先驱者，同时是光纤的先驱者——康宁公司，创新团队的负责人员被称为“队长”。队长受任加入领导小组，确保创新过程的实施，并在发生意外时发挥引导作用。

这些专门团队可能存续时间比较短暂（仅仅在团队有望促使一个创新过程启动时存在）或可能持续数年，要求团队自始至终地领导和监督整个创新过程。例如，在宝马公司，从日常职责转移到全职创新的多学科专家团队可长达 3 年。与此相反，在西南航空公司，这种团队的存续时间仅限为几个月。

星巴克也采用自上而下的发起类型，它的前首席执行官霍华德·舒尔茨同时兼任战略创新管理负责人，同其他管理人员和支持团队一起，在发现良机时启动创新过程。

由内到外的创新发起

管理层人员寻求公司外部人员参与创新过程的协调工作，这就是由内到外的发起。由于公司能力缺乏，这种责任不一定必须表面化。这也许很简单，因为这类创新要求的实施方式如同商业模型与新技术创新一样。这种方法一般用于加快过程或者针对内部资源被挪用到其他地方的情况。

在这种类型的发起中，公司通常同研究人员、专业顾问或临时团队签订合约，其人员范围可以从客户到供应商。另一种常见的系统是同学术界（大学的研究人员）合作或同带有众多科研人员的组织建立合作关系，这类组织也正在寻求使其服务多样化（包括美国航空航天局和法拉利都已经提供这种服务）。

由内到外创新发起的一个例子是英国最大的雇主——乐购连锁超市，它雇用了 25 万名工人。在 20 世纪 90 年代委托威尔士的卡迪夫商学院研究如何调整丰田成功的生产原则，运用到零售商的供应链以达到节省时间和精力的目标。在过程结束时，比如说饮料，从装瓶到流向消费者，仓储时间由 20 天减少到 5 天，库存点的数目从 5 个减少到 2 个，此类物品的供应商配送中心不复存在。

IBM 也应用了由内到外的创新发起来识别可能存在商业机会的业务领域。该公司请求客户、外部观察员及风险资本家提出 IBM 现在没有进入但具有潜力（IBM 称它们为 EBO，即新兴商业机会）的业务领域。IBM 并不依靠其自身的研发部门给出此类建议，因为后者更关注企业目前的领域，因此缺乏从局外人的角度来思考新的商业机会。IBM 的战略经理从大量的建议中挑选出最有可能成功的建议，然后同经验丰富的管理人员一起确定。部门负责人对其领导的众多人员承担责任。但是在自己的部门里，投资新的高风险项目，可控制的空间很小。然后，他们受委派打造企业未来。在职业生涯的高度，要求他们把自己的工作经验放在内部启动上。自 2000 年推出这个系统，IBM 就诞生了 25 个新兴商业机会，其中失败的只有 3 个。在成功的商业机会中，有 4 个项目（数字媒体、生命科学、Linux 和令人信服的估算）在 2003 年和 2004 年获得的收益均超过了 10 亿美元。

在外部资源帮助公司快速增强其创新能力上，宝洁公司这个实例颇具启发性。

“我们知道，宝洁大部分的最佳创新都来自内部业务的想法整合上。而在研究一小部分超出了我们的实验室要求的产品性能后，我们意识到，外部的关系人也可以产生高利润的创新。我们认为这些关系人是未来增长的关键，雷富礼给我们设定的目标是在公司以外获得 50%的创新。该战略不是要取代我们的 7500 名研究人员和辅助人员的能力，而是要更好地发挥他们的作用。我们估计，每名宝洁研究员都有世界上其他地方的 200 名科学家和工程师的帮助，这些人都一样优秀，也许我们可能利用的人才总数达到了 150 万。我们需要改变公司态度，从抵制创新的‘不发明’转变到热情对待‘发现创新’。而我们需要改变我们的定义，并认为我们的研发机构包括了公司内部的 7500 名员工加上公司外的 150 万人员，这里没有不可逾越的界限。”

自下而上的创新发起

自下而上的创新发起系统是指创新过程的发起者不是管理层人员，而是在管理链中底层的员工，无论他们是否属于创新部门的人员。

最常见的自下而上发起系统是研发部门、营销、设计部门或其中的部门组合实施的创新项目。例如，宝洁设法破除公司根深蒂固的传统束缚，从而把公司塑造成世界上最具创新的企业之一，所应用的机制就是这种政策。而在此时该公司进行重组，彻底地对管理层裁员，它采取了一个重要决定，就是把设计人员的数量扩大到原来的 4 倍，并促使他们直接同研发部门一起工作开发新项目。这些设计师和工程师的相互交往，产生了很多好的想法，后来转成了新产品。

3M 公司也采用自下而上系统连续性发起创新过程。其分布在世界各地的创新中心拥有 7000 多名研究人员。这些研究人员在自己选择的项目上花费 15%的时间。这并不意味着他们毫无潜力地在想法上浪费公司的时间，因为有一个委员会，其作用像 A–F 模型中的 F（促进者），持续地评估工程师提出的项目和想法，拒绝接受认为不可行或缺乏潜力的项目或想法。

但营销、研发和设计部门并不是唯一发起创新的地方。有些公司宁愿授权给组织的所有成员提出好的想法。谷歌被认为是世界上最具创新性的公司之一，通过自下而上的系统启动创新过程，自下而上的系统是一个对公司所有人员开放的系统。公司的每个人员都花一些时间在研发上（称为“自由思考日”，可获得充分补偿）。在谷歌，任何员工都可以在电子建议单上“提出”自己对新技术或新业务的想法。所有的员工不断地检查并评估这份清单，给出批评建议并评选出最佳的建议，这在互联网世界是一个很典型的民主系统。如同在一个论坛或博客上，评价最好的想法最终交给工程师来开发。这里甚至有一份“杂项”名单，其中包括对员工餐厅的建议到对组织的批评意见。另一个系统是“开放式办公”时间。谷歌公司要求其高管每周把门打开两次或三次来会见其他员工，并同他们一起讨论想法。专注于这项任务的时间通常一半左右用来获取新想法，另一半用来教导新员工如何深化其建议。

由外到内的创新发起

由外到内的发起系统也许是最新的、最令人惊讶的系统。该系统是基于一种商业模式的发展。对于个人或者我们组织创新之外的小企业，这种商业模式非常有意义。它使个人或不属于我们的组织创新通过我们的业务平台获得一部分小企业的感觉。这种创新发起同由内到外的模式不同之处是没有具体的要求。由外到内的创新发起或多或少是自发产生的，因为所设计的商业模式是使其他公司成为我们企业创新的合作伙伴或利用我们的业务优势进行自主创新。

这种发起类型包括开放式创新和其他系统。一个知名例子是 iPhone 的应用程序。苹果公司决定向任何有兴趣的程序员共享其程序代码，从而产生出成千上万的 iPhone 应用程序。

但是，开放创新并不仅仅指由外到内的创新发起系统。在这里我们可以包含任何其他网络系统，只要在这些系统中我们吸引并激励外部研究人员为我们提出想法，而没有任何具体的委托或任务分配。例如，1991 年沃尔玛联合创新研究所和西南密苏里州立大学工商管理学院推出了 WIN（沃尔玛创新网络）。当时的想法是，整合独立发明人的创造性才华和沃尔玛在财务、管理和产品开发资源上的优势，实现把项目转化为现实产品的目标。

对于由外到内的开放式创新发起，我们知道，其框架不需进行明确的界定，因为它在商业模式及合作系统中是隐含不清的。

而对于来自高校及科学团体的非强制性建议，没有必要去界定框架，因为这是一种合伙协议或稳定持续的关系。相反，在这里我们只是谈论没有任何规定或委托的外部建议。

最有效的创新发起类型是什么?

首先，我们应该指出，这里所描述的四类发起类型及发起者并不是互相排斥的。事实上，世界上具有创新性的企业，在同时交替使用它们。只要组织的创新负责人（见第十章）对组织机构中发起的所有过程采取综合的观点，就不会发生多个发起者同时工作的情况。

这就是说，事实上，在这些系统中，最合适的系统取决于创新的希望类型、资源、内部能力和现有的创新文化。

表 3-5 显示了四种创新发起类型与创新目标之间的关系及各自的要素。

表 3-5　影响创新类型的因素

	自上而下	由内到外	自下而上	由外到内
创新类型	边际	突破	边际或突破	边际
创新资源	多或少	多	**多**	**多或少**
内部创新能力	高	低	高	低
创新文化	在组织内很普及	不普及	很普及	很普及

此外，重要的是要牢记，当发起者是组织内部人员时，有很大的可能性是在发展创新文化，相应地，这也更可能呈现其个人生活的一面。如果发起者是从管理层和普通员工之间选择，事实更是如此。

全面创新系统——第三章总结

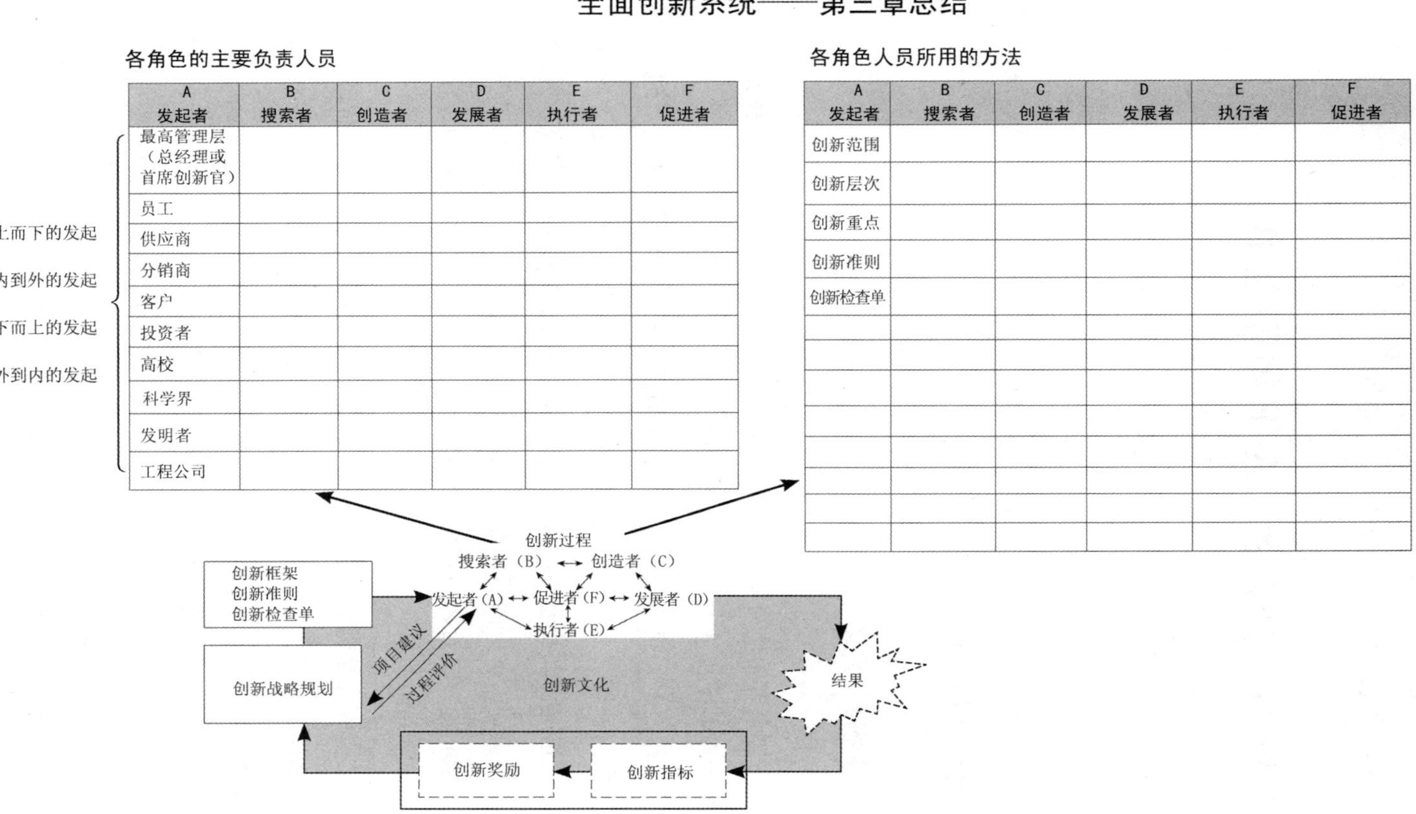

各角色的主要负责人员

A 发起者	B 搜索者	C 创造者	D 发展者	E 执行者	F 促进者
最高管理层（总经理或首席创新官）					
员工					
供应商					
分销商					
客户					
投资者					
高校					
科学界					
发明者					
工程公司					

自上而下的发起

由内到外的发起

自下而上的发起

由外到内的发起

各角色人员所用的方法

A 发起者	B 搜索者	C 创造者	D 发展者	E 执行者	F 促进者
创新范围					
创新层次					
创新重点					
创新准则					
创新检查单					

第四章　搜索者（A-F 模型之 B）

在已经发起、批准和规划创新过程后，其余的任何角色就可陆续进入。本章我们阐述的是搜索者的角色。

搜索者的定义

搜索者的使命是搜集资料来帮助、启发、激励相关人员解决是否在创新过程中让新想法继续下去的问题。

传统上，搜集相关商业创新领域的信息与市场研究有关。创新专家注意到两种搜索方法：一是搜索描述性信息，这些信息可量化市场的大小和增长情况，以及公司打算寻求的机会类别；二是探索性研究，采用定性方法来识别未解决的消费者需求和可能的创新来源。对于技术型创新，信息搜索的重点是对各种专利和技术进步深入研究，这些可能包含在公司出售的产品或服务中。

搜索者在创新过程初期阶段进行信息搜索，一般这个阶段发生在提出具体的想法之前。在某些情况下，未界定创新目标之前也应进行信息搜索。

从我们的角度来看，搜索者的作用必须更加深入。首先，信息搜索者不仅要在早期创新过程阶段认真搜集信息，而且要在整个过程中必须保持积极的态度，为创新团队提供新信息。例如，在概念的发展中，信息提供者的任务是通过原型分析、对在任何地区推出的产品或产品类别进行分析，促进发展者完成任务。把想法转化为产品是创新过程中最复杂的步骤之一，传统上搜索要求的信息基本都交给专门的工程师或研发部门。今天，单一的技术可能被移植到许多产品和服务中。因此，适用于其他领域的分析对于研发或技术研发部门是非常有用的。信息搜索者可以节省新产品及新服务开发工程师大量的工作、努力、资源和时间。

搜集有关创新执行及实施阶段的信息更重要，这项工作已交由营销部门来推出新产品，须确信他们对于市场有足够的了解。每一个创新，特别是激进创新，都要求具有自己的销售渠道、价格政策和传播策略。如果一位营销经理老是习惯于一个特定的市场，当进行市场创新时，就会遇到许多未知情况以及信息差距问题。

最后，信息搜索者在协助促进者方面起着关键作用。促进者必须不断地评估和批准新的支出项目和投资项目。在这个过程中，促进者做出决定的依据是提出创新项目的销售前景。不幸的是，在许多公司中，这种预测是基于纯粹的主观标准。即便有公司不采用这样的做法，也使用市场研究资料做出预测。这类公司往往求助于客户资料部门，而这个部门是脱离创新过程开展标准市场调研的部门。这些调研是很有用的，但必须伴随其他间接方法共同使用，并更多地基于对发起的创新过程中产品和服务的监控。至关重要的是，编写创新产品销售潜力相关信息的人员，也需在早期进行参与。

因此，把搜索者视为整合信息或协调多个角色的人员，这些角色通常是委托给不同部门或几乎没参与创新过程的人员。这并不意味着搜索者本人必须搜集每种情况下所需的信息。他们可能会依赖于以前的部分或全部角色人员（技术员、市场研究专家、外部研究机构等）以及我们在这一章阐述的其他人员。但关键是，发挥搜索者作用的人员必须能够综合看待所有信息来源及构成过程一部分的零散信息。

这是因为研究人员提供的不仅仅是信息，还必须激发创新团队。激发在这里的意思是带来光明，意思是“引导”思维进入“富饶的领土”，并产生可行的实施方案。我们在讨论积极的信息，即链接到创新过程的信息。它不是描述或发现的信息，而是指向创新的路线和路径的信息，提高了成功的可能性。

我们在这一章提供了那些把信息搜索者看作创新过程必需部分的公司的一些关键做法。而且，除了标准的定性探索研究之外，我们还提供了新的研究方法。标准的定性探索研究在传统上一直用于创新过程。

鉴于信息搜索者在一定方面是其余角色的信息提供者，他们也可以是内部客户。我们把本章的结构分成四个模块，每一个模块对应各自最积极的角色：提供信息给创造者（B 至 C）、给发展者（B 至 D）以及给执行者（B 至 E）。不同的是，我们用单独一个章节来阐述为促进者提供信息（B 至 F），因为他们收到的信息与其功能具有内在的联系。

B 至 C：创新诊断

在创造者还没提出产品和服务的想法之前，必须进行创新诊断。我们建议，创新诊断应该包括以下要素，我们在后面将进行深入探讨：

· 创新评价

· 相邻类别分析

· 内部咨询

· 社会发展趋势（D2C[1] 市场或 D2D[2] 市场的商业趋势）

· 社会阶层（B2C 市场）

· 市场趋势

---

[1] 编者注：B2C（Business to Customer）指企业对消费者的电子商务模式，这种模式的电子商务一般以网络零售业为主，主要借助于 Internet 开展在线销售活动。

[2] 编者注：B2B（Business to Business）指企业对企业之间的电子商务模式，这种模式的供需双方都是商家（或企业、公司），他们使用了 Internet 的技术或各种商务网络平台，完成商务交易的过程。

· 购买过程

· 创新路线

让我们逐个进行仔细推敲。

创新评价

这是创新研究的一部分，我们认为这部分是非常必要的。但是，却几乎没有一家公司这样认为。在制定年度营销方案之前，公司要求品牌经理制定所谓的品牌评价，这种评价是对近年来（特别是过去一年）品牌的发展情况做出评估。这是一项全面的研究，它说明了不同的分销渠道、不同的促销和宣传活动带来的结果，市场定位变化或普及水平指标的变化，对客户或消费者调研及记录的情况。

讽刺的是，尽管公司每年评估其品牌的情况，但他们却没有评估市场创新的情况。创新评价是对我们努力创新的产品或服务类别的市场情况进行一个尽可能全面的评估。埃克森美孚公司是这类评价的少数使用者之一，在他们推出其创新型自动加油付费系统“速通卡”之前，该公司首先评价了自 20 世纪 40 年代起所推出的有关加油站的创新。

如果创新过程的目的是在咖啡市场推出一个新产品，创新评价将包括一个已在市场推出的各类产品和创新产品的清单，从突破性产品到最小众产品，后者包括了促销或产品线扩大（例如，可再利用的咖啡包装）。

对于打算推出创新产品的国家以及相关市场最发达的国家，我建议，要追溯到十多年前它们的市场状况。例如，对于咖啡，明智的选择是研究像意大利这样的国家的情况，这类国家有比较浓厚的咖啡传统。根据可利用的时间和资源，调查的地理范围越大越好。

在描述每一个创新产品时，无论是已经退出市场的还是仍在市场的产品，我们建议用表格的形式记录下所有的信息，如图 4–1 所示：

产品名称：全麦维巧克力
品牌：全麦维
产地：西班牙
上市年份：20世纪90年代

制造商：KELLOGS
目标客户群：喜欢谷物纤维和巧克力的成年顾客
特点：巧克力味道的谷物纤维
用处：主要用于早餐
独特卖点：“热量更少，味道更好的谷物纤维产品”
创新类型：垂直/调整
直接竞争产品：Fitness和Allbran生产的女性麦片产品
一般竞争产品：成人谷物类产品

单位：每盒250克
价格水平：每千克6.5欧元
销售：零售　61/59　ND　80/82　WD
推广政策：
有广告吗？　有
有促销吗？　有（2000）
上年有产品活动吗？　无

使用的媒体：电视和专业杂志
取得的业绩（最近3年）：
*销量：445.6～462.5(+3.8%)
上年保持同样的增长速度

图 4-1　创新评价的案例

这类信息在很多方面都是很有用的。首先，它可用作对市场上所有创新产品的一个详细目录，很少有企业有系统有组织地编写这样的目录。

其次，过去新产品的记录也为我们提供了创新战略的概要及各个市场的趋势。当进行了此项工作时，我们就会发现各个不同的公司是围绕一些具体的创新路线实施的，这非常有趣。

在图 4-2 中，我们依据在咖啡市场上既往的创新给出创新路线的例子。

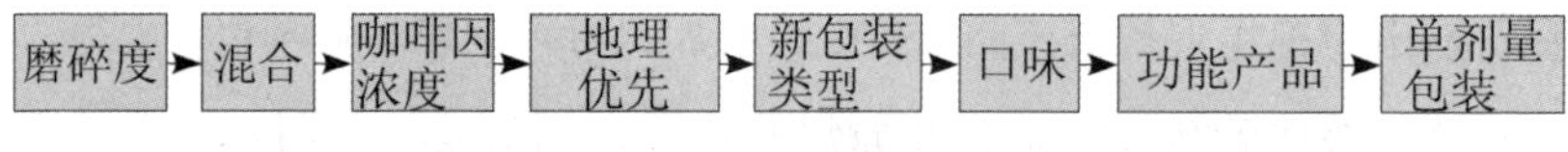

图 4-2　烘焙磨制咖啡的创新路线图

确定并理解这些路线是至关重要的，因为是否要放弃目前的任何一个创新路径是你必须做出的重大决定之一。例如，对于咖啡，公司可决定不采取“地理优先”创新路线，而与此相反，可能对“咖啡因浓度”路线感兴趣。

正如我们在前面章节阐述的，确定或放弃一个或多个创新路线并不会降低创新团队的创新能力，而仅仅需要朝一定的方向进行引导。

过去创新产品的记录可按补充创新路线的方式进行分组，对创新类型进行分类。我们在这里采用横向营销的观点，把垂直创新分为六个不同类型，并使其区别于破坏性创新。通过这些类别对创新进行分类，是对已经在商业领域发起的创新方向进行一个非常有用的诊断。图 4-3 表明了基于此分类法的咖啡类别分析：

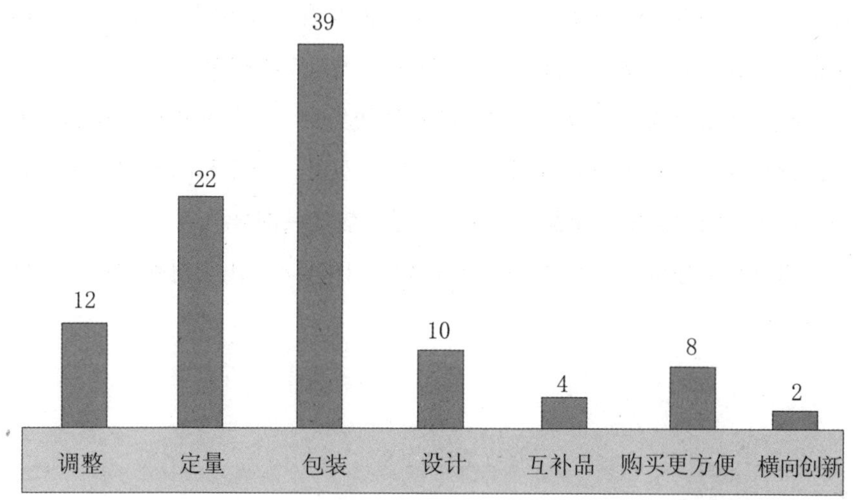

图 4-3　烘焙磨制咖啡创新类型诊断的例子

最后，**由于口味变化或新的社会趋势变化，过去失败的创新也有可能被重新推出，现在可能有较大的机会获得成功**。例如，1993 年跨国香水和化妆品公司普格美容时尚推出燕麦洗发水 Avena Kinesia，获得了巨大的成功。他们以前也推出过类似的洗发水，但都失败了。与之前不同的是，在 1993 年的欧洲，护肤产品消费是一种普遍趋势，并且谷物作为产品原料被普遍接受，这是食品市场的外延。

虽然我们在这里阐述的是我们对咖啡的观点，但创新评价并不仅仅是大众市场的产品创新。无论是在服务和 B2B 市场，还是工业市场的创新，甚至是纯粹的技术创新，都是类似分析的对象，并且其有用性也同样重要。

相邻类别分析

相邻类别的历史分析，虽然比创新评价更有限，但是在集思会上对创造者具有巨大的价值。相邻类别是什么意思？这类产品和服务是我们的直接竞争对手所没有的，或在我们考虑的创新市场上还未上市，但仍然与我们的产品分割部分市场，如客户、需要和情况。换句话说，相邻类别的目标不是我们的客户，即使它们能满足不同需要或针对不同的客户，但同样包括了类似需求，或者它们的经营情况只是类似于我们而已。

例如，能量饮料作为咖啡类产品相邻的类别，可以和咖啡一样满足人们的饮用需要（让人有精神或清醒）。饼干也是一个相邻的类别，因为它们可满足不同的需要，和咖啡一样，都是早餐的一部分。

相邻类别分析应回顾过去的创新路线。图 4–4 给出了对咖啡相邻类别的分析例子。

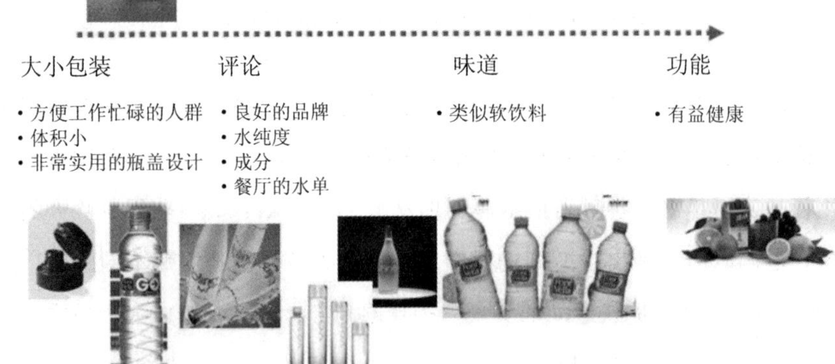

图 4–4　创新路线举例（水和咖啡属于相邻类别）

它们的有用性在于，在我们分辨出同需求的创新市场相邻类别的相似之处后，很多创新机会就会自然地、自发地出现。我们认为，这些信息将激起创造者提出这样的问题：能量饮料的创新方式对咖啡创新有意义吗？正如我们将在下一章看到的，相邻类别是创新想法的永久来源。

内部咨询

根据我们的经验，进行创新咨询时，我们在客户那里做的第一件事就是使用内部信息，主要涉及以下方面：

内部员工：在任何组织机构中，很多人都有想法和建议。但是，对于非创新型企业或缺乏创新渠道系统的企业而言，他们没有人员提出想法或建议。这种**在组织内的潜在智力资本恰恰是创作者灵感的第一来源，应该充分利用信息搜索**。当然，对于大型组织的所有成员进行面谈或询问，这也是不可能的。搜索者应该做的是制作一个名单或给各个部门发出正式的沟通函，说明公司在开展的创新项目目标以及该项目的团队希望了解并考虑的事情或组织中其他成员的想法。有时，甚至有必要利用定性或定量方法来收集问卷或公司内网的信息。这应该是伴随对特别技能人员的深入访谈：定下最低经验、对公司责任感强度、态度、积极性和已证实的创造力水平等方面的要求。

销售、研发和市场营销部门：这三个部门应分开处理。销售人员每天接触客户和分销商，掌握有价值的市场信息。我们不能指望他们来解决公司的创新问题，但他们对公司情况和市场的评估可能比较真实，符合实际。对于营销专家来说，同样重要的是他们对消费者、消费障碍和购买动机以及现有组合和竞争的优劣势的认识。最后，对于我们希望创新的产品和服务，研发部门会告知存在的技术限制。他们还可详细描述制造过程，给出对公司生产过程的详细图解，不仅使我们认识到公司的生产限制，而且在集思会上是另一个非常有用的促进因素。

市场调查：当企业开始创新工作时，往往有一种近乎病态的冲动直接去询问客户。他们忽视了公司内部拥有庞大信息储存的事实。今天，我们拥有的信息量超出了处理能力。创新团队中信息搜索者必须开展的第一项任务是找到以往的所有市场调查和资料库研究。有了这些信息，他们就要根据创新项目的目标来选择最相关的信息。最后，他们需对其进行研究，并对他们的主要结论做出评价。

任何创新诊断都含有分析，分析有三个关键因素组成。

一是所谓的市场规模，指的是在目标地理区域内，根据价值、单位（如有）、客户（如有）和经销商（如有）来衡量市场及各个产品类别和子类别的演变与当前市场规模。这同样适用于平均销售价格、生产成本和行业的利润结构，范围从产品或服务的组成到企业利润，再到经销商和税率。

二是见解清单，作用是调动客户和经销商的积极性。最近，有很多关于见解的书籍出版，并且几乎每位作者都有自己的定义。我们把见解理解为推动消费者的动力，因为它是先天赋予个人的。见解要通过定性的市场调查进行确认。虽然我们不建议在缺乏定性市场调查的情况下，从销售和营销部门的客户资料中推断出有用的信息，但仍然可以这么做。无论来源是什么，对现有产品和服务的见解清单是任何创新诊断的重要组成部分。

三是拜访客户、经销商和供应商。信息提供者及其他可能的 A-F 角色（主要是创造者和发展者）需要花费一些时间（两天或一周可能就足够了），“走上街头”去拜访客户、供应商、经销商和零售网点店主。星巴克前董事长霍华德·舒尔茨每周拜访 30～40 家在全球各地的星巴克连锁店。对于事前不了解的事物进行创新是非常困难的。例如，在乐购，许多创新来自频繁拜访熟食店、民族食品店和烹饪学校。

社会发展趋势

我们的营销和创新专家近年来一直非常关注技术和设计，但同时在一定程度上忽略了社会学。对社会发展趋势（如客户的 B2C 市场）或商业发展趋势（如公司的 B2B 市场）做好分析有以下两个主要用途：

第一，**社会发展趋势是创造者灵感的一个主要来源。**无论组织销售何种产品及服务，社会发展趋势有助于解释客户行为。社会趋势创新的渠道本身也是一种创造性的方法，可产生许多好的想法。

第二，社会发展趋势如同验收市场创新的通行证。**很多创新（有趣独创的创新，甚至对客户有用的创新）失败了，因为它们忽视了社会发展趋势，没有考虑到自己的价值主张不符合当时的社会发展趋势。**在这种情况下，很少有消费者接受创新。对于客户已经采纳的社会惯例、习惯和时尚潮流，也会逆道而行。同样，如果创新能够强调或重申客户对于当时的社会趋势的意义，创新成功的可能性就会更大。

这主要适用于我们所说的主流产品，即针对大众市场的产品。另一个情况是明确开始新趋势或新时尚的产品。这是许多公司在尝试但只有一小部分公司成功的领域。原因是潮流开创者（在特定的社会群体内对某些产品开创时尚潮流的舆论领袖）违背了大品牌施加的影响趋势。他们不是品牌，却是决定流行什么时尚的人。一般来说，如果你的目的是战胜潮流开创者，就更应该关注他们的行为举措。

但是，在社会趋势范围内，那些被认为是长期存在的趋势往往像蝴蝶的生命一样转瞬即逝。

所有的社会群体采取不同时间段的趋势，同样适用于儿童、家庭主妇、高管、运动人员和旅行爱好者。许多企业创新在锁定社会趋势时都没有考虑这种社会潮流可能持续的时间。

通常，**我们谈论四个社会趋势的时间框架是宏观形势、趋势、时尚和潮流，可以说，每一个都以前一个为基础。**许多时尚开始于潮流，可能持续数周，但由于各种因素可能获得动力发展壮大，直到成为时尚。

社会发展趋势的开始是已存在超过一个季节或一年的潮流，然后转为一些更稳定和持久的时尚或趋势。最后，连续流行超过 5 年的趋势就转变为宏观形势，带有一代人的部分特征。因此，我们区分如下：

（1）宏观形势。持续时间最低 5 年，可长达 10 年，一般不太可能超过 10 年。因为每隔 7 年，一代人的生活目标会发生实质性的变化。宏观形势的一个例子是对环境的关注。多年前，这一特征只体现在绿色团体中，之后开始逐渐蔓延到其他人群，成为受教育群体的共同特征。

（2）趋势。持续至少 1 年，但一般不超过 5 年。趋势的一个例子是行政人员和管理人员之间的配合逐渐消失。在 20 世纪 80 年代和 90 年代典型的雅皮士，现在正被一种新的专业人员取而代之，他们更随意、更正式、更独立，正在转变为宏观形势。另外一个例子是工作降格趋势。在经济危机导致的经济萧条下，这种趋势的人群主要是一些专业人员，年龄在 50 岁左右，拥有较高收入和积蓄，他们宁愿现在收入少一些，以拥有更多的闲暇时间。工作降格趋势在 2003—2007 年比较流行，但现在逐渐消失。

（3）时尚。对于鞋类产品持续时间为日历上的一个季节，而对于其他产品和服务，最长为 1 年。比如一种服饰颜色只在一年的一个季节里流行。其他的例子是一个城市或地区内学校的孩子们收集特定类别的物品，或者是热门电视节目或电影使某些演员和人物特别受欢迎。

（4）潮流。持续时间为 1 个月，有时只有一两个星期。这些往往与体育、文化、政治或媒体活动有关。例如，当教皇访问一个国家，会带来图像、徽章或别针的短期畅销。

表 4-1　宏观形势、趋势、时尚及潮流的例子

宏观形势
在线购买
谷歌和 YouTube 作为内容浏览器
穿环和文身
下载网上音乐
智能手机
数字报纸及杂志
潮男
环境意识
低成本产品
“淡味”食品及饮料
粗加工食品

续表

蹦极、风筝、冲浪
披头士
趋势
城市公寓居民家庭园艺
厂家直销店，可以低廉价格购买物品
网上游戏，如脸谱网的法姆维尔
从微型货车到越野车
3D 电影
生态合理化购买
国内能源及资源浪费意识（水、电、气等）
电子书，如 iPad 及其他品牌的平板电脑
社交网络
网络
电动车
魔方
时尚
橡胶手环
赛季中热门歌曲
年度电影（如《阿凡达》）
阳台跳水（从酒店阳台跳入游泳池）
畅销书及唱片
潮流
政治和社会运动及短期抗议
八卦新闻
以利于某项事业的世界日（艾滋病、饥饿等）
特定的节日及公共集会
大众商店的限量版设计收集
销售季节
高调的政治家、演员等公开露面
全球关注的具有高度影响的新闻事件（智利矿难被埋在井下的矿工）

趋势分析评论家认为，趋势变得可见时，通常为时已晚。他们忘记了我们的目的是确定这种趋势是如何在市场上自我表现的。例如，如果降低趋势并没有利用到汽车市场，汽车公司可能会决定研究针对该人群车辆的可行性。

其实，关键是拥有快速确定趋势的工具。因此，公司让外部观察人员来识别和追踪新趋势、时尚和潮流是非常有用的。

例如，广告公司 DDB 提供一种称为 SignBank 的服务，制定出一套给人印象深刻的趋势——“迹象发现者”的网络，已延伸到全球范围。这些人不一定是其广告代理机构网络的员工，包括愿意加入网络并参与发现趋势的人员。

许多观察人员在他们居住的城镇和城市里都仔细关注着趋势的迹象。在任何地方，他们发现的任何新奇、社会变革、时尚、品位或趋势都加入到 SignBank。例如，在东京的迹象发现者，发现其中一些人时兴穿不搭配的袜子，左右的颜色和图案都不同，这个迹象发现者会将此信息添加到资料库。通过互联网，所有的迹象发现者都能参与进来。

将“两只脚穿不同的袜子”添加标注到时尚、纺织品、鞋类、左右脚、颜色、图案等类别，信息可以很容易被找到或在有人寻找有关趋势时呈现出来。因此，如果旧金山的创意总监在寻找鼓舞人心的想法或趋势时，只要在 SignBank 上搜索“纺织品”，“两只脚穿不同的袜子”的信息就会在众多类似的标记中呈现出来。

对于如何寻找新方法，这只是一个例子而已。在搜集信息或跟踪趋势时，博客和社会网络是潜在外部合作伙伴的一个巨大来源。在本章的其余部分，我们将进一步深入探讨这些信息来源以及使用的方法。

社会阶层

描述创新目标区域或国家的社会阶层组成和演变是对上述信息的补充。这种信息经常被忽视，但对公司商业创新的成功是至关重要的。

过去，社会阶层的变化非常缓慢。而在今天，全球金融市场资本的巨大流动性、变化不断的银行贷款政策、央行货币政策的扩张和限制以及经济泡沫的不断形成和破灭，这些都造成了社会阶层在构成上的急速变化。

在西方，中产阶级的人数稳定，而富人阶层的人数比例下降，穷人阶层的比例上升，这已对需求结构产生了巨大影响。在美国和欧洲，多年的经济增长产生了富人阶层，他们使用信贷大量消费，信贷的依据是对其房地产资产的重估。同时，这些人同那些无法获得信贷的人之间的差距在扩大，在经济危机中，可支配收入大幅减少。其结果是人们对于需求在价格及质量之间发生两极分化。越来越多的人依据价格或质量做出购买决定。

这只是一个社会阶层对创新战略方式影响分析的简单例子。当促进者决定选择最有前景的想法进行实施时，这些信息对于促进者是至关重要的。

市场趋势

市场趋势导致社会的发展趋势和过去的创新之路分道扬镳。市场趋势包括总趋势的局部方面以及我们希望创新的目标市场的定价、分销和沟通政策。

例如，如果我们要对咖啡进行创新，重要的是需认清食品及饮料行业的当前趋势以及具有重大影响的贸易政策。表 4-2 给出了这个例子的结果：

表 4-2　食品和饮料市场的趋势

总趋势
·关注肥胖
·关注儿童营养
·地中海饮食时尚
·经销品牌名称增加
·销售季节延长的趋势
销售
·自动售货机的优势
·互联网购买及消费
·新鲜产品从生产者到消费者的直接销售
·从电视购物转变到互联网购物
·低成本包装的物品
·本地生产和消费的食品增加

创造者对这些趋势的把握可以成为他灵感的来源。我们应该多问问自己，审视这些市场发展趋势是否与我们的产品类别有任何联系。

我们继续以咖啡为例。例如，创造者可能会考虑这些问题，像新鲜农产品的销售那样，直接把咖啡销售给消费者对咖啡生产商是否有意义？我们能否推出季节性咖啡？

搜索信息本身是一项创造性的工作。这就是为什么我们说搜索者的任务不是告知信息，而是激发创新。我们主张不仅要对信息、数据和见解做单纯的描述，还需积极发挥主观能动性，它们也是创造性过程的一部分。

购买过程

购买过程是市场营销专业学生要学习的首要内容之一，也是他们在专业领域最容易遗忘的内容。购买过程可定义为客户获取或使用某种产品或服务经历的时间顺序步骤。

图 4-5 说明了购买过程中最常见的几个步骤：

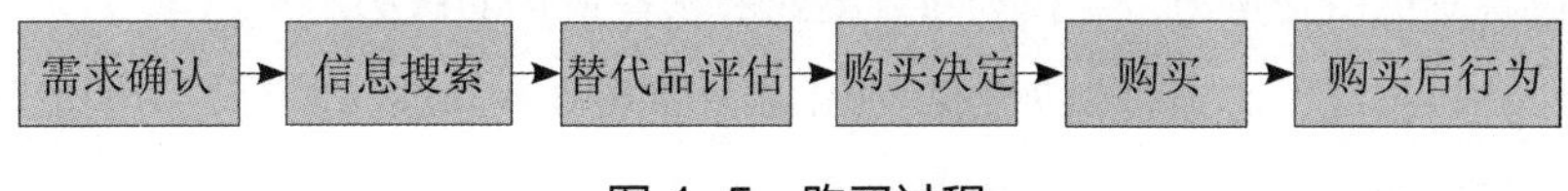

图 4-5　购买过程

客户的购买过程在创新过程中至关重要，通常会影响创新销售产品或新技术的引进。我们忘记了购买过程中也存在竞争优势。购买过程实际上是一个客户付出努力成本的过程。这些努力成本不仅仅指货币支出，还包括获取信息做出最佳选择花费的时间、市场购买时间、差错风险、售后保修等。

在任何阶段我们都可以为客户提供良好的服务，降低购买成本，这也是一种创新。这种创新不需要改变正在销售的产品或服务。埃克森美孚公司不断改进客户加油的程序，并对此进行分析、改进。**对顾客购买过程详细描述和分析，是实现不断创新的重要来源，也刺激了创造力的产生。**

创新路线

上述结果应为可能的创新路线名单。创新路线的定义是创造者在产生想法时要遵循的路径。继续以咖啡为例，创新路线为：

· 高级目标

· 生产者直接销售

· 包装罐

· 季节性产品

这些路线本身并不是创新，但它们表明你希望创造者提出创新想法的领域。随着这些创新路线在大脑中确定，就一定会形成创造性方法。

如前章所述，“引导”创造不是降低其潜力，而是增加与结果相关的可能性。

因此，至关重要的是，创新过程促进者和发起者决定可循的可能创新路线。如果公司没有兴趣开发消费者和生产者之间的直接渠道，事先促使创造者避免白费努力，寻找创新方案或想法是最佳的做法。

与此相反，必须告知创造者公司最大的战略利益路线或与公司的总体目标一致的路线，以使他们集中精力产生相关的想法。

B 至 D：技术和设计解决方案

发展者（D）是那些必须把观念和想法转化为实际的——也就是适销对路产品和服务的人。

显然，当涉及把想法变成产品，上一节的大部分信息都是有用的。很多方面如市场趋势、社会趋势，尤其是相邻类别，对开发产品的工程师或技术人员都很有用。

一般来说，发展者需要技术性很强的信息，即与技术、开发和设计有关的信息。因此，他们的信息来源通常是研发部门、外部供应商或国际博览会，在那里他们可以找到或获得必要的技术。

但是，非技术性信息对发展者也是非常有用的。我们先谈谈技术解决方案和设计。

技术解决方案

技术部门所面临的主要困难之一是技术的可获得性，这种困难远远超过在现实中把技术运用到既定的产品或实际开发中。例如，在开发一种网上销售保险服务时，程序设计部门有编程语言、软件、程序员等，但不知道客户在网页上是如何进行互动的。研发部门是负责把新技术纳入现有产品的部门，他们需要知道该技术是如何应用到其他产品上的。让我们假设一个玩具公司在思考如何把 GPS 技术纳入手表里。那么，了解海上或陆上导航设备的制造商是如何使这类产品让用户获得便利的，这很有帮助。

信息搜索者对发展者并不提供技术，而是利用技术的方式，即某一特定技术成功运用到其他产品和服务的方式。

这种分析类似于相邻类别分析，但性质不同。对于特定的技术或产品原型的早期开发，我们不是追踪类似产品的历史或发展历程，而是审视产品制造商是如何认为顾客会使用或需要这种技术，不论该制造商的产品是否与我们的市场发生联系。

例如，当埃克森美孚公司推出快速通时，研究小组研究了无线电技术是如何应用于其他产品和服务的，这样他们可以探讨在加油站使用相同技术的自助付款服务的可能性。

另一个例子是在苹果的带领下数字设备不断扩大的趋势，这种数字设备一键控制，菜单简单直观，无须任何用户手册。以汽车为例，从 GPS 到立体声系统再到汽车安装，全都是数字设备，这都是受到最新款手机菜单的启迪。

技术涉及两个方面：一个是产品或服务的内部方面；另一个是产品或服务的外部方面，这两个方面决定技术的可用性和可塑性。技术的形式是指后者。在技术使用上，它与社会发展趋势的关联性远大于其在技术方面的关联。

设计参考

很大程度上，设计也是如此。在把想法转化为观念并最终给出样品的过程中，对于材料、颜色、形状、大小和设计方面及其他类产品服务的情况，开发人员需要尽可能多地了解。

信息搜索者不是设计师，但是会提供一份设计趋势的简要报告。这种报告是必不可少的，可确保新产品是超前的，并且会被早期消费者和潮流引领者接受。

表 4–3 是信息搜索者就新的记忆棒（USB）提供给发展者信息类别的范例。

表 4-3　记忆棒设计点的范例

时尚形状：圆形
比例：对称
尺寸：小型
颜色：白色
材料：轻质
表面处理：光滑，磨砂
配件：尽量减少，仅仅有环或扣，没有带子

B 至 E：营销模式

对于创新的执行或实施，也就是市场启动，搜索者应该提供给执行者三条信息，这将有助于确定最佳的营销模式。

近期成功的营销战略

这是对最近推出的产品和服务的营销战略的报告，包括：

（1）基于相同的技术创新。

（2）相同的目标客户，不论是否与我们的产品或服务、类别或技术有任何关系。

（3）同我们的客户或技术无关，但它代表的是创新制胜战略。

近期成功的营销手段

在这种情况下，对于 3P（价格、地点和促销）营销策略的各要素，提出市场将要推出产品和最近成功推出产品之间的可能相似之处。

该方法类似于我们在这部分描述的相邻类别的可能途径（我们能否按照能量饮料的模式对咖啡饮料进行创新），但采取的方法是营销组合策略。对于涉及价格、渠道和沟通的有趣创新手段，你可以列一份清单，然后研究在已开发的产品推出设计中是如何应用它们的。

例如，我们可以设想，新产品属于带咖啡口味的时令饮料类别：咖啡和薄荷、咖啡和巧克力、咖啡和肉桂、咖啡和焦糖。搜索者可以提供此类用于其他产品策略的有趣信息，制定不同口味的类似产品营销组合，这种信息可作为大脑灵感的来源。

从错误中学习

人们大都倾向于分析成功的市场营销公司，很少有出版物或研究文献说明某些公司产品和服务失败的原因。但是，从别人的错误中吸取经验教训总是有益的。为了协助执行者，搜索者需编制一份报告，研究其他制造商在类似创新中存在的隐患和错误。

CNN 在 2010 年出版了当年度最严重的技术故障一览表。它包括了很多具有创新性的公司，这很有启发。这表明创新包含一定的风险和失败（如下所示）。

1. iPhone 4（“天线门”）
2. 3D 电视
3. 微软键
4. Nexus One
5. Facebook 的隐私
6. 谷歌 BUZZ
7. Gawker 媒体黑客
8. 内容农场（Content Farms）
9. DIGG 重新启动（Digg Relaunch）
10. iTunes Ping

信息收集方法

除了我们在前面所讨论的方法外，我们在这里介绍三种近期主要的搜索领域（互联网监控、人种学研究和地理定位），这些领域都渐渐超出了定性方法的范围。定性方法到现在还在使用（深入访谈和小组讨论），我们不打算在这里探讨它们，因为很多读者应该对它们比较熟悉。

互联网监控

就在几年前，人们认为互联网用户社区不能代表线下的消费者。互联网的使用还不是很普遍，其基于用户的任何结论都是局限于或只适用于某些社会阶层。如今，这已不再是事实。互联网已经发展壮大，它的使用范围扩展很大，现在许多国家都接受其代表性。很多企业和品牌对传统市场有针对性的交流沟通都是在网上进行的。

这就可能利用博客、论坛和社交网络作为创新过程中的信息来源。它甚至没有必要开发新的工具或搜索引擎。通过现行的网络工具，我们可在博客、论坛及社交网络内容中发现关注他们产品及服务的顾客人群类别，并了解到品牌产品如何满足客户的真正需要。

博客和论坛的优点是网民能够更好、更公开地表达自己对其消费的产品或服务的情感和想法。博主和其他网上内容贡献者本身也对能使他们做记录的事情有浓厚兴趣。所以，在一般情况下，当我们阅读一篇博文时，也是在阅读资深消费者的作品，资深消费者在情感上高度参与，态度真诚。写作是表达潜在态度和情感的一种形式，因此洞察力敏锐的人对博客、论坛和社交网络都有浓厚的兴趣。

例如，在 2009 年 5 月初，一个网上机票代理商在线票务（StubHub）使用数据分析工具（Scout Labs）发现在纽约洋基队对波士顿红袜队比赛中，因下雨造成比赛延期。在成百上千名持票人被告知门票作废后，博客中发帖宣泄负面意见的人急速上升。最初在线票务（StubHub）拒绝退款，但发现互联网上洪水猛兽般的指责后，公司向不满的球迷提供折扣及免票待遇，并重新考虑应对恶劣天气的政策。

我们想当然地认为，网民知道博客、论坛与社交网络用户的个人网页在信息共享上的差别。那么，对于这些大量流动的互联网信息，我们如何才能进行筛选并分析呢?

今天，我们有很多方法可以实现互联网倾听，一套网络自动记录工具可随时掌握社交网络中最新变化的意见，包括对品牌形象、定位的影响以及进行中的对话情况。

这包括:

谷歌趋势。追踪用户输入文字查询的相对频率。这个简单、快捷、廉价的方法是来量化消费者的偏好以及这些偏好是如何随着时间的推移而发生演变的。这在许多方面，如监控潮流、时尚、趋势和宏观形势中是必不可少的。

Technorati。博客搜索引擎，在一定意义上说，是博客谷歌。它可以帮助研究人员发现并处理具体问题的博客（例如节食）、确定博客的相关性及权威性程度。最后，跟进博客的谈论内容。

信息提醒。如谷歌和雅虎上的提醒，每次有人在互联网上发了帖子，系统就会自动发送邮件到电子邮箱，该邮件包含了预定的词或短语。如果愿意，我们可以设置谷歌信息提醒，例如，设置“工作降格”为关键词，在互联网上出现新信息时，只要包含关键词“工作降格”，系统会给我们发送电子邮件，无论这种新信息是出现在出版物、论坛还是博客上。它也可以通过新闻服务器进行管理。快讯使我们可以知道哪些人实时谈论了什么内容。

StepRep 信誉监控。这是一种用来追踪在互联网上谈论有关具体的个人、公司或品牌内容的工具。它使我们得以建立公司或品牌形象，与其他公司及品牌分享信息，以及监控不同网络发表的相关看法，可按照表达的情感进行分类（从非常消极到非常积极）。

社会谈论。进行整个网络搜索，找寻一个品牌的实力依据（被提及次数的百分比）、引起的情感（好评和差评的数目）、网络品牌评论员的影响力以及再次谈论品牌的可能性。这在创新过程中的作用是显而易见的，寻求对品牌和产品的见解，一旦启动创新，就积极跟踪其应对快速变化市场的表现以及这些变化是否需要沟通。

数据分析工具（Scout Labs）。有了它，你就可以浏览博客、社交网络、文章内容、网站，也可以对网上谈论的内容进行评估，获悉网上的肯定或否定意见等。许多公司用来“倾听”客户并和客户“交谈”，加强与他们的关系，并最终创新产品和服务，获得更大的价值。

其他操作工具。每天都会有日益复杂的新工具出现，下面列出其中一部分：

www.wefeelfine.org，在进行商谈时，网站上显示 2000 多个观点，这些观点来自世界各地，并按性别、年龄、国家、日期和天气划分。

www.wordle.net，从你在互联网输入的文本中生成“字云”。对于在源文本中出现频率较高的词语，“云层”赋予的重要性更大。

www.twittersentiment.appspot.com，会对在 Twitter 上有关搜索者输入的词语生成正面和负面的意见。

在本书编写和出版期间，又有很多新的工具纷纷出现。事实上，这种趋势是不可阻挡的。网络世界获得的信息不断增加，将继续减少下线（脱机）信息的份额，在线上和下线两种信息之间可以互补。仅仅依靠博客和社交网络获得信息的市场研究公司已经出现，这就是我们可以看到的证据。人们对如何从社会网络获得价值进行了非常深入的研究。一个方法是提供给市场研究和营销管理人员工具，对 Twitter、LinkedIn 和 Facebook 的目标用户进行小范围调查，这些用户在评论自己进行中的事务的同时，快速方便地表达自己的意见。这类似于网上专题组，只不过是在实时的社交网络环境中。

人种学研究

这是一个介绍本主题的很好的方式：

我们都知道客户想要什么，并且我们确信自己理解这个问题。我们看了大量的市场报告。我们开展小组讨论，然后调查他们。我们有大量的数据。你猜怎么着？这是不够的。数据只能说明事实。如果我们不去实地调查，如果在他们苦苦寻找如何解决问题时，忽视了他们；如果我们对客户的话信以为真，就无法合理地把自己的设计策略叫作“以客户为中心”。很少有客户知道他们的需要是什么。因此，他们很少能提供有用的信息。所以，简单的市场调研带来的成功创新是很少的。那么解决的方法是什么？学会观察，并体验客户的生活。

社会学家安东尼·吉登斯认为，人种学是运用对参与者的观察和访谈，了解人的社会行为的一种直接研究。人种学研究的目的是通过研究人员的直接参与，揭示个人社会生活的意义。研究人员对所研究的个人的日常活动发挥积极作用，观察会发生什么，并记录他/她在做什么的实时内容。如有必要，直接要求个人解释自己的决定和行为。其结果是一种对风俗、信仰、神话、家谱、历史和语言的综合描述。

这个方法是在研究对象的自然居住地来研究个人，根据研究目的，地点可以是家里、工作场所或休闲场所。因此，研究者变成了研究对象世界的“自然访问者”，研究人员在其日常生活中密切观察消费者。客观性不是目的，因为这一观点强调的是对消费者本身和其行为意义的研究。

主要的人种学方法如下：

直接、面对面地观察，也被称为参与性观察。这可以在消费者家里（家访）、在商店（对购物者拜访）或对构成公司代表性客户群的客户进行全天的观察（顾客的一天生活）。例如，哈雷·戴维森公司首席执行官沃恩·比尔斯要求其高管出席并参与群众性骑行大会。在这样的实地考察中，该公司创始人的孙子威利·戴维森发现了定制摩托车的现象，启迪了哈雷·戴维森随后的设计。

录像和日志。它有两种方式：一种是在实施与采购、消费或使用产品有关的任务中，对顾客进行拍摄。例如，惠而浦公司意识到使用他们设备的用户可能很难表达自己的需要，于是召开设备使用会议，会上有三台不同的摄像机从不同的角度捕捉发生的情况。在其中的一段录像里，他们发现了一名用户替换冰箱水过滤器的问题。设计师就根据这个画面重新设计了冰箱的某些部件。又如，为了提高设计和网站适航性，网络摄像头实时拍摄互联网用户的上网情况，观看他们如何随着眼睛的移动进行导航，同时录制他们访问的网站以及点击的内容。这些信息汇总定量，有助于可视化用户在网站的活动情况，就像在 20 世纪 60 年代和 70 年代，研究人员了解客户在超市的活动情况。另一种是对于我们希望了解其生活及需要的客户，提供摄像机给他们，要求录下他们日常生活的一些方面。例如，我们做了耐克公司的研究，其目的是了解青少年发展的世界。我们抽取来自不同城市的年轻人，提供摄像机给他们，得到了令人震惊的结果。他们不仅拍摄了他们经常光顾的地方，而且向我们展示了他们的卧室、壁橱内部、墙上的海报……这些焦点是生活中比较隐私的部分，对这部分拍摄、录制的内容，研究人员很难进行可视化或形象描述，也很难就这一目标群体对制造商产品的有用性情况进行潜心研究。

录音及记录。新的数字录像机，存储容量大、体积小、易于操作，提供了一个人种学研究的新工具。该方法是给客户或消费者一个录音机，请他们总是随身携带，并在指定的情况下，记录他们的想法和意见以及他们的所感所见。例如，为了发现 GPRS 话务员提供的最多服务项目，我们给 50 位潜在用户每人提供一台录音机。在他们的日常活动中，他们表达自己的信息需求、需要获得这些信息的迫切程度以及他们会愿意为此付出的价格是多少。在现实中，发生交通拥堵时，我们发现人们获取替代性免费交通路线信息时对价格的敏感度很低。但是，有些人在实际生活中从未因发生堵车而开会迟到的情况，对这部分人群而言，他们对于相同的服务愿意支付的价格要低得多。通过记录实时的需求，我们获得了对服务价格的敏感度更加真实的看法。电信运营商基于这种人种学方法设计出新的移动内容服务。

消费者日记。最后，还有一种实时记录我们想了解的研究对象有关情况的方式就是日记。传统的 U & A（使用和态度）研究以结构化问卷调查每周或每月记录购物和消费情况，这是一种典型的定量研究。对所消费过的产品，如软饮料、金额、消费次数和品牌的回忆，产生的偏见是非常大的。另外，在创新过程中，我们如何从意愿竞争者及形势竞争者中创造消费机会，这一点越来越重要。软饮料生产商推出咖啡容量的创新要比推出竞争性饮料的创新有更好的契机。如果很难获取对特定产品的消费信息，我们可以假定在同样的调查中，也希望获得竞争对手的消费习惯资料。一般随着时间的推移，这类资料存在的偏差越来越大，需要用人种学研究资料进行纠正。该方法包括让调查对象对消费的产品或使用的服务按照特定类别记日记，并在每天结束时或在一天中几个时段整理成条目。这样，信息本身不仅更可靠（你很容易记住一天当中做过什么），也可用来获取在最近时间上的其他信息（状况、地点、时间、社会背景、产品选择的理由、选择品牌的理由、在同一时间消费的购买物或产品等）。如果使用记忆方法，获取这些信息是很难的。消费者日记、记事本或类似物也可用于任何其他目的。我们的想法是，客户有机会要实时或在一天结束时记录下我们需要的信息。

这些方法有多个优点：

第一，它们可使我们发现消费者洞察力和市场的不完善，这些消费者是不太可能在小组访谈或深入采访中表达的，因为在许多情况下，他们要么不知道，要么没意识到这些信息。

第二，对于我们希望研究或了解到的东西，从录像带或直接观察（一图顶千言）获得信息，其可靠性绝对胜过言语描述。

第三，为了弄清消费者或顾客的想法，当务之急是让他们在产生想法或出现观点时实时进行表达。传统的方法是依靠记忆或对此类信息的语言描述，但是调查对象仅仅关注最明显的、习惯性的或可记忆的一些点，忽视了许多可能构成机会的情况或强调还未满足的需要。

最近，人种学非常流行，但公司对它的使用和应用的程度还不是很高。因为这种方法对时间和成本及使用这种方法的专家所需的技能、要求都很高。因此，没有太多的公司应用它。

地理定位

如今，人们普遍利用网络在地图上寻找确切的地理位置，网络地图配有各种信息内容（文字、图片、视频或意见）。谷歌地球是第一家地理定位网站，居于领导者地位。从那时起，对此创新的应用和平台不断涌现，进一步增加了对消费者定性研究的可能性。

这种趋势的一个很好的例子是四方网（Foursquare），一家拥有 200 多万注册会员的移动社交网络。用户之间可分享不同的地理位置信息和意见，知道他们所接触的人的地点，在哪里阅读他们的评论。四方网根据用户的地理位置，对特定城市的访问地点或经常光顾的地点提供实时地理位置的信息。用户也可以制作自己朋友圈的可信网络。网络会员们在访问一个特定地点时，可以互相接收别人的意见和看法。这有利于监控消费者的行为、获取访问数量和访问频率的定量信息及定性信息（意见和建议）。目前，四方网每天增加的新用户达 1.5 万名。

作为一种营销手段，地理定位仍处于起步阶段，但它的简单性与多功能、低成本的手机问世（智能手机）以及通过制造经历真实世界和虚拟世界的关联、对品牌的情感纽带，都预示出其未来灿烂的发展前景，包括作为一种人种学的工具。

全面创新系统——第四章总结

自上而下的发起

由内到外的发起

自下而上的发起

由外到内的发起

各角色的主要负责人员

A 发起者	B 搜索者	C 创造者	D 发展者	E 执行者	F 促进者
最高管理层（总经理或首席创新官）	市场调查部门				
员工	市场调查供应商				
供应商	社会学家				
分销商	营销				
客户	销售				
投资者	舆论领袖				
高校	观察者小组				
科学界	研发				
发明者	内部的其他部门				
工程公司	其他供应商或第三方				

各角色人员所用的方法

A 发起者	B 搜索者	C 创造者	D 发展者	E 执行者	F 促进者
创新范围	创新评价				
创新层次	相邻类别分析				
创新重点	内部咨询				
创新准则	社会发展趋势/社会阶层				
创新检查单	市场趋势				
	购买过程				
	创新路线				
	技术解决方案				
	设计参考				
	近期成功的营销战略/从错误中学习				
	互联网监控				
	人种学研究				
	地理定位				

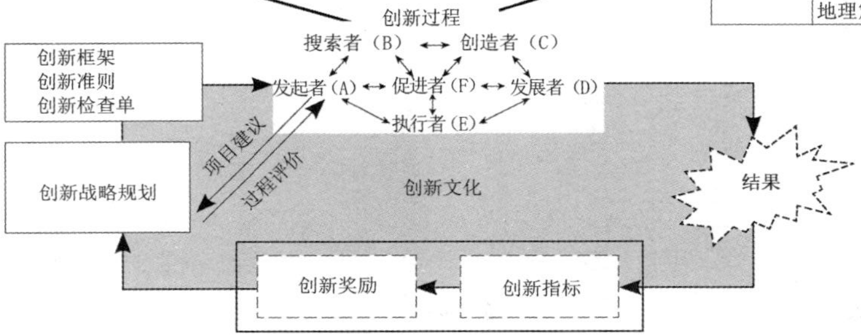

第五章　创造者（A-F 模型之 C）

创造者的定义

创造者在整个创新过程中负责提出想法，这些想法都是为了实现创新。

在创造者的角色里，存在一对矛盾。一方面创造者是创新过程的基础。在他们未参与之前，我们有明确的目标，正在进行的创新过程以及相关的、有价值的持续性信息。但什么也没有发展、什么也没有成形。我们交付给研发或产品开发部门的东西没有一项变成现实。另一方面，创造者又提出想法。

有人说，世界上充满想法，而这些想法本身没有太多价值。重要的是我们能够使其变得有价值，并把它们相互关联起来。创造者不应只提出想法，还应该确保所提的想法是合理可行的，并且可增加客户的价值。这并非一件简单的事。

在提出想法时，我们也不能忽视其价值。创造者的作用不只是提出想法，而是要提出好的想法。我们在这里建议的方法及工作方式，同想法的产生及其相关性都有关系。

管理者普遍抱怨公司缺乏有创造力的人才。我们不完全认同这种看法。丰田的例子就说明组织中存在广泛的创造力。丰田公司声称，公司每年有大约 70% 的想法和建议都是员工提出的，其中很多已经落实。员工的潜在创造力通常比估计的要多得多。**公司在开始聘请创造性人才或外包创新项目时，必须审慎考虑公司内部是否真的缺乏创造性人才，或者是否对创造**

性人才设置了太多阻碍。

在之后如何发展创新文化的章节中，我们将更详细地阐述这个问题，并审视组织中的创造力和创新人才以及抑制人力资源创造力的主要因素。

现在，我们假设组织真的缺乏创造性人才。在这种情况下，我们有三种选择：一是培养内部员工的创造性；二是招聘具有创造性才能的新人；三是外包创造性任务给其他组织。

第一种选择是对员工进行创造性培训，是完全可行的，因为创造力是一种可以进行传授并发展的能力。惠而浦公司希望成为一家更具创新的公司，为此选择对 4000 名雇员进行创造力培训。他们仍然从事日常的工作，但同时关注创新。这是一个很好的投资，因此惠而浦发现了很多新业务，并均获得了投资成功。

当然，从事任何学科的人都有强弱之分，例如，体育、艺术。有的人能力比别人更强一些，而有的人先天潜力比别人更多一些。但是很多人都具备创新需要的创造力最低水平，可以说所有受过高等教育的人都具备。除了创新过程明确界定创造性的范围和作用之外，人们还需要产生想法的合适工具和方法。

在前面的章节中，我们建议搜索者提供少许可直接激发创造性的信息。经验表明，在那些指派去提出想法的人员当中，不需要很多创造者，只要他们提供的方法和工具有效。产生想法的工具和良好的方法会帮助有条理的人更有创造性。在这一章中，我们将列出、描述并说明一部分此类工具以及使用的方法。

第二种选择是把真正具有创造性的人才引进到组织机构中。三星就一直遵循这种做法，在各个主要产品领域组织一个常设的风险小组。一组创造性研究人员不断地改进电视机的性能；另一组创造性研究人员连续地改善手机的性能。

那么，什么是创造性人才的个人素质呢？对于创造性人才的素质，这里有很多争论。很多作者分析了历史上那些创意人才的个性及心理结构，得出了一些结论并达成共识，我们会在下一节进行阐述。

第三种选择是外包。现在市场上有许多与创造性相关的供应商和专家，我们可以暂时让他们参与到创造性的过程中。当进行创造力外包时，我们必须非常清楚自己想从供应商那里获得什么，是想法还是让他们筹备并主持创造会议？在第一种情况下，我们购买的是能转变为价值的具体想法。当雇用 IDEO（艾迪欧公司）时，就是采用这种方式。IDEO 是一家赢得很多设计奖项的设计公司，它帮助苹果设计出很多受欢迎的产品。在第二种情况下，我们可以花钱雇用人员筹备并主持创造力会议，会议需要我们的人员参加。第一种情况显然成本最高，但供应商必须承诺所提供的想法能进入我们的创新项目路线。在第二种情况下，我们雇人来组织公司的创造性活动，这种活动包含在创新项目各阶段中。这种情况下，虽然成本要低得多，但不能确保一定会有好想法出现。

比方说，在第一种情况下，我们购买的是结果；而在第二种情况下，我们购买的是时间。对于第一种情况，我们建议，由于第三方扮演了创造者的角色，后者从一开始就着手创新过程，签约成为团队的新成员。这不是一个容易的决定。创造力是创新的发动机，当我们决定把企业生存和发展的主要任务置于外人之手时，绝不能掉以轻心。该选择哪家公司？须提出什么等级的保密要求？拟一个简单的外包合同还是应该考虑长期协议？在创新项目外包或咨询创新专家时，这些都是我们需要考虑的问题。

外包可以以合作的方式开展。为持续地产生想法，我们可建立一个外部代理人网络。“宝洁努力建立了几个创新人员外部网络，希望通过这些外部网络获得有益于公司发展的想法。这些网络包括 NineSigma，把企业与高校、政府及私人实验室的科研人员联系起来；YourEncore 公司，把退休的科研人员和工程师与企业联系起来；以及 Yet2.com 公司，是一个知识产权在线市场。”

创造性人才的特点

我们在上一章节说过，当组织内缺少创造性人才或需要发掘他们时，我们需要知道要寻找的人才特征。怎么判断一个人有潜力成为创新过程的创造者？我们应审视个性特征、个人素质、创造者的共有资源和他们在创造中的情感以及如何识别创造性的人才。

个性特征

创造性人才应具备如下特征：

· 灵活性（超越平庸）
· 流动性（对一个问题会有很多想法）
· 缜密（详细地展开任务）
· 包容（能很好地面对冲突）
· 看到整体（系统方法）
· 探究（对许多学科感兴趣）
· 对他人利益敏感（了解他人的需要）
· 好奇心（乐于“摆弄”新事物）
· 独立（有自己的想法）
· 思考（思考所见所闻）
· 面向行动（超越思想、想法和行为）
· 集中精力（能始终如一地开展工作）
· 持之以恒（不轻易放弃）
· 投入（专注于任务）
· 幽默（会开怀大笑，从幽默的角度合理地阐述观点）

个人素质

巴伦、加德纳、泰勒、斯坦博、托兰斯和韦斯伯格认为创造性人才具备以下素质：

· 语言流畅
· 高智商
· 富于想象
· 能够影响他人和自己的环境
· 能够承担风险
· 有兴趣对需要解决的问题进行合理界定

共有资源

· 善于使用隐喻
· 善于使用图像
· 善于使用逻辑
· 在观察事物时问自己“为什么”

情感

创造性人员都对自己所做的工作充满热情，他们面对困难也不会轻易气馁。他们意识到自己的时间是有限的，所以努力发展自己的潜力和能量。对于他们来说，创造力是一种生活体验，使他们忘记了自己的过去和未来，沉浸在永恒的当下，达到一种自我价值实现的状态。

表现

我们可以说，当一个人能够进行独创性组合及合成时，才可以说他具有创造性。创造性表现为以新的方式联系并结合想法的能力。打破整体，看到局部，这也是一种创造力。一些人比较擅长做笛卡儿区分，也就是说，他们像擅长综合一样擅长分析。

我们将会看到，创造性的主要方法及工具都是依据创造性人才的素质和一些共用的资源。

创造性思维的工作方式

在对商业和营销创新最常用的创造工具及方法进行阐述之前，我们需要了解创造性思维的工作方式以及它的逻辑性。

普遍的看法认为，创意的产生有些不可思议且出乎意料。“我认为创造性社区总是会有点古怪和不合常规，因为那就是创意产生的方式。如果你循规蹈矩，就不会产生创意；如果你按照逻辑解决问题，也不会产生创意。你要明白诊断的问题是什么，使用自己的数据，然后做一个飞跃，创造一个想法。”

我们同意，许多想法是在散步、洗澡或参加艺术展时自发产生的。但是按照典型的几个明确阶段来实施，我们可以提高创造性思维，如果有意去遵循这些阶段，甚至可以决定我们预期在各个阶段投入多少时间。

具体来说，创造包含三个阶段：一是选择重点；二是位移；三是联系［旧方案讨论的是酝酿（Incubation）、阐明（Illumination）和执行（Implementation）］。

选择重点

创新是一种思维归纳。它从具体开始建立一般规则。

因此，创造的第一步是确定重点，就是你打算集中精力着手做的特定事情。只要是具体的、明确的事情，都可以作为重点。重点往往是问题、目标或产品服务。

下面是一些例子：

界定问题的重点

· 销售人员的动机比较低

· 消费者不喜欢我们的产品包装

· 很难吸引新客户

· 重复购买率在下降

· 在北部区域做得还不够好

界定目标的重点

· 希望在 60 岁以上的年龄市场有更高的占有率

· 在不增加成本的条件下，提高服务质量

· 在保证现有生产链正常运行的条件下，希望公司有所创新

· 增加 10%的市场份额

· 减少产品组合，但不降低销售额

产品服务的重点

· 需要一个新的、更现代化的商标和标签

· 需要升级到液压制动系统

· 需要在我们的电脑启动速度上创新

· 在酒店提供快速的互联网连接服务

确定重点是非常重要的。事实上，在产生新想法时，发起者和搜索者已经缩小了要集中精力的大致工作重点范围。正如我们在之前所解释的那样，对营销过程做出计划是选择重点的理想方法。营销过程要经历以下阶段。

营销过程的阶段：

（1）定义市场（三个维度：需要—客户—市场条件）

（2）市场细分（按照标准细分为现实市场和潜在市场）

（3）目标（瞄准市场的细分目标）

（4）定位（构成差异竞争优势的特征）

（5）产品

（6）核心利益

（7）实物产品及其部件

（8）扩展产品

（9）价格

（10）分销渠道

（11）促销及沟通政策

对于这个计划，如果我们的重点是市场营销过程的第一阶段，由此产生的变化或创新将比我们把重点放在此后阶段上更加激进或具有破坏性。这是唯一合乎逻辑的——界定市场的维度发生变化，要比我们仅仅改变广告政策或定价计划的影响程度更大。

当然，如果纯粹是技术创新，这个重点界定的方案在创意会议上会毫无作用。在这种情况下，我们建议把技术细分到部件或组件上，我们希望通过计划，从最一般、最基本的零部件到最具体的零部件或配件进行创新。在任何情况下，对于希望产生想法的任何事物，我们都应该进行细分。创造性过程的第二阶段要求我们做出重点位移，所以对于希望创新的东西，我们细分的部分越多，创新的可能性就越大。

重点之间不是相互排斥的，选择一个重点并不一定要排除其他重点。很明显，你可以在创新过程中，特别是在创造性会议上，着手多个不同的重点。但最好是集中在一个特定方面，花费一些时间进行位移，然后转移到一个新的重点上。

位移

第二阶段位移也称为尝试性或破坏性逻辑，意思是提出的重点是给出不合逻辑的东西。在这里，逻辑思维混乱的创造性手法开始发挥作用。位移也被称为尝试，因为在现实中，我们提出的建议是一种不可能的事情，是一种悖论。我们故意尝试并刺激新联系的想法，这恰恰是创造性思维的第三阶段。

让我们看一个例子，以产品价格为重点，对此进行一种尝试或位移可以是提出相反的内容："不是我们向客户收费""而是我们付费给客户"。

显然，这是一个让人恼火的谬论，也是不可能的事。这不是一个概念，这里没有创造性，因为我们没有进行联系（第三阶段），尚未完成这个过程，这个过程在于发现尝试是如何激发了定价变化，这是我们创新的重点。

因此，我们在进行位移时不用担心。我们还没有寻找到解决办法，而是在进行信息输入，我们的大脑会仔细地寻找新联系的解决方案，这就是创造性的作用方式。

下一部分内容中，我们将详细研究创新中采用的各种创造性方法，并且看到事实上它们都是已确立的、有组织的系统，对具体的重点进行位移或尝试。亚历克斯·奥斯本是创造性领域的主要作者和研究员，他得出结论，造成位移或尝试行动的几乎所有规则和创造性方法都是基于七个步骤的操作。我们将这七个步骤减少到六个：

· 替换部分重点

· 消除部分重点

· 把重点要素同任何其他要素进行合并

· 重新安排重点要素

· 夸大重点的要素或质量

· 变换重点要素

在上面的例子中，我们从向客户收费转变为付费给客户，这仅仅是重点的换位：对客户的价格。所有这些操作步骤都适用于特定的重点，在逻辑思维上会产生混乱，形成位移或尝试。有趣的是，这六个操作步骤根源是数学领域。消去一部分，做减法；结合几个部分，做加法（项目数增长）；取代某部分，先做减法再做加法；夸大是幂次增长（一个数字上升到另一个数字）；移项是一个数字除以另一个（夸大的倒数）；最后，排列组合是改变因子的顺序。

联系

最后一步是通过运动产生联系。这意味着采取位移或矛盾的方式，试图使之成立，并寻求解释。这要求在挑衅中发生变化或运动，这是很重要的。因为有些人认为，进行挑衅后只要找到一个理由就可发生联系：这根本不起作用。因为在这种情况下，问题已解决，那不是什么不可能的事。我们需要另外的运动。这意味着引入新的想法或可能，使矛盾富有某种意义。例如，如果我们试图解决付款给客户的矛盾，一种可能的解决办法是发放贷款给超市来购买产品。正如我们看到的，矛盾已得到部分解决，但也发生了变化。我们引进了信贷的元素，这种方法就讲得通了。由于这种运动（消费信贷），我们实现了联系。

这种联系方式并不是最复杂的。面对谬论时，人的大脑不会停止思考，而会努力寻找联系，所以大脑会进行搜索，甚至做梦时都在寻找未连接想法的联系方式。这就是为什么创造力与解决不可能事情的艺术手段的关系超过其解决问题的能力，这是一种普遍的能力，对那些被认为创造性不足、分析能力优秀的人来说，恰恰能获得最后的结果。这就是为什么我们说，甚至在看似缺乏创造性而擅长系统思维的公司里，创造力和创新都是可能存在的。所需要的是用不可能的事物尝试刺激和制造矛盾来挑战组织机构中的顶级技术人员和工程师。但是，这些并不等同于谬论，因为那些对目标的合理限制及重点的正确选择都是根据相关的资料得出的。

我们的建议是首先单个、孤立地进行联系，然后和大家分享你的解决方案，无论是全部的还是部分的，他们基于此提出位移的联系。相反，一些技术方法要尽量以组为单位进行联系。这些是以组为基础的创造性方法。在任何情况下，我们在这里提出的创造性的三个阶段顺序都是很重要的。我们在列举提出的工具时，认为最有效的方法是选择一个重点，分配一定的时间（并不试图立即进行联系）来产生大量的位移，然后对这些位移花费时间逐一进行解决。

换言之，创造性的作用方式如下：

单一重点→单一位移→单一联系

但是其实际运用的作用如下：

单一重点→多个未尝试连接的位移→多个可能的连接

另一重点→多个未尝试连接的位移→多个可能的连接

又一重点→多个未尝试连接的位移→多个可能的连接

如此等等。

我们详细阐述创造性工作方式的理由有两个，内容如下：

（1）目的是让任何人，无论是个人还是团体都可以设计自己的创造性方法。在本章的最后一节，我们将详细介绍一些已经通过检验并且全面的方法。所有的方法都是创造专家在上述基础上设计的。优点是我们省去了很多工作，只要付诸实践即可。缺点是它们都为具体情况而设计。我们认为，A-F 六个角色必须自由地同他人交流。创造者并不仅仅是为发展者提供思路，当然这是他们的主要职责，但同时还要为执行者甚至搜索者在履行职责时提供所需的想法。在创新过程中的任何时候都存在对新想法的不断需求。掌握好创造性及其最重要组成部分的工作方式，你就可以设计创意游戏或创意会议来解决任何有关问题，无论这些问题是否涉及 A-F 的其他任何角色。

（2）因为本书是面向企业和商业创新，而不是工艺、技术或科学创新。我们在此想说明一下，“发明”或设计各学科或各类型创新所需的新工具，相对而言都是比较简单的。

好想法从何而来?

产生想法有许多方法和方式，既有一般的创造性过程方法，也有直接关系到创新领域的方法。我们在这里给出的方法被认为是最有效、最可靠、最强调业务创新的方法：

· 头脑风暴法

· 蓝海策略

· 形态分析

· 市场层面的横向营销

· 属性清单

· 情景分析

· 客户拜访

· 共同创造

· 重新定义客户价值

对于每种方法，我们均包含以下几个要点：是什么、如何应用、完整例子、在哪些情况下更可取、使用这种方法获得成功创新的案例研究及已经付诸实践的公司有哪些，最后对这种工具背后的创造性方案做出评论。在阐述这些方法后，我们给出前一章搜索者使用的信息搜索方法，这些方法对各种创造性方法都是最有用的。

头脑风暴法

是什么?

头脑风暴法是解决问题的方法，它是刺激主体下意识的思维过程。这种方法是由乔治·M. 普林斯和威廉·J. 戈登发展的，此后不断地完善、开发和应用。头脑风暴法可以类比为使熟悉变陌生以及使陌生变熟悉的过程。虽然有许多不同的应用，但我们在这里主要阐述该方法在业务创新方面的要点。

如何应用?

第一步，基本的思路是界定你希望创新的问题或领域，即确定要素。第二步，思考该问题有关的类似情况、设备、自然现象或其他任何事物。第三步，描述这些现象。第四步，寻找该问题要素的可能联系。

看一个例子，第一步是需要制定政策和措施，使销售团队更加积极主动，提出促进销售额的想法，据此列举出问题的不同要素：①所有销售人员都必须参加；②不得强迫他们提出想法，应自由、自愿地提出想法；③所有销售人员提出的想法在重要性上是平等的；④这种活动不应占用他们太多时间。

接着，开始寻找问题要素的类似情况。例如：“所有销售人员都必须参加”，与企业民主有联系。再接着，描述类似的现象。民主是如何发挥作用的？各政党、候选人和人民对选票箱投选票。最后，研究如何连接两个想法：民主与销售人员的主动参与。例如，我们可以制定一种团队制度，工作组或团队中的所有成员都可以像候选人一样向大家表达自己的想法意见，最后让所有成员对提出的所有想法进行投票决定。

对于该问题的各个要素，可以制定不同的类比。最后，列出所有的联系，并挑选出最佳的，旨在提出一个最终设计以解决问题。

最佳适用情况

头脑风暴法特别适用于问题解决、过程升级以及新发明或新设计的产生。

案例研究

20 世纪 60 年代以来，头脑风暴法已经在许多组织中得以运用，从私营公司和企业到事业单位。例如，诺基亚在为印度等发展中国家的用户设计手机时就使用了一种由头脑风暴法派生的方法。这些国家的特点之一是存在受教育程度低于诺基亚普通用户的较大低端市场。诺基亚在这个思路上走向极致，并询问其设计人员给不识字的人使用的手机应该设计成什么样。该公司列出了此类人群的特点和局限之处，从而一个设计此类手机的想法就产生了。结果如何呢？他们在手机上设计了一个图标菜单，直观地显示手机菜单不同的选项和功能，这使完全不识字的人都可以使用手机。

另一个著名的例子是美国航空航天局希望设计出一种密封的太空服。参与者并没有被告知这一点，只得知要思考“封闭”的东西。提供的想法有拉链、扣子、黏合等。在此基础上，他们进一步提出如何密封一件衣服的想法。最后，对于如何密封太空服，他们有了很多的想法。

创造性的依据是什么？

显然，这种方法是通过类比对问题进行整合和分割来寻求想法。

蓝海策略

是什么?

蓝海策略是由金伟灿(W.Cham Kim)和芮妮·莫伯尼(Renée Mauborgne)设计的一种策略,旨在打破这样一种观点:竞争方法要么是差异化竞争,要么是成本竞争。但是,我们如果能重新定义竞争的行业,由此创造一个没有竞争的新海洋(新产业或新市场),这两种竞争方法并非不可调和。蓝海策略的目的是要跳出分散的、竞争激烈的市场以及存在过多竞争对手的"红海"(之所以称为红海,是因为在竞争对手之间展开激烈的战斗会发生流血事件),创造一个无相关竞争并具有暂时垄断地位的新天地。

如何应用?

有一本著作对蓝海策略的实施有大量详细地描写。在这里,我们仅集中讨论重点和要领,但也存在方法简单化后带来的风险。

营造蓝海的主要方法是制定"战略布局图",其中包括在给定行业中的几个主要因素:竞争、投资和向客户提供价值。然后对每个因素进行分析,并根据四个行动框架中的一个决定如何采取措施,减少(哪些因素应该减少到远低于行业标准水平)、消除(哪些因素是该行业认为应该被消除的)、增加(哪些因素应该增加到远高于行业标准的水平)以及创造(应该创造哪些因素?因为这个行业还不存在这些因素)。

在这些行动的基础上,你需要重新确定自己的完整竞争策略、客户价值和成本,这些不仅可以吸引之前并非我们行业所涉及的潜在客户,还有那些断然拒绝甚至根本没考虑过我们行业产品和服务的非潜在客户。

蓝海策略最有名的例子是太阳马戏团。传统马戏行业的决定性因素是门票价格、明星表演、动物表演、过道座位打折票、多个展示舞台、趣味性和幽默性、悬念和危险以及独特的环境等。

对每一个因素所采取的四个行动,如图 5-1 所示:

消除	增加
明星表演 动物表演 过道座位销售 多舞台	一个舞台
减少	**创造**
趣味和幽默 危险	一个主题 独特的氛围 多项表演 音乐艺术舞蹈

图 5-1　蓝海策略（行动）

这样，新曲线表示产生了一个新的马戏行业，即蓝海。如图 5-2 所示：

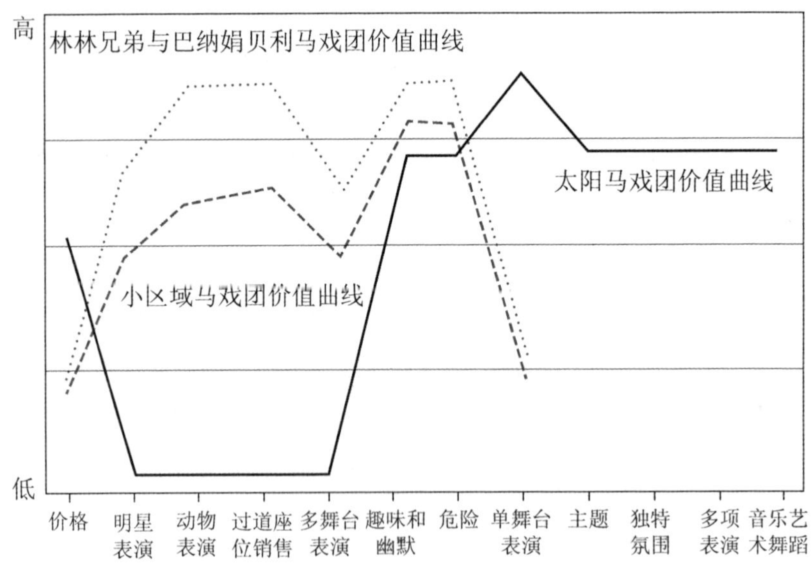

图 5-2　蓝海策略（竞争因素曲线）

最佳适用情况

作为一种创新手段，蓝海策略是开发新市场（新客户、新需求或新情况）和商业模式创新的理想选择。它旨在产生分裂性创新，而非边际或策略性创新。

案例研究

本书包含许多直接或间接使用本方法的案例。除太阳马戏团之外，另一个著名的案例是西南航空公司，重点在于远高于行业标准，表现为良好的服务、飞行的速度和点对点的班次以及低价票。这一切的代价是低于行业标准的机上餐饮、待机休息室、舱位等级和收费范围以及枢纽的连接。

芮妮·莫伯尼在她的讲座中也给出了 Wii（任天堂公司开发的第七代家用游戏机）的例子，不使用任何电线，开拓了游戏行业中的体育活动，并重新定义了电子游戏行业，从而吸引了大量的老用户。

创造性的依据是什么?

请注意，在我们研究创造性如何发生作用时，蓝海策略强调界定行业的关键因素。因此，结果将具有突出的战略意义。创新将是意义深远的，会产生一个新市场或新商业模式，正在于它是界定被取代市场的关键性因素。

在实施取代或尝试时，我们采取六种行动中的四种：消除、提高、降低或合并新事物（这只不过是一种结合的方式）。

这种联系来自对不同选择的分析、我们对客户最有用的选择以及对公司最有利润的选择的审视，所以能吸引最大数量的潜在客户和非潜在客户。

形态分析

是什么?

形态分析是美国加州理工学院天文学家弗里茨·兹维基创建的一种分

析组合法，目的是通过分析问题的组成部分来解决问题。

如何应用?

步骤如下：①选择一个待解决的问题；②分析其组成的属性（指实物部件、流程、功能或美学特征）；在决定是否包含一种属性时，我们应该注意该属性是否相关；③列出每个属性的各种选项，并对每种属性取一个选项（去掉那些没有任何意义的选项），做出所有可能的组合；④接下来，我们分析所有的组合，并检验它们的创意可能性。这个过程可以是随机的，也可以是按照步骤进行的，直到我们检验完所有可能组合。

举个例子，假设我们想制造一种更好的铅笔。第一步，我们先定义目标。第二步，分析各个组成部分的属性特征：规格大小、笔芯粗细、材料类型、铅芯类型、颜色、附件及价格。第三步是列出每个属性的选项（见图 5–3a）。

大小	粗细	材质	铅芯	颜色	附件	价格
大号	粗体	木质	可调整	黑色	橡皮擦	高
中号	细体	塑料	不可调整	各种色	备用笔芯	中
小号					削刀	低

图 5–3a　形态特征

然后，第四步进行组合（见图 5–3b）。

大小	粗细	材质	铅芯	颜色	附件	价格
(大号)	粗体	(木质)	可调整	(黑色)	(橡皮擦)	高
中号	(细体)	塑料	(不可调整)	各种色	备用笔芯	中
小号					(削刀)	(低)

图 5–3b　组合形态特征

最后，第五步，我们评估以上组合：配有橡皮擦和削刀、笔芯为不可调整的细芯、低价大号黑色铅笔看起来怎么样呢？

这样做也是系统地去除不可能的选项（如同时使用粗细笔芯）。我们选取不同的选项并进行评估和完善，思考能让我们想到什么，我们也继续努力看看是否会产生一些创新。

最佳适用情况

形态分析对于实物产品创新或服务设计是一种理想方法。此外，它也适用于物流、工业流程和质量升级的创新，以及边际创新、产品线延伸、产品改良和确定产品类别。虽然这种方法取决于我们要解决的问题，但在一般情况下它带来的是策略性创新而不是战略性创新。例如，如果公司采取激进的战略，其结果将导致更大创新。然而，由于其方法是基于现有的属性，并不会从外部引进新的事物，所以在趋势上导致的是次激进创新。

案例研究

在数码相机市场，奥林巴斯不断对相机功能进行创新，这反映出其对界定产品功能的不同组合进行了全面分析。

创造性的依据是什么？

我们可以看到，这个方法的要点是在问题的界定上对重点进行分解，然后对不同的可能性进行组合。它基本上是一个组合的方法，做出组合的依据是对每种新组合带来的可能性进行思考。在某种程度上，这是一个非常全面的方法，它旨在检查和评估最大数量（如果不是全部）的可能组合。也就是说，它从一个单一图表中衍生出大量的独立片段或大胆尝试。

市场层面的横向营销（1）：取代

是什么？

这是本书作者发展的一种方法，用市场维度（需要、条件及客户）取代自己希望进行的创新产品或服务，以前人们认为这些产品或服务是不可能存在的。

如何应用？

它的应用方式非常简单：①首先确定我们希望创新的产品或服务；②确定多个相邻类别，这些类别与我们的产品的三个方面（需要、条件及客户）中的任何一个具有相同点；③我们从这些相邻类别中选取一种产品或服务，并制定目标客户及满足需求的详细清单；④把相邻类别产品或服务转换到我们希望创新的产品或服务上；⑤当我们赋予自己的产品或服务相邻类别产品的维度时，我们产生无数个尝试组合，并努力逐一解决这些问题。

图 5–4 展示了一个例子。

最后一幅图显示了一些有趣的尝试。我们考虑了每一种尝试，并试图寻找解决方案或新概念。例如：如何发明一种儿童配方软饮料，其所有配料均可为儿科医生所认可，这样父母就不再认为孩子喝软饮料会对健康不利。

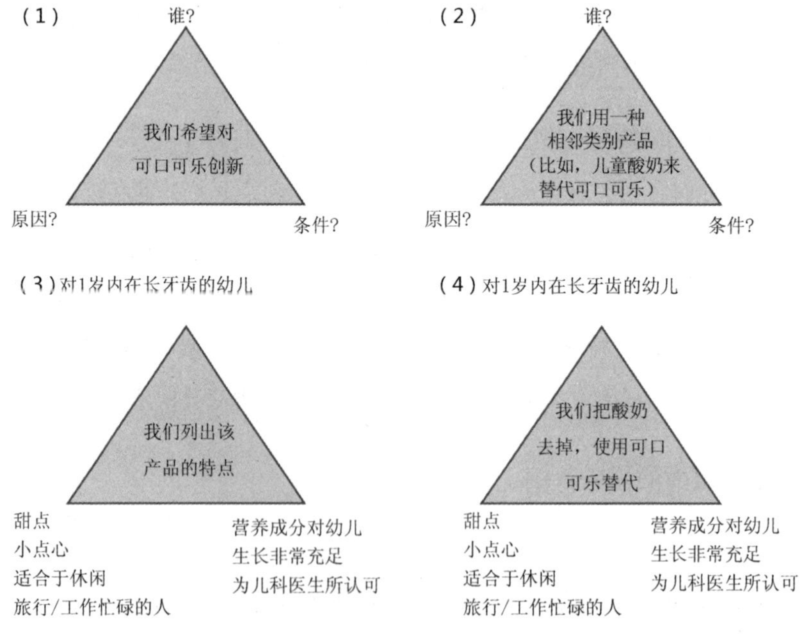

图 5–4　市场层面的横向营销（1）：取代

最佳适用情况

横向营销是一种进行突破性创新的方法，有助于创造新的产品类别，减少与现有产品组合的冲突，有助于寻找超越现有的市场机会来实现价值增长。

案例研究

雀巢多次使用这种方法。其中一项创新产品是儿童饮用的可可粉饮料，但是这种饮料在睡前饮用而非早餐上，叫作“Nesquik Night”。

创造性的依据是什么？

这种方法是一种通过隐藏的类比任务，对替代方法的简洁有效应用。我们尝试用一种产品或服务替代另一种产品或服务。

市场层面的横向营销（2）：类比

是什么？

正如我们在搜索者章节中解释的，分析相邻类别产品的创新路线是一种非常有用的创造性方法。在这种情况下，我们将对其他产品的创新路线进行类比，考虑我们销售的产品或服务是否也可使用这些路线。

如何应用？

①我们选定产品的特点；②在任何相邻类别产品中寻找符合条件的产品；③让搜索者提供相邻类别近几年来的创新路线资料；④检查这些创新路线是否能应用到我们的产品类别中。

雀巢公司也采用了这种方法，他们在咖啡创新中认真地研究了咖啡的相邻类别——茶。他们在茶叶的近期创新中，发现健康产品是一个高增长的产品类别。此后，雀巢公司在不同品种的咖啡树中，发现其具有同茶叶一样重要的保健功能。最后，他们决定把绿色咖啡作为创新的目标产品，这种咖啡含有抗氧化物质，对健康非常有利，还具有延缓衰老的功效。

他们成功推出了一种新的咖啡产品——绿色咖啡（见图 5-5）。

图 5-5　雀巢绿色咖啡

最佳适用情况

这种方法是着眼于发展投资组合并使其错开竞争的企业寻求创新路线的一种理想选择。它可以产生边际创新和突破性创新。

采用该方法的公司，我们已经知道的有雀巢公司。

创造性的依据是什么？

这种横向营销需要使用类比，是做出有关组合的一种非常有效、简便、快速的方法。

市场层面的横向营销（3）：比较

是什么？

在这里，搜索者已经选取作为范例或启发的其他产品和服务的任何要素进行直接类比。

如何应用？

我们只需考虑其他产品或服务具有而我们的产品不具有的特点。我们得到的答案可以作为尝试，然后再进行联系。

最佳适用情况

与替代方法相同，但在产品层次完全垂直或边际创新中，提供可能的解决方案以扩大现有的产品组合。

案例研究

诺华制药公司应用这种方法思考商务会议有什么内容是医疗会议所没有的。他们意识到，商务会议处理的问题通常是跨行业的，如创新、人力资源政策和策略。他们决定改变他们发起和组织的医学会议，从专家会议转变为跨专业会议，包括非医疗但与医疗行业利益相关的主题，如经济状况、人员管理、如何使病人更多地参与、如何产生新的想法等。他们还意识到医生也是管理人员，因此有各种专业知识的培训需求。他们把这次会议称为“诺华卓越论坛”，这是同医生一起取得的巨大成功，因为医生是他们产品主要的处方人。

创造性的依据是什么？

这种方法仅基于比较方法的优势。

属性清单

是什么？

这是一种特殊类型的形态分析，仅仅强调你所希望创新的产品或服务的属性或特点。

如何应用？

①列出你的产品和服务的特点；②增加或减少特点的数目；③看看最终产品会是什么样以及是否能使潜在客户感兴趣，或能否增加现在的消费量或市场份额。

例如，假设你要推出一种新沙拉。列出其品质和特点后，我们尝试各种性质的平衡：非常柔软的沙拉，容易消化，食用方便，含有丰富的蛋白质，但钠、盐、磷的含量较低。我们尝试了不同的可能情况，最后我们把一个或多个有潜力的想法发展成一个新概念。

最佳适用情况

这种方法的设计主要有三个目的：产品的重新设计、产品线延伸和产品重新定位。

案例研究

使用这种方法直接或间接地完成了几乎所有产品和服务线的延伸。例如，无糖和不含咖啡因的饮料、富含维生素的产品等，这些产品或服务的特点都发生了变化。它也可以用来对相对未分化的产品确定市场定位策略。

创造性的依据是什么?

与形态分析相似，但不同的是这种方法作为一种替代方法，还强调向上或向下的变化。

情景分析

是什么?

情景分析方法不尝试不太可能了解的东西或预测未来，而是基于相反的假设，认为不可能预计出将要发生的事情。但是，即使我们不知道将会发生什么样的情况，情景分析还是可以帮助我们预测在任何特定情况下的可能结果，以及我们可能做出的决定。

如何应用?

①确定在分析中要回答的问题：问题越详细，越有利于营造情景。
②列出影响因素：在清单中，尽可能详细地记录你先前确定地点及时间的业务可能产生影响的许多因素，这些因素可能涉及工业、政治、经济、技

术等方面。③把重大不确定因素中的影响因素分成两类：一类主要是不确定因素，另一类是不太重要的可预见因素。这样就出现了一系列我们不可预知的驱动因素。④从驱动因素中选择两个自己认为对创建情景最关键的不确定性因素。⑤极端情况辨析：对一个简单的 XY 坐标图增加两个这样的因数，表明在极端情况下这种不确定性可能会有所不同。例如，经济形势：在一端（$-\infty$）写"好，急速增长……"，并在另一端（$+\infty$）写"不好，经营失败……"。⑥界定情景：通常，自己需营造 24 种情景，如果问题复杂，还可以营造更多情景，这取决于关键影响因素的数量。在每个象限，放入该情景可能带来的影响。例如，如果我们在一个与消极的经济形势相关的象限中，除非我们的目标客户是富裕阶层，否则就要把业务集中在廉价产品上。⑦选择最合理的情景，并确定该情景的策略。

此外，自己还可以把影响或创建有利情景的可能情况作为因素纳入到情景分析中。未来的情景通常分为几个部分。

最佳适用情况

关注复杂的问题，发现创新重点，确定经营策略和创新策略。

案例研究

情景分析方法广泛应用于军事、政治和经济领域。对于企业，它是用来确定经营策略的一种方法。在创新领域，它可以根据市场的可能演变（情景）及竞争对手的战略行动来确定我们要采取的创新战略。

创造性的依据是什么？

它的基础是不断提问自己："如果……将会怎样？"也就是说，它是一种基于质疑的方法。

客户拜访

是什么？

它只是与产品或服务相关或不相关的拜访定位。我们认为自己的所见所闻可以带来启迪，并促进新想法的产生。对于行业有关的地点，拜访的地点通常是顾客购买、消费或使用产品或服务的网点或场所。在某些情况下，我们也采用结构化问卷访问客户。问卷中的问题通常是顾客会遇到的问题以及有关顾客对新产品的需求和愿望。这种方法的实施比较困难，并且成本高昂，因为你必须找到相关的客户，并需要做好大量的准备工作，这样才能获得良好的效果。

对于行业不相关的地方，这种方法是访问另一个国家，看看客户对我们的类别产品或其他相邻类别产品的评价。

如何应用?

拜访客户的步骤如下:

①确定要拜访的客户或消费者人群；②拜访并观察的客户是使用还是购买产品或服务的消费者；③记录他们对产品使用不当的情况或未能充分使用产品的潜在功能情况；④询问他们的问题和需要；⑤在此后的内部创造性会议上审查所有这些信息，用来促进想法的产生。

调查客户的步骤如下:

①确定自己希望创新或获得的想法；②想想可能启发你思考的地方；③选择最有可能启发你的地方；④抵达目的地，记录下你的所见所闻，特别是吸引自己的事情；⑤所有这些信息都被用作尝试，并提供给小组成员作为产生想法的方法。

最佳适用情况

由于其随机性，这种方法在各个层次上都会带来不可预知的结果，范围从策略性到战略性结果。这种方法对创新的影响更多地取决于选择创建尝试的重点，其次是取决于方法本身。

案例研究

星巴克公司使用了这种技术。星巴克的前产品类管理高级副总裁米歇尔·盖斯带领她的团队到巴黎、杜塞尔多夫及伦敦参观了当地的星巴克和其他餐馆，以期更好地了解当地的文化、行为和时尚。盖斯说："回来后不仅带回了不同的想法，并且也学会了用不同的方式思考事情，这种效果远胜于在杂志或电子邮件里读到它们。"

创造性的依据是什么？

这是想法的随机性与组合的结合。

共同创造

是什么？

共同创造是一种非常新颖的创新方法，这种方法把客户或消费者带入创造性过程。

如何应用？

这通常要使用新技术，特别是互联网，创造一定的空间让人们可以提出、评论或完善想法以及公司对组织机构所考虑到的想法，可以请大家给出意见和评价。共同创造通常是针对高度参与品牌或产品类别的消费者，给他们提供在线（或离线）工具来表达自己的想法，并帮助设计者开发产品原型。它也以面对面的工作会议形式开展，这类似于邀请组织外部的人参加的针对性小组会议。

最佳适用情况

共同创造法在 B2B 和服务市场特别有用，因为在那些市场中与客户直接接触是必要的，并且创新需要创新者和目标客户之间有一定的合作协调。对于快速变化的市场，消费者和顾客偏好的时尚瞬息万变，共同创造法同样有效。

共同创造的最普遍方法之一是所谓的领先用户分析，由埃里克·冯·希佩尔发展而来。它是基于这样一种观点：如果你同创新的客户一起工作，最终他们将提出创新产品想法。该方法汇集公司产品或服务的用户或客户，这些人特别具有创新能力，可以让他们发现问题和提供解决方案。主要的挑战是如何识别这样的客户，并说服他们参加此类会议。3M公司特别喜欢使用这种方法。

这种方法的一个不同之处是邀请客户和用户设计新产品：

“专业调味料全球供应商 Bush Boake Allen（BBA）建立了一个工具包，可以使客户发展自己的口味，然后由 BBA 进行生产制作，其服务的公司包括雀巢公司。在材料领域，GE（通用电气）提供给客户一种因特网工具，这样客户可以自己设计更好的塑料制品。在提供的软件中，许多企业让用户给其标准产品添加自定义设计模块，然后把其中最佳的组合产品进行商业化生产。”

共同创造，也可以被称为客户咨询委员会或小组，在那里公司同选定的固定客户群保持密切联系，公司从他们那里不断收集有关的新思路和可能性的信息。衍生组织“爱好者社区”中，公司选择的客户或用户参与公司产品的程度很高。

共同创造往往发生在测试阶段，那时公司选择一些忠实的客户试用产品，并让客户提出完善产品的更好的想法。

案例研究

哈雷·戴维森采用了共同创造，请求忠诚的摩托车顾客参与设计师工作。乐高也采用了共同创造，让孩子们提出自己的想法。还有，在广告创意中也使用共同创造。立体脆薯片直接跨过广告公司，邀请了很多零食爱好者为广告活动出想法，并对最佳想法进行奖励。星巴克花费数年时间挖掘客户的新想法并通过网上投票探寻那些人希望看到的星巴克菜单或目录。

创造性的依据是什么？

简单地说，通过网络，请求客户而非专门的创造、创新或设计公司提供一种特殊类型的协同工作。

重新定义客户价值

是什么?

重新定义客户价值可以说是改变客户从产品和服务中获得的价值。每一笔交易包括两个部分:客户的努力(支付的价格、获得信息和购买产品花费的时间、做出决定带来的风险……)与应得的产品或服务回报。价值是客户获得的东西除以客户付出努力的百分比。有两种方式可以增加客户价值:一种是同样的价格提供更多的内容(体现在质量或数量上);另一种是对客户努力构成要素提供单项或多项更方便的服务来减少客户获得相同产品的过程中付出的总努力。

如何应用?

应用十分简单:①分析客户价值:我们能提供什么?客户需付出的所有努力内容是什么?②一旦获悉这一点,我们可以选择增加、减少或消除这种努力来看看最后是否增加了客户价值。③我们一经发现新的组合,下一步就是连接并发展这种想法,进一步把新组合转化为新产品、新服务或新商业模式。

例如,只要我们的产品质量足够优良,就可以取消支出高昂的售后服务,而以新产品替换客户购买的损坏或缺陷产品。在这种情况下,客户不用支付额外费用便获得了更多的价值。

最佳适用情况

对于经营目标为开发市场、吸引潜在客户或重新定义行业规则的企业,这种方法特别有效。

案例研究

使用该方法最出色、最典型的案例是宜家,该公司通过给客户提供组装品代替低价品,完全重塑了客户价值。

创造性的依据是什么?

这种方法使用问题分解方法以及构成客户价值的因素变化。

创新方法与最佳信息搜索方法

我们在前一章说过，信息搜索应直接与每种应用于发展者（D）和执行者（E）特殊要求的创造性方法相联系。在这里，我们将看到哪些信息搜索手段对已探索的方法最有帮助（见表 5-1）。

当我们说“推动创造能力”时，意思是说，要想获得成功，任何创意会议，无论其目的是要提出概念来发展还是解决执行者遇到的问题，都必须进行充分准备和组织。创意会不应是非正式的、混乱的聚会。为了保证创意会议高效进行并取得积极成果，我们需要做大量的准备工作。可以说，创意会议上产生想法的每分钟，至少需要三分钟左右的准备时间。

在创意会议上，重点必须明确，对于影响与会者思维的刺激因素，我们必须事先做好规划和准备。一个好的创意会是一场精心策划的即兴表演。

表 5-1 各种创新方法对应的信息搜索方法

	头脑风暴法	蓝海策略	形态分析	横向营销	属性清单	情景分析	客户拜访	共同创造	重新界定客户价值	集体讨论
创新评价		X	X	X	X	X				X
相邻类别分析		X		X			X			X
内部咨询	X	X	X		X	X				
社会发展趋势/社会阶层		X		X		X	X			
市场趋势		X		X	X	X				X
购买过程			X		X				X	X
创新路线		X	X		X					X
技术解决方案	X		X	X		X				X
设计参考	X	X	X		X		X	X		
近期成功的营销战略/从错误中学习				X	X	X				
互联网监控					X			X		
人种学研究		X		X	X			X	X	X
地理定位					X			X		

信息搜索方法评估

面对众多的方法，很多管理者感到茫然。虽然我们在前面已经阐述了它们各自最佳的使用领域，但我们仍然会思考，哪些方法是在商业上最常用的？哪些方法证明是最有用的？通常，使用一种特定方法发现创新后，即使其他许多公司发现它不是很有用，但仅凭人们的只言片语都会让这种方法的名气一飞冲天。斯科特·埃迪特（Scott Edgett）等人做了一个有趣的研究，他们调查了 160 家曾使用本书中一些方法的公司。

图 5-6 归纳了他们的主要结论。对于每种方法，我们比较了两个因素：在公司中方法的广泛使用程度与公司如何根据自己应用的效果来评价每种方法。

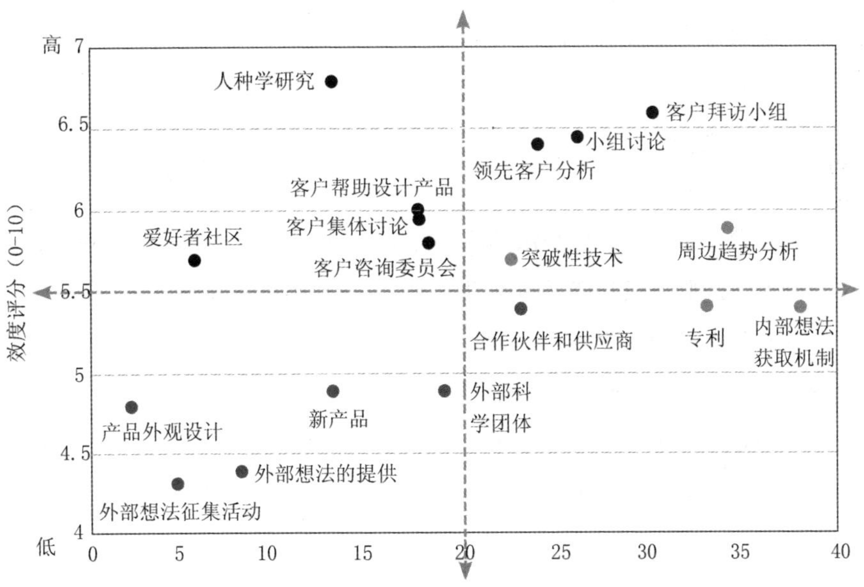

图 5-6　各种构思方法的效度（客户打分）和广度

我们可以列出两个突出的类别：

（1）最有效、最受欢迎的

· 客户拜访

· 周边趋势分析

· 小组讨论

· 突破性技术

· 领先客户分析

（2）最有效但不太受欢迎的

· 人种学研究

· 客户咨询委员会、爱好者社区

· 客户集体讨论、客户帮助设计产品

虽然其他方法排名较靠后，但我们不应忽视。人们对这些方法的评价较低可能是由于他们缺乏应用这些方法的经验或技能，或者他们缺乏对使用这些方法的公司所属行业或部门的适应性。任何方法对产生想法都是有益的。关键是需熟悉这些方法的使用并掌握时间要求。

从想法到概念

一旦我们理解了产生想法的不同方法，创造者（连同发展者）必须把对新产品、新服务或新商业模式的最佳想法转化为概念。

这种概念比想法更发达、更明确。它不是一个完整的有形想法，但包含充分证明需发展的要素和成分。

当应用到新的产品和服务时，这种概念包括一个简洁、清晰的描述：如何将一个想法转化为客户价值，以及为什么它会捕捉到客户的兴趣和购买意向。

这种表达概念的方法并不是单一的，而是有很多种方法。每家公司都有自己的表达方法。我们在下面给出的是另一种方法，我们发现这种方法很有用，并对消费者进行过试验。促进者在未批准新的支出项目之前，也可要求采用此方法。

我们建议通过名称、图像、见解所涵盖的基本利益、针对的最终利益、原因（人们会购买）、框架形成的社会趋势、依赖的业务源以及对发展和市场潜力缓解的主观评估等方面来描述概念。我们会仔细研究每个方面，并用实例进行说明，现在，假设我们决定推出一种可以和酸奶一起食用的特殊谷类食品。

概念名称

名字要简短，以某种方式对我们打算推出的产品或服务进行描述。这和主品牌或次品牌不同。这里的目的是想出一个朗朗上口的品牌名称，这是后话。简单地说，现在需要的是描述，强调一个或多个方面："我们卖什么？""卖给谁？""产品有什么需要？""购买或消费的条件是什么？"

在这个例子中，概念名称可以是"酸奶麦片"。我们可以看到，概念名称既不包括销售对象，也不包括实现的需要，而是我们专注于消费条件（和酸奶而非牛奶一起食用）。我们这样做是因为它的概念最有特色。在其他情况下，可能更好的选择是强调目标市场或包含的需要："老年人麦片""运动员麦片""易消化麦片"或"抗衰老麦片"。在其他情况下，概念名称可能只包括差异化特性或属性。例如，"红谷麦片""粗粮麦片"或"无糖麦片"。

说明概念的图像

一图顶千言。图像在一定程度上可以说明产品或服务应具有的款式和色彩，并且这些款式和色彩也是目标消费者认为该产品或服务应该具有的。通过使用图片库或图像，可以让创新过程的相关人员对他们计划发展的想法有一个共同的视觉认识。

例如，对于"酸奶麦片"，以下这张图片就有助于描述这个概念。

图 5-7　酸奶麦片

正如我们所看到的，对于我们没有描述的方面，图片可以提供给我们很多线索，看到这些照片就比较容易猜测到它的成分、设计、包装、颜色等方面是什么样。这些图片告诉我们，产品针对关注健康并喜爱少量天然食品的人们，重点是关注健康并喜欢喝酸奶、通常与水果或其他辅食一起食用的女性。这些照片提供了很多相对难以表达和交流的信息，但这些信息对于使发展者“沉迷”于我们希望捕捉的想法和机会又是必不可少的。

重要的是，创造者、搜索者和发展者需要时间排除并选择他们取得一致的图片，甚至分享丢弃的图片也是有帮助的。这可分为两组拼贴图片。

第一组：“这张照片不适合我们的理念。”

第二组：“这张照片适合我们的理念。”

这是一种有效的做法，可以促使人们在我们最终希望看到由想法变成的有形产品或服务上达成一致。

销量来源

识别销量来源是创新的核心。这意味着我们必须回答下列问题：一旦产品推向市场，假设已经在一定程度上得到消费者接受，销量是从何处“偷来”的？人们会不再消费哪些产品而消费我们的创新产品？这就是我们所说的“替代产品”。

很明显，答案是对我们未来创新产品竞争力的预测，是一种假定，也是主观评估。以下是最典型的一些结论：

（1）产品或服务会产生增量，也就是说，我们不希望产品或服务直接从任何其他产品类别“偷来”销售量，而是希望产生市场净增长或顾客消费净增长。

（2）创新产品会从其他一些产品或服务上带走一些销量。在这种情况下，进一步分为三种可能情况：

1）从直接的竞争对手或我们自己的部分产品上带走一些销量。在先前给出的例子中，我们可以认为，酸奶麦片会从目前销售的普通牛奶麦片或果汁麦片上带走一些销量。

2）从邻近竞争对手那里带走一些销量，即抢夺与我们间接竞争的相关产品类别的销量。例如，酸奶麦片也会带走一些消费者加入酸奶中的坚果和水果的销量。

3）从遥远竞争者那里带走一些销量，通过切分消费者的支出份额实现。例如，我们会认为酸奶麦片的销量增加会导致其他超市产品从化妆品到清洁产品的销量下降。

确定竞争标准有几个目的：有助于确定今后的商业发展框架（客户、渠道和经销商类型、销售网点位置、价格标准等）；有助于促进者能够预计出创新产品对经营的影响程度，因为按照我们的产品组合中的竞争原则，创新产品会造成这类产品的销量减少，这种影响称为“品牌替换”。

见解

定义概念的另一个要点是见解，可理解为客户面对新概念的动机、内心的想法、感受和潜在的可满足需要。例如，对于酸奶麦片，它可能是

“让酸奶的味道更好，更益健康”。

见解的重要性超过需要，是真正的“要点”，凭此我们才能说服消费者，让他们的看法发生变化，消费者常常不知道如何表达自己的看法。见解应当经调查验证，但我们知道了解客户的见解非常困难，更谈不上对其进行量化。因此，我们不说定量验证，但可进行定性验证。从这个意义上说，搜索者使用第四章介绍的方法时，应确认我们呼吁的见解是否在一定程度上确实存在于客户和消费者之间。

基本利益

基本利益是见解的一种有意识方法。这是对产品满足、需要的一种言语表达。由于这是一个顾客或消费者应该表达的东西，基本利益应以第一人称阐述，就好像它是客户在说明自己选择这种产品或服务的原因。

例如，对于酸奶麦片，它可能是“该产品可添加到酸奶中，口味更好，食用更方便，并含有普通麦片的全部营养”。

基本利益是创新的本质和核心。发展者在推进创新过程中，不能也不应该忽视基本利益。我们可能会发现必须以不同于原计划的方式来实现基本利益。但是在任何情况下，对于打算推出的产品或服务，我们都不能扭曲、减少或较大地改变其基本利益。

如果我们被迫对其进行改变，在创新过程中的团队成员也应予以认可。即使由于技术要求或限制，对基本利益的修改或变更都不是发展者可以自行决定的。

根本原因

根本原因（也称为“基本原因”）可归结为客户或消费者为什么给我们提出建议要具有可信度的客观原因。见解其实是一种潜在的内在动机。但产生见解的是那些有形的、客观的、可验证的东西。

例如，对于酸奶麦片，一个根本原因是：这种麦片质地较软，可以和酸奶很好地混合，而那些同牛奶或果汁搭配的普通麦片一般质地较硬。

根本原因必须是可证实的。如果消费者或客户由于缺乏方法或能力而无法验证，那么我们必须提供证据，并保证证据是真实的。如果有必要，我们可以借助第三方的批准、批准印章或推荐信（实验室、医生、独立的机构、质量证书等）以及店内展示和广告。

我们必须保证人们对根本原因不存在任何怀疑。它不能是模糊不清的。我们必须牢记基本利益的可信度取决于这一因素。因此，我们将寻求这种见解。一个说服力不足或存在疑问的根本原因无法产生见解，会削弱根据意图动员顾客或消费者的机会。谈到发展时，如果我们认为没有可靠的原因、论据或理由，那么我们最好修改整个概念。也许我们寄予了太多的期望，但面对现实时，我们不能保证客户认可我们的看法。

这是许多新产品和新服务失败的原因。我们发现基本利益和见解的影响力是如此强大，所以不想放弃，即使事实上我们还不能确信是否能真正满足它的条件。在市场营销，特别是在新产品营销中，你发现在产品或服务上无法履行其承诺，那么没有什么比这更糟糕的。你可以欺骗顾客，但只能欺骗一次。在欺骗之后，你将永远失去他们。

最终利益

最终利益是需求金字塔的最后需求，其中产品新颖性的开发是我们的目的。比方说，我们的客户寻求满足的最终利益不仅仅是我们的产品类别或行业，而且包括其他许多产品和支出。

例如，“酸奶麦片”的最终利益可能是“有益健康”。

我们知道，这是一个非常普遍的益处，不仅需要健康饮食和锻炼，还包括压力较小的生活方式，等等。

最终利益有助于对客户需求总体概括内的产品或服务制定一个框架，因此，我们要了解它与顾客生活的其他方面的联系。

制定创新框架的社会趋势

在第四章中，我们强调了在一个制定的社会趋势下制定创新框架的重要性，以及创新趋势分析如何在创意会议上发挥直接的启迪作用。

确定那些符合概念并能促进概念发展的社会趋势能让我们进一步确信在做的事情在现实中是有意义的，在更大的趋势中能够激起人们的兴趣，并吸引媒体的关注。

例如，对于“酸奶麦片”，可能存在社会趋势能证实提出的概念具有市场潜力，并符合当前的消费和市场趋势。

· 今天，酸奶是健康食品的典范，口味独特自然。

· 在社会上，人们普遍认为，麦片（高营养价值的食品）有益健康的特点可以均衡补充酸奶的益处。片状麦片现在是广泛的消费趋势。

· 人们普遍关注健康。

下图是一个完整的概念，它包括了我们提到的所有要点：

酸奶麦片

- 销量来源：
  我们认为酸奶麦片会分割现在市场上同牛奶或果汁搭配的普通麦片的市场份额。

- 卖点见解：“让酸奶的味道更好，更益于健康”
  基本益处：该产品可添加到酸奶中，口味更好，食用方便，含有普通麦片的全部营养。
  原因：这种麦片质地较软，可以和酸奶很好地混合，那些同牛奶或果汁搭配的普通麦片，一般质地较硬。
  最终益处：“益于我们的健康”

- 社会趋势：
  • 如今，酸奶是健康食品的典范，口味独特自然。
  • 在社会上，人们普遍认为，麦片（高营养价值的食品）的有益健康的特点可以均衡补充酸奶的营养。片状麦片现在是广泛的消费趋势。
  • 人们普遍关注健康。

图 5-8　酸奶麦片完整概念

像这样的输出信息补充到图片上，可用于概念检验，无论是定性还是定量的检验。

像上面的描述同样适用，或者容易适应其他类型的创新，如一个新的商业模式、新的技术、工艺升级等。它只是收集重要信息，包括贡献的是什么，以及我们希望用建议的变化或创新实现什么。

主观评价

在制定概念的过程中，虽然我们将在促进者一章中更详细地阐述主观评价，但主观评价包含关于我们对产品开发的困难或容易程度以及我们发现的商业潜力信息，这是很有帮助的。

随着我们创新过程的推进，这些信息将有助于从大量概念中选择一个我们认为值得考虑的概念（见图 5-9）。

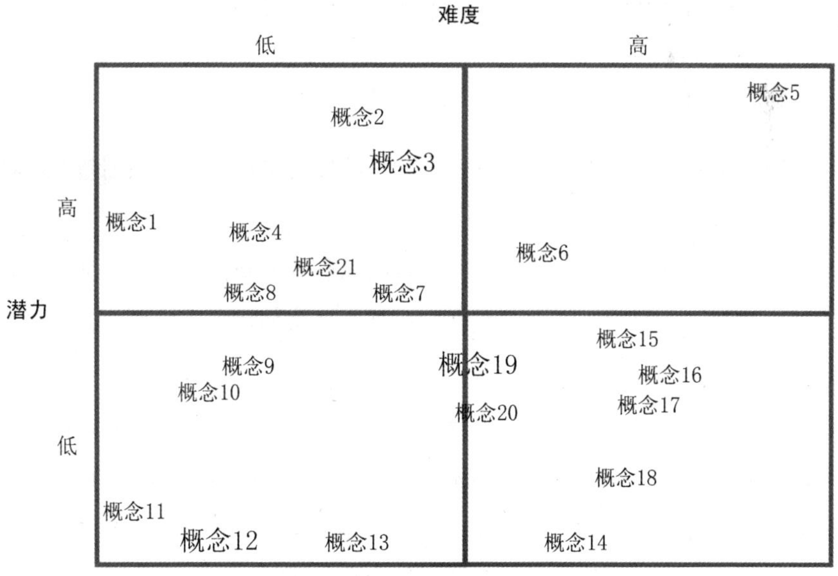

图 5-9　新概念评价矩阵

左上象限表示容易发展、高潜力的概念。我们应该首先考虑这些概念。

右上象限代表高潜力、高难度的项目。在这里，我们建议修改该概念以简化发展，并在可能性极小的情况下尽可能微调制造和营销成本，以避免做出欠佳的财务决策。

左下象限表示低潜力、低难度的概念。我们建议战略性地使用它们，因为随着时间的推移，这些概念普及之后，会成为一种阻碍竞争的手段。最后，右下象限对应的是应丢弃的概念，这些概念的发展低潜力、高难度。

理想的情况是，在创新过程中，企业应制定大量替代概念，让人员可以选择发展的概念。这种困难潜力分析是决定在何处投资资源的重要工具。我们将在第八章中详细说明。

一旦你建立一个如上所示的矩阵，发展者和促进者应基于经济和财务准则选择有限的概念继续发展。在第八章中我们将研究评估概念的不同方法。与此同时，在采纳决定后，我们也必须审查发展者在这些概念的发展过程中面临的种种限制，这部分内容将在下一章进行阐述。

品牌决策

知道概念有吸引力之后，下一步就是给即将推出和销售的创新产品选择品牌。

选项有以下几种。我们可以对现有的品牌或者新品牌的产品推出创新项目。如果创新是对一个产品组合的扩展，通常使用投资组合的品牌更有意义。

但是，如果我们开展的是中等创新或激进创新，一般的趋势是使用现有的品牌。原因很明显，利用现有的品牌意识也需要时间和费用。例如，雅马哈是一种摩托车使用的品牌，此外钢琴也使用这个品牌，人们认为这不存在任何问题。诚然，每架钢琴或每台摩托车的型号都是包含具体数字或字母的品牌名称。但这些都不是众所周知的，并且客户和消费者很少使用。人们往往会说“我的钢琴是雅马哈的”或“我的摩托车是雅马哈的”。

但是，品牌有很大的局限性。**如果我们希望许多产品都使用一个品牌，就可能会失去品牌的优势，或可能导致我们的市场定位混乱。**里斯和特劳特认为，在特定类别中的产品或服务应该有自己的品牌，特别在进行激进创新时更是如此，因为那时我们有机会使用自己的品牌名称来命名产品。iPhone 已经不仅仅是一种品牌，它也是一种手机类型。在这种情况下，iPhone 代表着品牌和苹果公司，我们可以说它是一种制造业的品牌。苹果也是一个品牌，对于 iPhone，苹果是一个超品牌。**对于新产品或服务，利用品牌和超品牌（制造品牌）是一种非常有效的策略，**达能的 Actimel、雀巢的奈斯派索、苹果的 iPhone……都是如此。

这样，我们就可以利用母品牌的品牌意识及知名度，对于将要推出的创新产品，创建一个新的名称或品牌。

所有的这些决策都涉及 CIO、CEO、营销和信息部门。利用现有的品牌也会影响目前投资组合的沟通和促销政策，并可能改变目前的品牌定位，所以这个问题在组织中必须进行充分协调。

全面创新系统——第五章总结

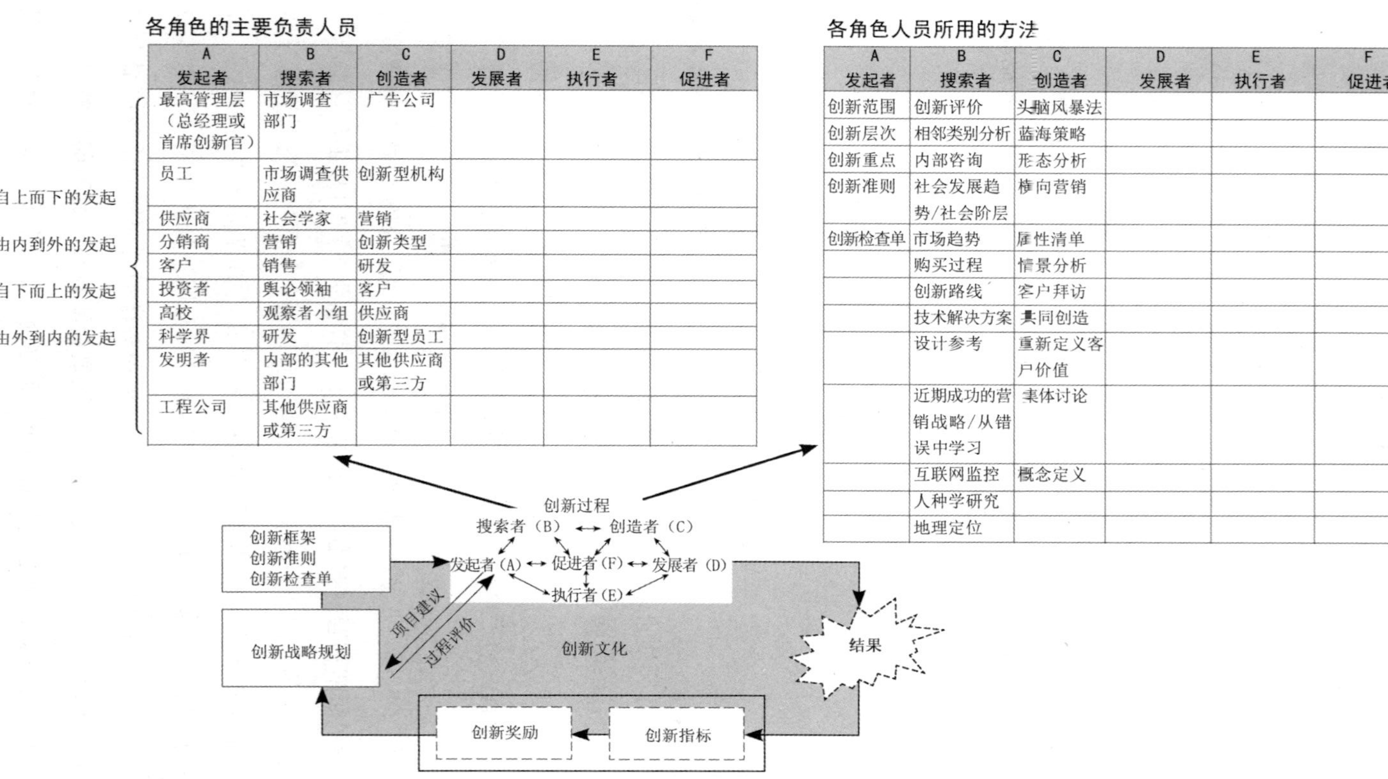

各角色的主要负责人员

A 发起者	B 搜索者	C 创造者	D 发展者	E 执行者	F 促进者
最高管理层（总经理或首席创新官）	市场调查部门	广告公司			
员工	市场调查供应商	创新型机构			
供应商	社会学家	营销			
分销商	营销	创新类型			
客户	销售	研发			
投资者	舆论领袖	客户			
高校	观察者小组	供应商			
科学界	研发	创新型员工			
发明者	内部的其他部门	其他供应商或第三方			
工程公司	其他供应商或第三方				

自上而下的发起
由内到外的发起
自下而上的发起
由外到内的发起

各角色人员所用的方法

A 发起者	B 搜索者	C 创造者	D 发展者	E 执行者	F 促进者
创新范围	创新评价	头脑风暴法			
创新层次	相邻类别分析	蓝海策略			
创新重点	内部咨询	形态分析			
创新准则	社会发展趋势/社会阶层	横向营销			
创新检查单	市场趋势	属性清单			
	购买过程	情景分析			
	创新路线	客户拜访			
	技术解决方案	共同创造			
	设计参考	重新定义客户价值			
	近期成功的营销战略/从错误中学习	集体讨论			
	互联网监控	概念定义			
	人种学研究				
	地理定位				

第六章　发展者（A-F 模型之 D）

发展者的定义

发展者（D）的任务是把想法转为具体实物。也就是说，他们是把想法转化为有形物并可在市场上销售的人。

如果试图阐述涉及新产品或研发部门的所有问题，这既浪费时间，也是不可能做到的。首先，本书不是工程和设计类图书，而是一本论述创新的书，基本上属于营销创新，我们提出了设计和组织创新过程的模型。负责把想法转变为发明或新服务的技术部门为此必须开展多种多样的工作任务，市场上有多少种产品，他们就有多少种任务。例如，关于技术开发，我们以自行车和摩托车为例来说明，对于摩托车研发，研究自行车意义不大或完全没有帮助，因为这二者的组成大不相同。

已出版的很多工程和工艺类书籍都是阐述这类问题的，这些书籍按行业或技术类别进行分类。在这里，我们侧重于强调相对于创新过程中的其他角色人员，即发展者具有的特点；在这里，我们也将专注于跨领域的主要挑战，即任何行业或产品类型的共有特点。我们将尤其强调营销方面的努力，这是技术发展中永远不应也不能忽略的方面，我们也会详细阐述各种手段和方法，这些手段和方法为市场如何理解和评估公司技术部门的产品和服务提供了独特见解。

我们还需要说明的是，发展者的作用不仅仅体现在想法的技术方面，因为对于一个想法，营销发展和技术完善是同等重要的。下一个角色是执行者，其重点在于执行，即执行整个创新概念。执行者负责把任务付诸行动，执行者对发展新想法和计划的作用不大，因为其主要职责是执行任务。

传统上，研发部门一直负责概念发展的任务，因为他们具有技术性技能和专业知识。工程师和技术人员都是技术的控制人，他们可以有效地把公司提出的想法转变为现实。

我们同意研发和设计部门的基础性作用，并且大多数发展者一般都由具有技术背景的人员担任。因为销售、营销或广告人员不懂得如何制定技术方案和产品模型以及安排大规模的生产和物流。不过，我们建议，发展者也应包括公司的一些营销和销售人员。

有一篇非常有意思的文章，标题为“大师的价值和可能性：优化营销和研发部门的关系”，文章研究了对创新过程中如何管理两个职能部门（营销和研发）关系的认识，在此基础上提出了启发性结论，证实了我们提出的（A 至 F）角色人员互相合作的正确性。

研发部门主要关注新的技术解决方案，更具突破性的创新以及创新可能带来的技术突破性。但是他们和顾客没有持久的联系，他们的方案不一定能反映或符合顾客的需求和关注点。

对他们来说，基本上营销部门强调边际创新，强调组合扩展，强调保证创新需要反映出客户的需求。但他们不是技术专家，不了解技术提供的多种可能性，结果创新能力不足以捕捉市场价值，他们提出的创新都非常表面化，从技术的角度看，他们提出的往往不是破坏性创新。

事实上，这两种角色是相辅相成的。我们在这里建议的一个有用方法是让研发人员帮助创造者定义创新的概念，让市场营销专家参与创新发展活动。首先，这可以确保我们不会错过技术专家提出的好想法。其次，我们可以从客户需求的角度，对研发人员提出的想法进行评价。

解决方案的一部分是认识到发展者和市场营销人员的角色差异。发展者是想法的艺术大师，而营销人员是价值的艺术大师。一个新产品的想法并不能说明其价值，反之亦然。正是结合这两个问题，我们才能发现营销和研发部门之间的合作关系。这些专业人员必须真正合作，把“有价值的想法”或解决方案成功转化为新产品。这都需要艺术和科学，需要双方之间确保新产品符合可用的或潜在可用的需求。这些不同的重点——价值和解决方案，要求不同的工具和技能，并导致不同等级的优先顺序。

事实上，通用电气公司解决这个问题的方法是把这两个部门人员组建为新的工作组。营销人员需要掌握一定的专业技术知识，研发人员也需要了解消费者或客户的相关知识。双方都必须学习一些对方的技术术语，也就是说，这种业务多语性对于他们之间的沟通至关重要。例如，“质量屋”是一个很有效的组织方法，营销人员援引消费者对汽车需求的信息，研发小组把这个需求信息转变为对产品马力或其他技术性的要求（“质量屋”由美国学者豪瑟与克劳辛于 1988 年提出，它是一种确定顾客需求和相应产品或服务性能之间联系的图示方法）。

我们在 A-F 模型中阐述了这个问题，分配这些角色给公司中具有经验的人员及其他相关人员，特别是要确保在交互点上，某一阶段的主要角色人员与下一阶段的主要角色人员一起协作。例如，我们在上一章已经说明，让创造者和发展者协作处理来自想法的概念，这种方法效果很好。同样，在开发创新原型的业务方案中，发展者和执行者也应该一起着手该方案的大概轮廓。

在任何情况下，这六种角色人员的互动性必须能够促进所有人员积极并持久地参与创新工作以及分享其他人员的成就、进步和成果。通过这种方式，部门之间的传统壁垒被打破或消除，研发人员也从事部分营销人员的工作，需要把产品推向市场（典型的技术公司），或营销人员提出了一个想法，研发人员（典型的消费品公司）进行发展。

但是，我们不能仅指望这两个部门。如有必要，发展者可以包括一切有关人员，从市场营销员到工程师，从采购员到物流、生产、销售和设计员。

至于这些人是否应属于公司、这些角色是否可以外包，读者应回到第三章和第五章。在第三章，我们解释了合作的所有方式，而在第五章，我们阐述了共同创造的概念。

发展者的业务限制

发展者不是专门想出看似明智但可行性低的想法的“骡子”。我们在第五章中明确了创造者并不仅仅是提出想法，而且要提出相关的、可能的、可行的和有价值的想法。我们不能让发展者承担实现一个不可能想法的责任，因为这样不仅会破坏创新过程，还会造成公司人员间的矛盾，阻碍他们创新的积极性并浪费公司资金。

这就是为什么我们说在创造者和发展者之间有很多共有职责，在没有制定原型、模型和生产方案之前，这是他们必须共同完成的一项任务。我们这里说的是他们能够影响概念设计。

对发展者的限制

发展者敏锐地意识到某些业务限制。这些限制可分为四类：

一是技术限制。当开发一个创新项目时，面临的第一个问题是我们是否拥有这种技术？如果有，我们会在竞争中遥遥领先。拥有转变想法为现实产品的技术就意味着已经成功了一半。如果答案是“我们没有这种技术来开发这个概念”，那么发展者和搜索者就必须共同努力，寻找可能提供这种技术的外部提供者。这往往是一个漫长的、艰难的、高成本的过程，因此，我们要求利用外包技术的创新产品必须有足够的市场吸引力。在此类创新过程实施之前，我们须保持谨慎，多做检查。

二是生产限制。这种情况下，我们拥有这种特定的技术，但没有加工生产的能力或制造这种创新产品的设施。也就是说，我们的生产线无法生产这种产品，或我们的组织不能提供这种服务。这种限制是可以克服的。同样，在其他巨大影响的情况下，我们很明显只有两个选择：外包或投资建设新设施。外包会降低利润率，并直接影响创新项目的预期投资回报率（ROI）和盈利率，因而增加了项目的风险。新设施或新生产线的投资则要花费很多资金、时间和其他资源。最关键的一点是必须实现最低销售量。

三是市场限制。在这种情况下，我们需要了解自己是否具有销售产品或服务的技能及专业知识。我们能生产出一些东西，但是发现自己无法出售或分销，这可能看起来很矛盾，但这常常发生在零部件和原材料制造厂家。例如，一家专门生产轮胎的橡胶公司，可能具有生产厨房橡胶用品和用具的技术和能力，却不同于其经营的汽车行业，他们在家用产品市场既没有销售网络，也没有市场营销专业知识。在这种情况下，我们可能会自问，是否应该寻找分销途径或建立同第三方的伙伴关系来分销我们的产品。很明显，公司对于有能力制造生产但无力销售的产品总能找到解决的方法，但在战略上必须明确公司计划中是否包含这种产品的多元化方案。

四是资金限制。任何创新都要求费用和资金投入（见第八章）。一个创新项目经过投资回报率分析，具有产生丰厚利润的巨大潜力。但是，如果对该创新项目进行投资，可能影响整个企业的正常运转，甚至有造成企业倒闭的风险，这一情况是中小型企业创新中面临的最大障碍。中小企业发现的项目机会很多，但他们却无力投资。他们没有像跨国公司那样的雄厚财力，由于很多创新项目内在的风险太大，他们不得不放弃。

总结以上内容，关键的问题是：

（1）我们是否拥有这个概念所需的技术？能使用吗？

（2）我们能生产制造吗？

（3）我们能销售和懂得如何销售吗？

（4）我们拥有实施这个创新项目的财力吗？

如果没通过这些问答的检验，那么我们只有三种可能的解决办法：第一种是放弃项目；第二种是保持不变（前提是确保它不会同公司的总体规划或使命发生冲突）并开始寻找供应商、合作人等；最后一种是尝试修改，以通过以上问答。

坚持概念

对于可能转化为具有市场潜力的产品或服务的众多概念，发展者在挑选出一个或多个概念后，仍然面临着许多问题，但可以肯定地说，主要的问题是随着概念发展为真实的适销产品，仍然存在失去概念本质和潜力的风险。

在思维领域没有任何限制。我们可以提出“不可能的想法”“减肥酸奶”或保证子孙未来的“寿险保单”，但产品和服务的现实领域却存在种种限制。创造者说：“欢迎来到充满可能性的地方。”发展者会回答：“欢迎来到充满局限性的现实世界。”

也许二者应是这样。两者之间的拉力促进了公司的创新潜力。人如果不敢有梦想，就不会有进步；然而，如果不能“脚踏实地”，人就会跌倒。在创新过程中，这两个方面都是必需的。

面临的挑战是要知道将它们结合起来的办法。发展者应充分认识到想法“着陆”必然会存在导致潜力削弱、实质模糊的风险。确实，市场上有无数的产品和服务从一上市就具有填补特定需求的潜力，在现实中，创新产品要么和原拟制产品没有相似之处，要么就是没有达到预期的目标。

正如我们在之前章节解释的，**一个想法越现实、越适当、越可行，发展者面临的压力就越小。**此外，对发展者提出的技术解决方案的实际、有效的执行，也应该伴随着对想法的基本利益及见解维持程度的评价。

出于这个原因，对于有关概念的问题答复能力，发展者应该完全开放并真心诚意。

随着概念成为有形的产品或服务，本书提出的 A-F 模型有助于避免概念误解。为什么呢？因为在创新中，不同的角色人员不是通过线性方式工作，而是持续地参与到工作的所有方面。随着概念演化并成为一种产品，发起者、搜索者、创造者、执行者和促进者都会追踪概念，他们在困难出现时进行合作，用新思路、新信息、新研究或额外资源克服现实中的种种限制。

如何一步一步地推进开发工作？

正如前面提到的，在想法方面，公司的支出费用相对较少。当发展者负责创新过程时，费用问题开始重要起来。

创新的格言之一是“**妥善处理失误和失败，失败出现得越早越好，越快越好，因为这样产生的费用较低。**创新是指妥善处理好创新活动中的错误”。

发展者负责项目发展，促进者负责批准项目、确定新的开支和投入，这都让我们相信，这些钱不是白白花费的，而是用于开发新产品或新服务的过程中。这些成本支出随着时间的推移逐渐增加。事实上，达维拉、爱泼斯坦和谢尔顿已经说明，随着时间推移，在创新项目中，我们影响项目最终结果的能力在减弱，同时投资在增加。随着时间的推移，这两个因素都增加了创新的风险（见图 6–1）。

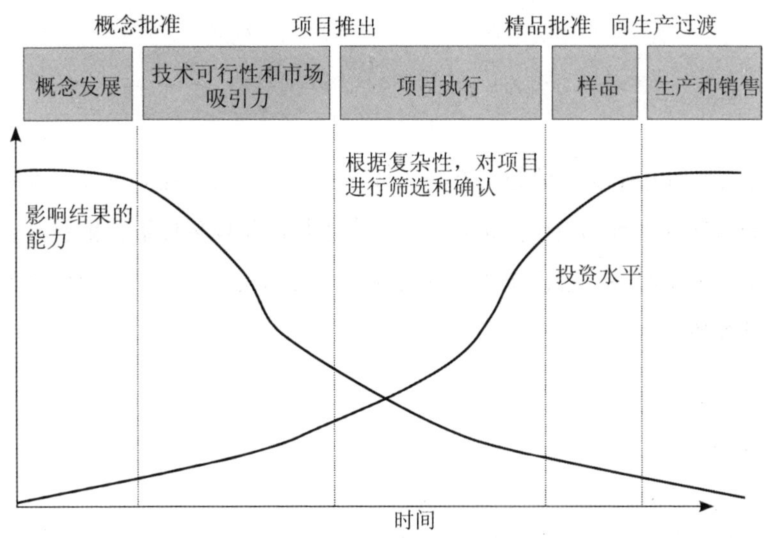

图 6–1　创新过程中投资和风险的变化 [1]

[1] 见 T. 达维拉等：《创新之道》（*Making Innovation Work:How to manage it,measure it,and profit from it*,Wharton School Publishing,2006）。

想法的最小、最大支出的确定方法是：

概念→图纸和计划模型→原型→生产测试→成品

创新过程在开始的图纸和计划阶段，成本支出仍然比较低。该模型是一种再现（不一定要上规模），并不使用生产该产品的实际材料。原型是一个全面的再现，如果可能的话，需要用计划中的生产材料进行生产。生产测试是在生产线建造后生产的第一批产品。成品是在生产全面运行后生产出的产品。成品和生产测试之间的区别是，前者包括从试生产到规模生产的学习曲线，代表着生产达到预计产率时的实际产品。

在成本方面，图纸需要的支出比模型少，而模型又比原型少，原型又比生产测试少，最后，生产测试又比最终生产出的成品少。

这个模式同样适用于服务。在这种情况下，进一步控制成本和投资的顺序是：

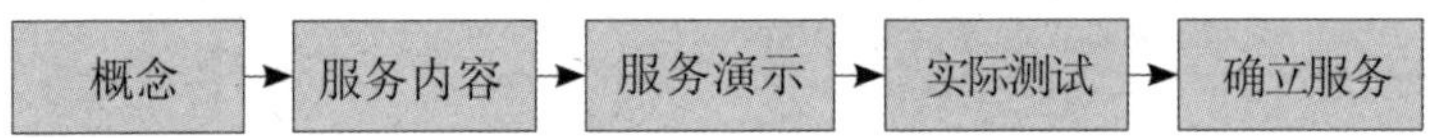

服务内容包括交货清单、客户服务序列、协议及在任何意外发生的情况下如何继续进行。演示是试运行，是在虚构的受控条件下提供服务。实际测试是推出服务后首次提供。确立服务是我们在持续、非排他性的基础上提供服务。

联合分析法

在开发产品中，不确定性往往来自如何权衡产品的不同特点、特性或品质。有一种方法已经存在多年，但鲜为人知，甚至在商业上很少使用。我们这里说的是联合分析。该法在商业领域很少使用，是因为其应用比较复杂，虽然成本并不高，但也不低。

联合分析是一种多元分析，有许多应用领域，因为它量化了不同的因素或属性之间的权衡比例。例如，如果我们减少产品重量，那么我们要多收多少钱？或者产品重量增加一些，顾客还会选择这种产品吗？作为权衡选择，产品是否具有更多的特色？

联合分析可以给一般客户提供多种多样的替代设计，在这些设计中每一个关键的设计因素都不同。我们可以要求客户提供自己的偏好排序。例如，他们喜欢更重的、更有特色的产品而非更轻的、特点少的产品吗？联合分析的最大规模应用之一是万怡酒店确定服务设施。这种方法帮助他们了解消费者对增加一个游泳池或确定电视机规格等方面的偏好情况。

价格、特色等是其中的一个因素或属性。重量和特色数目是这些属性所处的不同等级或取值，这些都是我们在产品开发中考虑的可能性范围。这个原理同样适用于服务。联合分析所包含的属性和等级数量有一定的限制。然而，最近我们已经可以应用计算机管理访谈，这样联合分析可以拥有一个数量相当大的属性和因素集合。

以下是手机运营商设计用户手机类别时进行的联合分析结果（见图6-2）。该公司希望衡量这些不同因素对其产品的重要性程度，以便设计出符合客户偏好的手机。

联合分析的目标是：

了解顾客对各种因素的敏感性

分析问卷中的不同情景

因素	测试层次
价格	50美元，75美元，100美元
品牌	摩托罗拉，诺基亚，西门子
重量	50克，75克，100克
体积	小，中，大
可扩展的系统	是，否
数字屏	是，否

图 6-2　通信产品设计的联合分析例子

在这个例子中，大部分的因素涉及手机设计和特色，但它也包括一些营销变量，如包装价格。这样做的原因是该工具用于三个目的：

（1）计划的配置（发展者）；

（2）最佳商业提议中的配置（执行者）；

（3）对每种可能配置需求的估计（促进者）。

联合分析就是给予一个良好的计划、设计和管理，是一种非常有效的分析方法。下表显示了这个联合分析的部分结果。例如，它表明这种方法提供的第一项指标：各个因素的重要性以百分评价。根据总的客户反馈，对于影响设计的各种因素，我们可以计算出各自的相对权重（见图 6-3）。

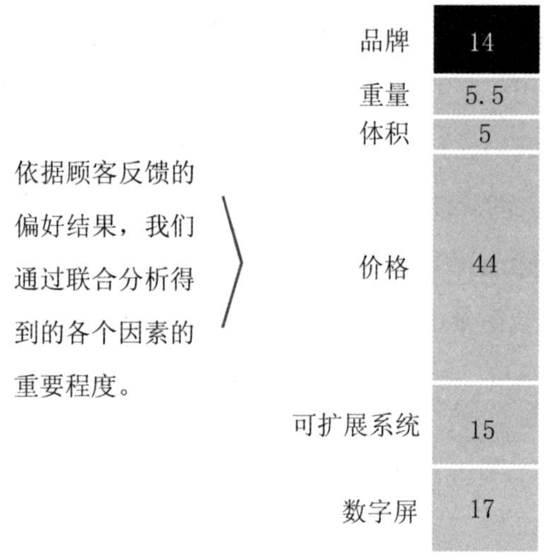

图 6-3　联合分析的例子（根据顾客答复，各个因素的权重或重要程度）

我们从联合分析得到的另一种结果是，不同配置的优先次序是对客户选择特定选项的估计比例。此外，联合的设计包括这些属性和主要竞争对手的水平，它甚至可以估算出（促进者评估每种配置的潜力）会有多少顾客偏爱我们的产品，以及多少顾客喜爱我们竞争对手的产品。这个分析的使用方法是通过把联合提供的效用转换成一个简单的模型，这个模型可用电子表格表达，可以尝试用不同的配置来验证受访者偏好的比例是多少（见图 6–4）。

价格	50美元	60美元	65美元
品牌	摩托罗拉	西门子	诺基亚
重量	75克	75克	50克
体积	小	小	小
可扩展系统	否	否	否
数字屏	是	是	是
预计市场份额	25%	35%	40%

图 6–4　联合分析的例子（对于不同的设计方案，预计的市场份额）

质量检查或质量控制

在产品和服务这两种情况下，随着发展者工作的不断推进，我们需对多项因素进行多次检查，检查中不要担心烦琐或过于谨慎、保守。在这个阶段，发起者、搜索者、创造者、发展者及促进者均应参与，因为他们是创新过程的关键。

从图纸到成品之间的每一步，我们都需要做以下检查：

（1）使用方面：产品的工作性能良好吗？产品使用或消费安全吗？产品是否达到客户预期或设计目标？

（2）质量方面：它是精心设计的产品吗？产品像预期那样经久耐用吗？生产出的产品具有设计特色吗？

（3）概念方面：我们能确保产品的基本利益吗？在我们的设计中，顾客清楚我们说明的理由吗？对于已开发的产品，我们有在动员顾客，希望他们对产品提供见解吗？发展概念后，我们具有审视困难和概念的潜力吗？

发展者的美德——耐心

正如毕加索和其他一些艺术家所说，像创造力一样，创新是 1% 的灵感加上 99%的努力，即汗水。想法并不是很容易就成为现实。实现想法是一种任务，需要坚忍的毅力，一次次地突破局限性，克服重重困难和障碍，但更重要的是需要拥有一颗永不放弃的心。现实中，许多公司缺乏耐心、时间不足、计划没有灵活性、资源缺乏，这些都是它们失败的原因。也有许多企业在成功推出创新产品和服务后，未能继续对产品或服务继续完善，最终在市场竞争中失败。

测试

确保概念到成品顺利转变的一个方法是定期测试。有一些公司使用这种或那种方法测试新产品，然而更多的公司都不对其新产品或新服务进行测试，这类公司的数目比我们想象的要多得多。这类公司中，一部分不重视对新产品测试，另一部分是没有新产品测试的工作内容，而更多的公司是由于测试费用高的原因。这种做法是公司所犯的一个致命错误，因为经营失败带来的损失远远高于测试费用。此外，测试方法众多，既有定性的方法也有定量的方法，应用于不同的范围，测试的费用也不同。

随着产品原型按照实物化和生产计划推进，在发展者开发出产品的过程中，这些方法是非常有帮助的。这对于促进者也是必不可少的，有助于评估产品业务或市场潜力，测试产品以确保其符合新产品上市的最低要求。很多读者可能熟悉这些方法，我们在这里就不再解释。对于这些方法，可参阅本章的增补内容，我们说明了这些方法的定义、应用方式及如何有助于促进创新发展。

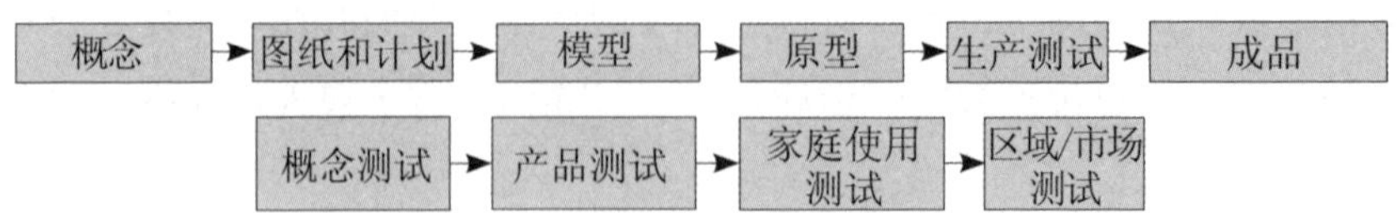

增补内容　测试方法

概念测试

通常，我们进行概念测试是希望验证一个新的概念、衡量市场潜力以及概念和品牌适合程度。同时，我们采用概念测试来验证客户对哪些产品功能评价最高、对哪些产品功能不感兴趣，这样在产品开发期就可以把更多的精力集中到重点上。概念测试的实施是通过个人访谈（最近也正在进行互联网管理的测试）。在概念测试中，顾客或消费者并不使用、触摸或尝试产品，他们只是评估想法。在某些情况下，我们给受访对象提供有关价格的信息，但通常是在完成概念评估后才这么做，这是为了避免价格信息影响概念的理解。我们也可要求受访者谈谈对概念的理解（这个概念以书面形式呈现，有时带有平面设计，附有简短的文字说明）、他们喜欢及不喜欢的地方、哪些方面具有吸引力或遭到抵制、概念同品牌是否适合（在我们打算使用现有品牌的情况下）、产品包装、产品名称，以及他们认为要改变的产品方面（如有）。

产品测试

当我们已经有了原型或一些单位已经生产了我们可以测试的产品，就可以实施产品测试了。访谈要在试用（或使用）产品的特定环境下进行。有时，在尝试之前，需保证使用同概念测试中相同的术语表达这个概念，并使用相同类型的评价和问题。一旦受访者试用过产品，就可以询问受访者的购买意向，其认为该产品的独特或同市场上已有产品的不同之处有哪些，以及产品试用之前做出的概念描述同试用后的吻合程度。通常，我们都是询问对产品物理特点及特色的意见，这些也有助于产品的完善。如果是一种食品，这也包括对食品味道的评价。我们努力去发现遗漏了什么或存在什么失误，顾客喜欢什么、不喜欢什么，哪些方面需要改进。最后，评估继续推进创新过程（见第八章“促进者”）。此外，在产品试用（或使用）后，我们会给大家提供价格信息，以便估算出可销售的最低价格和最高价格。

对于发展者，这些信息是至关重要的，因为发展者在确定工业生产之前，需要继续做出变更和调整。

在某些情况下，产品试用后，公司会赠送受访者更多的产品，以便他们可以继续在家使用或消费。这就是我们所说的家庭使用测试。

家庭使用测试

在这种情况下，客户或消费者带着一份或多份试用产品样本（如果是一项服务，我们让他们有机会享受这种服务）。当消费者处于没有采访人员的自然环境中，与受采访环境有很大不同，我们对发现潜在的问题很有兴趣。一般一至两个星期后，在消费者长时间使用或消费产品之后，我们可以再次采访消费者。第二次访谈可以是上门拜访或电话访谈，再次重复先前的问题，如喜欢的产品、品牌适合度、购买意向及需加以改进的方面。我们希望知道重复使用或消费后，同第一次试用比较是否存在变化。除了这个目标，我们还收集有关使用或消费情况的信息，使用或消费过产品的家庭成员有哪些？在哪里？在使用或消费的同时进行了哪些活动？所有信息对发展者都是至关重要的，如果最后创新产品得以推出上市，对执行者也是至关重要的。

区域测试和市场测试

这是对一种创新产品进行测试的最先进方法。因为在这两种情况下，一定程度的执行是必要的，我们将在下一章阐述它们。

全面创新系统——第六章总结

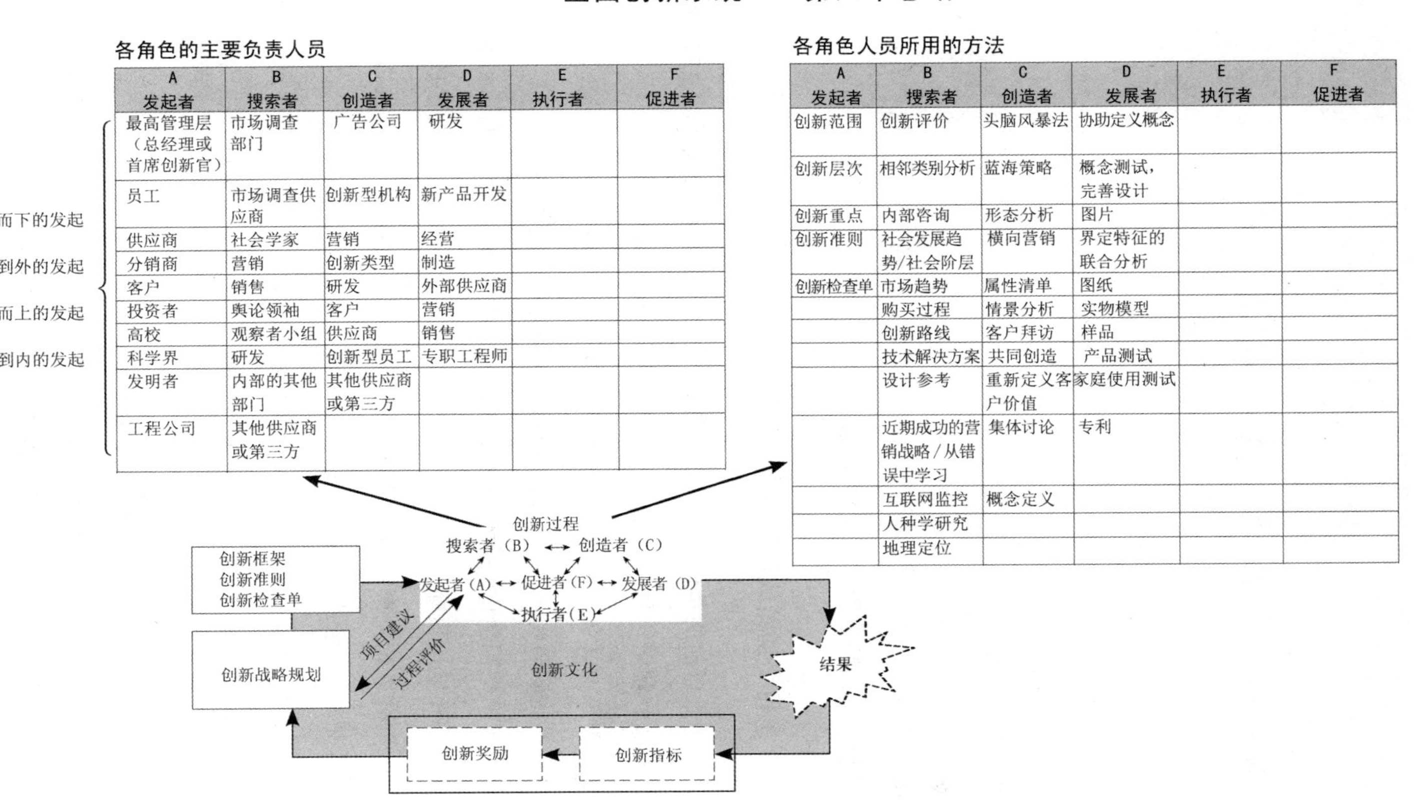

各角色的主要负责人员

A 发起者	B 搜索者	C 创造者	D 发展者	E 执行者	F 促进者
最高管理层（总经理或首席创新官）	市场调查部门	广告公司	研发		
员工	市场调查供应商	创新型机构	新产品开发		
供应商	社会学家	营销	经营		
分销商	营销	创新类型	制造		
客户	销售	研发	外部供应商		
投资者	舆论领袖	客户	营销		
高校	观察者小组	供应商	销售		
科学界	研发	创新型员工	专职工程师		
发明者	内部的其他部门	其他供应商或第三方			
工程公司	其他供应商或第三方				

自上而下的发起
由内到外的发起
自下而上的发起
由外到内的发起

各角色人员所用的方法

A 发起者	B 搜索者	C 创造者	D 发展者	E 执行者	F 促进者
创新范围	创新评价	头脑风暴法	协助定义概念		
创新层次	相邻类别分析	蓝海策略	概念测试，完善设计		
创新重点	内部咨询	形态分析	图片		
创新准则	社会发展趋势/社会阶层	横向营销	界定特征的联合分析		
创新检查单	市场趋势	属性清单	图纸		
	购买过程	情景分析	实物模型		
	创新路线	客户拜访	样品		
	技术解决方案	共同创造	产品测试		
	设计参考	重新定义客户价值	家庭使用测试		
	近期成功的营销战略/从错误中学习	集体讨论	专利		
	互联网监控	概念定义			
	人种学研究				
	地理定位				

第七章　执行者（A-F 模型之 E）

执行者的定义

执行者是负责使创新产生实际效果的人。换句话说，执行者在任何涉及执行的问题上均发挥主导作用。

执行是创新成功的一个关键因素

尽管以前的角色也很重要，但恰恰是在执行或实施阶段，在企业欠佳的创新表现中，我们发现存在一些重大障碍和关键因素。

维杰·戈文达拉扬和克里斯·特林布尔是著名的创新专家，他们就创新执行主题写了一本书。这是对执行阶段作用所持的观点。

我们把创新比喻为攀登雷尼尔山顶。大多数登山者把自己的精力和热情集中在抵达顶峰上，只留下少许精力给不太迷人但更危险的路途——下山。同样，企业投入精力只为达到创新顶峰，发现、开发并致力于一个绝好的想法。“抵达山顶就像想法的实现，但这是不够的。抵达山顶之后，创新的另一面是想法的执行，这是一个更大的挑战。跟登顶雷尼尔山一样，冒险活动的另一面实际上更加困难。”总之，企业过分强调想法，而执行的强调远远不够。

或者，用西奥多·莱维特的话来说：

公司对一个很好的想法讨论了多年，但仍然未能采用。不是因为公司没有人发现它的优点，而是因为没有人愿意承担执行的责任。

这里有进一步的证据可以支持这一论断：

更多的时候，我们的问题出在公司对构思活动投入太多时间和精力上，如献计献策活动、思想管理、思想宣传等类似活动，但是对于这些活动产生的创意想法，公司却没有认真去执行。

事实上，太多的公司在进入执行阶段已经耗尽自己的资源和热情，他们对于执行创新产品推出的最佳人选就会考虑不周，做出草率的决定。

在这一章中，因为关于新产品或新服务的推出方案已经有了大量的著作论述，我们对此就不再重复。我们将关注成功执行的关键因素：执行者应该是谁，所有行业和部门执行的工具、策略有哪些以及执行开展中要考虑的因素是什么。

如何选择执行者?

执行者的最佳人选

这个问题很少得到应有的关注。在确定新产品或新服务推出的“最佳”人选时，很多公司的依据要么是提出最有可能组合的部门人员，要么是拥有最相似客户群的人。

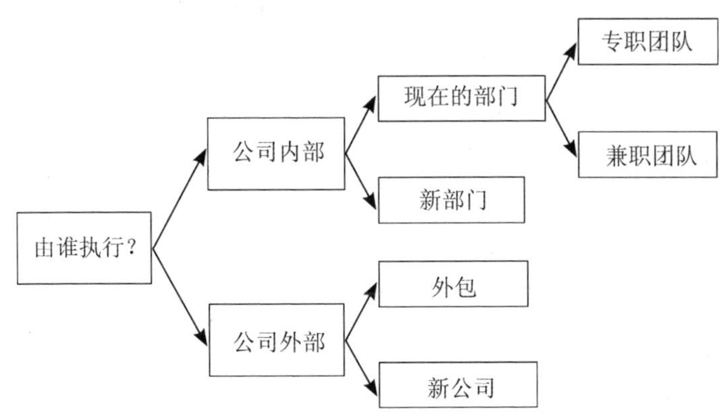

图 7-1　创新执行方式的树状结构图

也就是说，他们选择的依据是创新产品同现有产品或客户之间的关系或相似之处。不过，我们很快将发现，这并不一定是最好的标准。公司在推出新产品时，实际上拥有更多的选择（见图 7–1）。

我们可以看到，除了让现有的一个部门实施创新项目外，我们还有很多选择。

公司内部 / 外部执行

第一个重要问题是在公司内部还是外部执行。显然，仅仅为推出新产品而组建一个新公司产生的费用支出是非常庞大的。如果在现有组织机构内执行，就可以分摊部分费用。

同样，雇用另一个组织来执行也意味着切分一部分潜在毛利率和总收益，而长期委托外包业务也因为无法确保在未来收益中的份额，我们很难预计对方将做出多大努力来推进创新产品上市。

相关成本是反对外包方案的主要依据之一。商业领域存在一个短期效应。许多公司高管认为，如果他们成功地提高了公司利润或股票价值，那么他们也很快会获取巨额的物质奖励。然而，创建新品牌、组建由新人员构成的新企业是具有高风险的事情。

出于这两个原因，很少有公司从开始就认真考虑执行新业务项目的可能性。

当然，这个论述适用于有一定幅度的创新，它不包括投资组合扩展或低销售增量的边际创新。对于以下类型的创新：商业模式、市场层次（新的客户群）、新产品和新服务以及突破性技术，创建新的公司也是一个值得考虑的办法。

对于最后一类突破性的技术创新，克莱顿 · 克里斯坦森（创新领域的权威之一）将通过新业务项目来执行创新视为成功的关键之一。

除了少数例外，大多数公司在突破性技术上及时确立地位的唯一情况是：他们组建了一个自治组织，重点围绕突破性技术开展新的独立业务。

但是，对于为了执行创新项目而组建独立企业，我们有一个更强有力的理由来衡量这种选择。在我们研究企业生存的统计资料后，我们发现，短期的盈利能力不一定是最合适的标准。

无论是否如此，企业注定要消失，只是时间的早晚而已。很少有企业能够避免不合时宜，原因很简单，环境变化的速度之快使僵化的公司结构无法始终保持一致的步伐。最近的实证研究表明，每十家公司中仅仅有一家公司能够保持长期的增长或持续产生利润：

克里斯・祖克和詹姆斯・艾伦在他们的研究文章《来自核心的利润》中分析了 1854 家企业，发现只有 13%的企业能够保持 10 年以上的持续增长。

在《从优秀到卓越》一书中，吉姆・柯林斯发现，在调查的 1435 家公司中，只有 9%的公司能够维持连续 30 年以上的增长。

理查德・福斯特和萨拉・卡普兰在他们的著作《创造性破坏》中分析了 1008 家公司，并发现 35 年后还存在并继续经营的公司比例只有 16%。

其中，最后一组数据有一个事实支持，在纽约证券交易所的交易历史上，只有一家公司位列道琼斯指数的时间超过 150 年，就是通用电气公司。原因很简单，通用公司不是一家单行业的公司，而是一家行业多元化的公司。因为**从长期来看，企业注定要消失，所以生存方式就不能是单一的，而是要成为一个拥有众多独立企业的集团**。因此，当环境变化引起通用集团一家子公司经营退步，通用就会放弃该公司，而投资蓬勃发展的行业。通用电气在创新型企业中排名位置一直很高。如果为了削减成本，通用仅仅在一个单一的组织内发展创新，它可能就存活不到今天。如果任何一个企业经营不善，通用也会放弃其他相关的部分。尽管为开展创新、成立新企业成本高昂，但这可以确保企业的长期生存，所以是一个更好的对策。

这同样适用于中小型企业，因为他们往往资源短缺，中小型企业往往在其组织内部实施创新。结果是，当他们的主要业务陷入困境时，就会带来巨大的损失，结果可能拖累整个企业。如果他们成立一个自治组织来实施创新项目，这个项目可能会存活下来。

因此，当决定是在公司内部还是外部执行创新时，我们也应根据公司可持续发展、长期生存情况而非仅仅根据短期的盈利或成本节约情况进行判断。

如果最后决定在公司外部执行，以脱离公司目前的业务，也不一定必须组建一家新公司，可以和其他公司合作，进行创新执行的转包或外包。

在创新的历史中，大多数企业都认为即使成立一个新公司，也最好不要在自己目前的组织内执行创新，而是通过合资公司进行。例如，雀巢公司，以其规模和财力，完全可以自己实施创新方案。然而，雀巢公司选择与可口可乐公司合作来开展创新项目。另一个例子是印度电信公司 Bharti Tele-Ventures 有限公司的首席执行官苏尼尔·米塔尔，其激进的商业模式是除了市场营销和客户管理外一切都进行外包，每分钟呼叫收费 2 美分，这个举措一个月就增加了 100 万客户。

沃尔玛也对从自己的创新网络获得建议采用类似的做法。尽管可以自身推销某些创新产品，但沃尔玛并不是一定要使用自己的渠道来推销创新产品。当这种做法符合公司的利益时，沃尔玛就会联系合适的买家，并组织促销活动进行创新产品的销售及分销。

无论我们决定是在公司内部还是公司外部执行创新，对相关品牌名的决定都没有影响。对于目前任何品牌下的创新执行，我们不能依赖外部条件。

在我们决定目前是在组织内部还是外部执行创新时，对于需要考虑的主要因素，我们做了一个总结，如下所示：

（1）创新的突破性水平：对于成立新组织执行的创新，越具有突破性就越可取。

（2）创新的长期预计轨迹：预计轨迹时间越长，就越容易由新组织来实施。

（3）内部障碍：在任何组织中都存在一种抗拒改变的天然力量；企业结构和文化可能是创新执行的障碍；内部障碍越多，就越需要外部执行。

（4）成本节约：成本越高，在组织内部执行就越有意义。

（5）资源：拥有的资源越少，在公司内部执行就越有理由。

重要的是，委托执行任务给新的公司并不意味着与目前公司彻底决裂。戈文达拉扬和特林布尔在著作《战略创新者的十大法则》中，对于负责创新任务的新公司如何才能充分利用其母公司的优势给出了一些建议。

他们认为，突破性或开创性的业务意味着我们必须学会忘记、借用和学习——忘记那些在母公司持有的无可争议的真理；借用后者有用的资产；最后，随着执行继续，从市场和早期成果中快速学习。

因此，我们在这里提出的是一个二分法决定（组织内部或外部执行），这个决定可以且应当以一种更线性的方式解决，筛选出该公司不涉及执行任务的所有部分，即便有些提出过最初想法或对项目提供过融资。

专职还是兼职团队

假设我们决定在公司内部执行创新，必须决定是否把任务及责任具体指派给一个专门负责的团队。虽然同前面的情况相比，这一决定的影响比较小，但是两个选项仍然会产生一些影响：积极的和消极的。

专职团队在人力资源方面的成本较高，但优点是完全专注于创新任务，不再承担其他任务，从而能够专心创新。专职团队从事的是公司真正有兴趣并致力于实现的项目。如果你期望创新达到一个销量的突破，并正在规划边际创新以扩大市场，我们建议把专职团队分配到为创新而专门建立的新部门中（见本章“扩展投放”部分）。我们把专门团队分配到一个单独的部门也是有优势的，更容易估算费用，并在开始就更明确地说明可从项目中获得的利润。

相比而言，兼职团队意味着创新执行者也负责其他产品和服务的工作。兼职团队是在现有的产品或服务组合中增加对新产品或新服务的管理任务，或提升任务管理等级。这是一个低成本的方法，但我们必须注意执行是否失败，因为我们的控制线太长，很容易不到位。

统一执行

但还有第三种选择：把多个创新项目统一到同一个执行者团队中同步进行，也可在一个阶段同时处理各种创新过程，这就是统一执行。

两个独立的创新过程由同一个执行者来实施，这没有任何问题。首席创新官（CIO）是负责监督公司所有创新过程的人，必须对创新活动拥有360度的审视视角，并且也是唯一有权决定同一部门或团队可以执行哪些创新的人。事实上，有时也会发生统一执行想法比它们单独执行时表现出更多潜力的情况。

在我们评估集思活动产生的想法之前，第一步应该结合可能统一执行的相关想法。

创新执行者的个人背景

在启动创新过程之前，或当我们更了解最佳执行者的条件时，就要选择人员来负责执行创新项目。我们可能会要求该创新过程的团队对要“负责”的项目及背后的人员列一个名单，这样就能确定执行的项目是由真正有信心的人来负责，这是IBM的程序。例如，一旦发现一个想法，管理层就会挑选一个项目领导人负责这个想法的开始到执行，同时确保其取得最佳的经营业绩。

一个总的趋势是我们常常委任成功的管理人员担任创新执行者的角色。因为他们已经证明自己擅长管理某些业务，我们也认为他们是执行创新品推出的合适人选。然而，反对派学者认为未必如此。他们的观点是管理一个现有业务和管理一个几乎从头开始的新项目是不同的事情（例如，在新商业模式的情况下），管理现有业务所需的技能同那些管理新项目所需的技能有很大差异。那些赞同这一观点的人认为，让执行过其他创新项目的人来担任一个创新项目的主管是个较好的选择，即便其执行成绩平平，因为他们具有创新项目管理的经验。执行创新，特别是突破性或涉及一个新的或独立组织的创新，产生的是一个陌生的环境，需要优秀的快速反应能力，在问题出现时必须快速并富有创造性地找到解决方案。这方面需要的技能与日常业务管理需要有着很大不同，其中控制或效率等因素更重要。因此，选择候选人的标准是一个侧重点完全不同的问题：你是希望选择一个已经领导过创新过程的执行者，还是选择一个能自如应对突发情况的人？创新领域的经验要比在企业获利的成功经验更重要。

最佳执行的关键投入及特点

关键投入

进入执行阶段时，我们要解决非常多的问题，还要处理大量的相关琐事，协调很多的工作任务。这时我们很容易迷失创新的重点、优点及需要突出的优势。

有一种方法可避免这种注意力分散，那就是编制一份关键投入的清单，并保持到执行的时候。由于每个角色都参与创新过程，清单会提供投入、风险因素及执行相关机会。我们应确保所有这些输入都能记录下来，这样执行者会强调创新应该满足的要求：

（1）发起者强调创新应符合的要求；

（2）搜索者强调从他们对目标客户研究中获得的关键调查结果以及商业机会的基础；

（3）创造者强调概念的成功方面；

（4）发展者强调创新的技术优点和缺点以及可能影响执行的技术限制；

（5）促进者强调在评估阶段发现的风险及最终导致项目审批通过的因素。

例如，发展者从技术角度是如何给执行者制定出最相关投入的：

· 开发中遇到的技术问题

· 考虑替代性解决方案

· 最后的技术解决方案及选择的理由

· 纳入到创新中的创新技术

执行的意思是想法的实施。因此执行者对其他角色人员在过程中已处理过的关键想法需要进行综合分析。

价值公式

创新能力就是为顾客创造价值的能力。对于顾客在购买中追求的价值，这里有一个非常简单的顾客价值公式：

$$\text{购买物品的价值} = \frac{\text{顾客获得的东西}}{\text{顾客付出的成本}}$$

正如我们在第四章中所看到的，顾客的主要购买成本是物品价格，即花费。但是，这并非客户全部的购买成本，因为这个成本还包括选择物品的时间、获取物品的时间（前往商店、在商店找到物品、在收银台等待等）、现实的或意识到的错误选择风险、售后保证，等等。

当谈到执行时，重要的是在上面公式中表达创新主张，即创新是如何为顾客创造价值的？这可以通过增加分子（提供更高质量、更多的功能、更大的尺寸、更好的设计等）或在不改变客户购买的产品条件下，降低客户的付出成本。相对于替代性选择，所有的创新应该带来更高的价值。这个公式和执行的相关性是简化和突出创新的内在价值，即执行的最终目标。有时候，一个创新的主要优点会在执行中丧失，广告的限制、宣传的误导、销售点的障碍、经销商们对创新优点强调不足，等等。在市场营销中，独特销售主张（USP）指主要卖点，即我们提供给消费者的核心优点。在创新中，我们需要另一个术语，独特创新价值（UVI），就是在公式中增加客户价值的因素。在执行中，我们应尽一切努力传达独特的创新价值。

有效执行的特点

公司应通过对成功创新的分析列出成功创新的共同特点，包括自己的和竞争对手的成功创新。当然，这些特点会因为竞争行业的不同、客户类型的不同而各异。但是，无论如何，企业的核对单可用作制定执行策略的指南。

成功创新的共同特点如下：

简洁。例如，西南航空公司专注于明确的信息："成本最低的飞机"。比尔·克林顿也采纳同样的方法，他的竞选口号是，"是经济，蠢货"。俗话也这么说的，"简单点"。

出其不意。创新必须抓住顾客的注意力，才可能突破惯性，使他们改变自己的喜好和购买习惯。只有一种方法可以做到这一点，那就是提出令人意想不到的想法。出其不意与人的情绪是直接相关的。在产生情感诉求时比呼吁理性依据时的执行效果更好。当然，这是产品或服务的性质。几乎每个老年人都能够记得在人类首次登月那天，他们在哪里，和谁在一起。这种回忆属于高级回忆，是因为事件产生巨大的情感冲击。

特殊。刺激越具体，回忆的效果越好——这就是人类大脑的工作方式。这就是为什么人们很难记住抽象的理论，却很容易记住它们的实际应用。

可信。所有的营销创新都引进一些新奇的事物，这是一种改变或改进。执行要通过沟通、分销商或产品本身实现，必须确保价值主张是可信的，这可给予客户必要的保证和证据。

故事。当我们能够把沟通构建成一个故事时，创新的沟通是非常有效的。塞思戈丁在他的著作《营销员与好口才》中解释说，营销专业人员必须善于讲故事，这个故事可能不是真实的，但也不能是虚假的。这类似于小说家与读者之间的博弈。小说家讲述的是一个我们知道不会发生的故事，但是这类故事却是可能发生的。这是一种貌似真实的故事。

营销方案

营销基本上包括两个要素，即营销方案和营销过程。本书的任务不是解释营销方案所包含的内容，有关这一主题的著作已经很多了。我们知道，许多读者已很熟悉“万变不离其宗”这个道理，本书权当一个提醒：

营销过程要素

（1）市场定义（三个方面：需求——客户——情景）；

（2）市场分割（现有和潜在市场细分的标准）；

（3）目标市场（针对的细分市场）；

（4）市场定位（差异化竞争的优点）；

（5）4P 理论。

· 产品（基本优点、实物产品及其功能、延伸产品）

· 价格

· 地点：销售策略，销售渠道

· 促销：广告和沟通计划（广告、公共关系、社会媒体计划、促销计划等）

我们建议制定 4P 营销方案和预算，并获得对这一计划的反映情况。

对于 4P 要素的重要性估计，如广告投入（以资金或 GRP——毛评点计），一个有用的方法是使用历史数据的统计模型。例如，时间序列或多元回归方法可以帮助你估计出广告、促销或礼品的投资增加对销售的影响。这些模型是不准确的，也不应该视为一个像千里眼一样的“水晶球”。但是，尽管它们的结果不太准确，但对于创新产品上市有非常重要的指示性和引导性。

营销方案要素

一、执行摘要

拟议计划的摘要，供管理层快速审查

二、当前市场形势分析

市场、产品、竞争、分销和宏观环境的有关数据资料

三、威胁和机遇分析

通过对威胁和机遇、优势和劣势的分析，发现创新产品上市时计划面临的关键问题

四、目标

在销量、市场份额和利润方面，确定营销计划试图达到的目标

五、营销策略

使用营销准则来实现目标

六、行动方案

回答这样的问题，例如：要做什么？谁去做？在什么时候做？成本会是多少？

七、预计收入

说明该计划所预见的结果。预计期间可为 1 年、3 年或 5 年

八、监控

说明如何监控计划

本文件应包含对营销过程的详细说明，包括实施预案和实际执行。

· 实施预案

· 实际执行：行动计划

· 执行后：重复与改进

实施预案

实施预案是一套措施和工具，旨在测试一些执行的决定是否恰当，并帮助确定最佳营销投资组合。实施预案的主要工具包括实验和产品测试、区域测试和市场测试。

许多公司在产品和服务推出过程中经常使用这些实施预案工具，却很

少在其他创新上使用，如过程或商业模式创新，虽然它们也同样有帮助，可以尽量减少执行中的错误。

实验和产品测试

更可能成功进行实施预案的方法是选择一组顾客进行产品或服务实验，并在真实情景中测试产品或服务。

例如，1997 年当埃克森美孚公司推出其速通卡支付系统时，需要把无线电装置安装在客户的汽车上，公司决定免费提供设备和服务。从第一组用户获得的经验和教训中，该公司做了相应的改进，然后将该系统推入市场，效果非常明显。在推出的几个月内，有超过 100 万客户签约购买了速通卡服务，这个数字是下车加油客户人数的 2 倍。

谷歌也经常做类似的事情。在最终执行创新服务之前，他们会对一组用户进行产品测试，并分析、利用测试结果。为了便于对用户进行新产品的系统测试，谷歌创建了谷歌实验室网站，这样就可以对创新服务进行更好的测试，如新闻快讯。

区域测试

产品在全国范围内上市后再改变营销策略，成本是十分高昂的。这就是为什么许多公司倾向于开展区域测试，以帮助其制定营销策略。最好把重点放在广告上还是销售点上？我们应该提供免费样品吗？我们应该提供折扣刺激购买者付费吗？

区域测试是一个众所周知的方法，但企业一般不常使用它。

区域测试是在单个城市或区域内使用具体的营销投资组合进行的小规模产品上市。

这个方法的开展过程如下：我们分析多个领域的消费行为模式，直到我们找到两个具有很强相关性的区域（试验区和镜像区）。这两个区域之间的相关性很高，可以使我们能够在不同区域测试不同的营销投资组合。

由于在历史上类似的投资组合中，这些区域的消费者表现非常类似（销售相关），这样通过在不同区域应用不同的投资组合，我们可以判断哪种组合效果更好。

在确定这样的两个区域后，我们采用两种不同的策略进行产品上市。我们稍稍等待，然后编写销售数据，再对它们进行上述相关性比较，看看一个区域采用的不同投资组合（测试区）是否比另一个区域的效果更好（镜像区）。由于所有相关性都有一个规定的误差范围，所以只有当测试区的结果在镜像区的统计置信区间[1]之外时，我们得出的结论才是有效的。下面我们简单直观地说明这种分析（见图 7–2）。

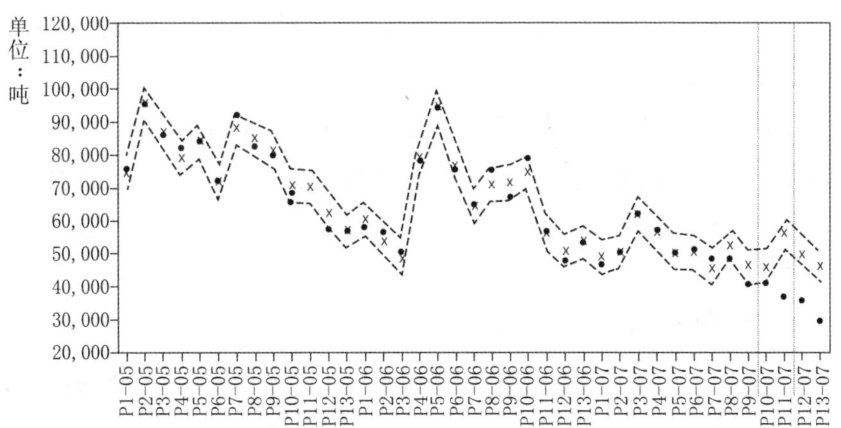

黑色圆点表示测试的实际销售量。

交叉线表示根据镜像城市计算出的测试城市的估计销售量。

虚线表示镜像城市对测试城市的估计销售量的 95% 的置信区间。

在最近的 4 个时期内，在测试城市对一种新的营销组合方案进行测试。结果（黑色圆点）表明相对镜像城市的以往的营销组合方案计算的理论销售量，新的营销组合方案的效果很差，甚至脱离了置信区间。

结论：我们应放弃这种新的营销组合方案。

图 7–2　区域测试结果（测试城市对镜像城市）

---

[1] 编者注：又称估计区间，是用来估计参数的取值范围的。

尽管我们对创新产品上市能够尝试使用不同的营销投资组合，但在区域测试中很少使用。主要原因如下：

区域测试也会把我们的计划泄露给竞争对手，他们会提前看到我们创新的构成要素及营销战略的要点。在市场中，竞争对手通常也打算推出相同的创新，这样我们就可能会失去先发优势。

在实际中，分销渠道已经集中到大型物流平台，这样本地化的营销活动非常困难。

市场上专门从事这类分析的市场调研的公司相对较少。

区域测试需要公司投资大量的营销资源。我们只是在两个区域推出产品，但仍必须开展营销活动、购买媒体空间、分销产品、确定销售点，等等。因为资源总是稀缺的，企业往往倾向于直接进行最终的推出，并根据获取的结果再调整投资组合。

但是，如果最后产品是在很大的地理区域推出上市（例如，全球范围内推出），且营销投资非常高，那么区域测试就是一个非常有效、有益的实施预案工具。

市场测试

市场测试不同于区域测试，它不是测试各种营销投资组合的效用，你只可以选择一种营销投资组合，判断它是否是确定采用的组合。它与区域测试的类似之处在于，产品都是以有限规模上市，不同的是确定推出范围的方案。

· 特定的地理区域

· 特定的渠道

· 特定的分销商

· 特定的顾客

根据测试结果，在各个区域收集信息［例如，基于关键绩效指标（KPI）］，进行完善；或是在下一章内容中所讨论的，用来评估是全国性上市还是新产品展示。

市场测试具有区域测试类似的缺点，所以我们建议在高风险创新的情况下采用。降低风险的最好方法是先小规模推出，作为最终执行的试运行。

虽然很多人认为它只适用于消费类产品，但是市场测试实际上在服务领域更容易进行。IBM 在开发 EBO（新兴商业机遇）时就是使用这种方法。

EBO 领导人通过试点销售（小规模）开始出售新的服务项目，对公司主要客户进行服务尝试（形成了一种知识产权服务的合资公司）。如果试点有成效，该公司可决定增拨资源，并让其他客户可以购买到这些服务。这一方法使 IBM 拥有了足够的时间。这就表明这一概念是有意义的，并在挖掘细分市场之前在市场上建立重要关系及领导者地位。

事实上，自 2000 年以来，IBM 已经推出了 25 个 EBO 项目，只有 3 个失败了，这足以证明这个执行系统增加了创新的成功概率。

实际执行

行动计划

根据我们在本书中建议的组织任务，**执行者必须勾勒出商业计划的轮廓，包括两个战略要素：营销计划和营销过程**。这两个要素必须转化为具体行动，切实有效的营销计划就是行动计划。

行动计划是个人、服务供应商或组织在分配的资源限度内，在具体日期将要开展的具体活动、任务或行动的一览表。

当执行者在组织和协调创新营销计划的工作、投资以及行动时，行动计划是基本指南。一项行动计划的基本要点如下：

行动和活动一览表

· 每个行动或活动的开始日期

· 分配给各个行动或活动的预算

· 各个行动的领导人

· 各个行动的目标和调度

· 未能开展创新执行和应急计划的风险

我们需对该行动计划的执行情况进行监控，以确保行动按计划开展。我们不仅检查各个行动是否按照计划规定的方式及时限来完成，也要衡量行动与目标的吻合程度。

执行后：重复与改进

公司可以使用我们这里讨论的指标和工具来帮助成功执行，了解如何完善产品以及调整、消除或纳入上市有关的活动。对于首次合理的创新执行难度，越来越多的企业正在把重复和改进纳入自己的策略中。这是市场执行推出的有效手段，同时可快速发现未达到预期结果的执行部分，并根据收到的信息及反馈提供资源进行改善。

漏斗型购买模式

在推出创新产品后的一段时间内，我们需诊断出哪些市场变量需要进行调整以提高业绩，这是非常重要的。为此，我们提供了一种非常简单但非常实用的工具——漏斗型购买模式，即 ATR［知道（Awareness）、尝试（Trial）和重复（Repeat）］，这是在执行营销创新一段时间后（一般为几个月）使用的一种基本诊断工具。

它的前提是忠诚顾客必须经历以下阶段，而这些阶段又与我们相关：

· 注意（Awareness）

· 考虑（Consideration）

· 尝试（Trial）

· 重复（Repeat）

显而易见，如果把这种模式应用在市场上，我们就会发现情况并非如此。顾客不选购我们产品的原因有：

· 他们没有注意到我们的产品

· 他们注意到，但没有考虑我们的产品

· 他们考虑到，但没有尝试我们的产品

· 他们尝试过，但没有重复购买

我们拥有 100%的市场份额，所有的顾客都注意到我们的产品，考虑尝试并再次购买我们的产品，但这只是一个假设。如果我们不能拥有100%的市场份额，不能在 100%市场份额的情况下开始，我们就会失去顾客。这里有四个方面的原因：缺乏注意、缺乏考虑、缺乏尝试和缺乏重复。

这似乎是纯理论的，但实际上它的应用非常容易，并且成本很低。我们需要做市场调查获取数据，但只需对目标市场的代表性顾客样本询问四个问题即可：你了解我们的产品吗？若是，你考虑过我们的产品吗？若是，你尝试过我们的产品吗？若是，你重复购买我们的产品吗？在预算受约束的情况下，我们可以在多个客户调查中（综合型）使用这样四个问题，可以节省开支。

为了改进我们在创新执行中的营销工作，让我们看看能从这些信息中获得什么。假设我们已经推出了一种呼叫出租车服务。我们曾在电台、机场和火车站外的广告牌上开展很多广告攻势，告知人们我们有一个新车车队，致力于提供准时服务，如果我们晚点两分钟以上就免费服务，我们对前 1 万名顾客提供 10%的折扣作为奖励，我们对很多顾客做了一个简短的满意度调查，以获得对我们服务质量的看法以及需要改进的地方。几个月后，我们想知道营销活动的执行情况如何，做了一次小型市场调查，给我们提供了以下信息：

· 注意到我们出租车服务品牌的顾客有 70%

· 考虑过我们服务的顾客有 65%

· 尝试过我们服务的顾客有 40%

· 再次购买我们服务的顾客有 10%

有了这四个方面的数据，现在我们可以计算出正在失去的潜在客户。从潜在的 100%顾客中，由于缺乏注意（从 100% 的市场份额减去 70%的注意率），我们已经失去了 30%的顾客；从这 70%的潜在顾客中（因为他们都注意到我们的服务），由于缺乏考虑（从 70% 注意率中减去 65%的考虑率），我们又失去了 5%；由于缺乏尝试（从 65% 注意率中减去 40%的尝试率），我们又失去了 25%；最后由于缺乏再次购买，我们又失去了 30%。我们通过图表来看看这种情况，如图 7–3a 所示：

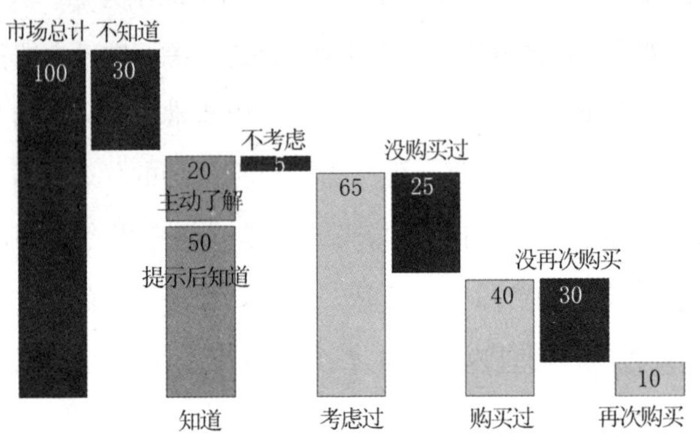

图 7–3a　顾客购买情况（一）

创新执行的诊断是明确的。经过几个月的营销活动，我们可以放心地认为 70%的知晓率为最佳。我们看到，几乎所有人都知道并且考虑过我们的服务。但是，我们在尝试阶段失去了一个很大的份额。或许是我们的激励措施不合适，或者是我们提供的折扣没有足够的吸引力。另一种可能性是，我们的激励措施是正确的，但可能需要投入更多，让人们尝试我们的服务。为了找寻答案，我们要研究这些顾客没有尝试的原因（理想的情况是在市场调查中询问有关这方面的问题）。我们也失去了很多尝试过但没有再次购买我们出租车服务的顾客，这一点可能是由于服务质量的问题。我们必须认真研究满意度调查，并找出发生这种情况的原因，以进行改正。以下是最常见的情况：

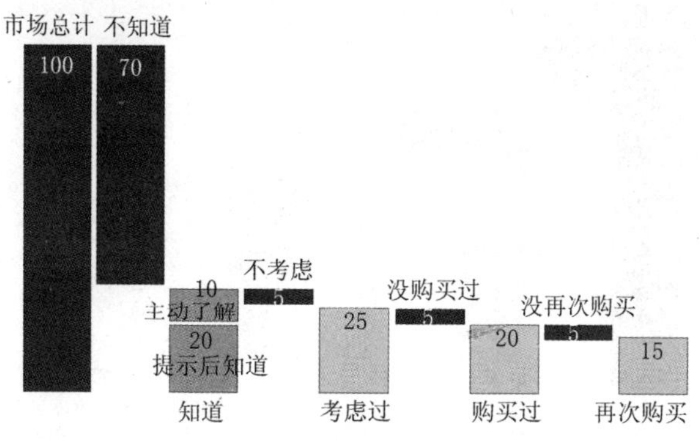

图 7-3b　顾客购买情况（二）

这种情况属于广告投入很少的公司。他们的市场占有率非常低，顾客很少知道他们的存在。

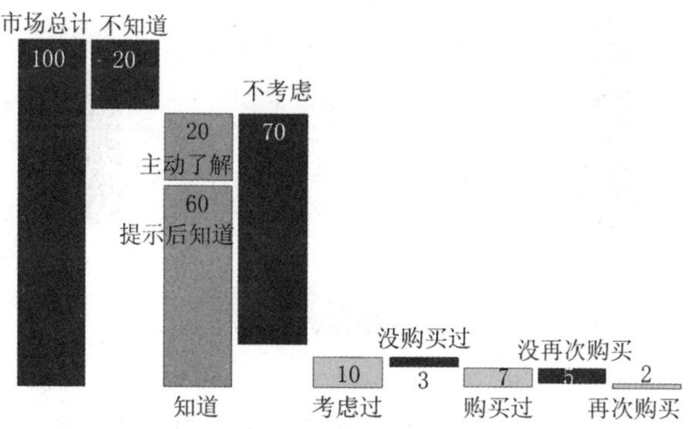

图 7-3c　顾客购买情况（三）

对品牌具有一定的认可度，但定位不清或难以令人信服。他们也可能受到市场占有率的影响，销售商或卖家不愿推销他们的产品，如图 7-3d、图 7-3e 所示：

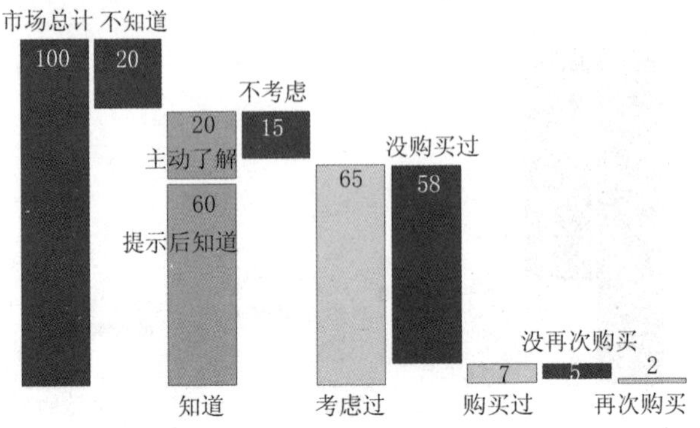

图 7-3d 顾客购买情况（四）

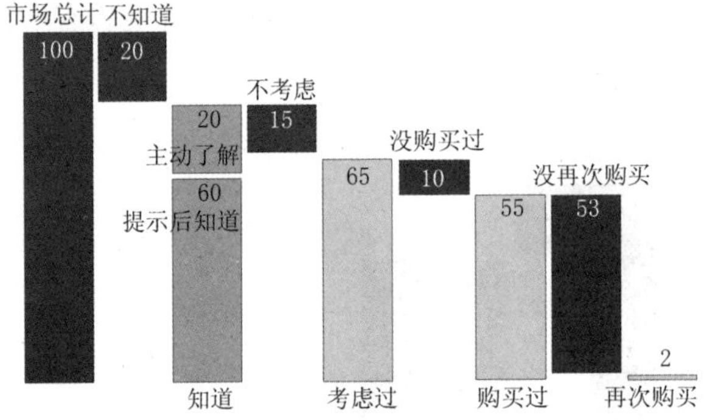

图 7-3e 顾客购买情况（五）

顾客考虑过品牌，但还不能让顾客信服，因为产品常常存在定价或质量问题。

产品质量低劣或无法实现预期效果，这样的品牌产品都会让顾客失望。

有效利用这个工具的一个例子是在商界备受称赞并在管理学著作中常被提到的“3M 公司的便笺纸”。人们经常谈及这个产品的发明故事，但很少有人知道，这个产品上市之初非常艰难。该公司发现他们在失去潜在客户，但不是因为缺乏认识，而是因为人们没有尝试产品。便笺纸是如此新奇，客户不知道它是否有任何真正的用处。于是 3M 公司改变其营销策略并提供价值百万元的免费样品，甚至散发到足球场上。每个人都有机会获得一份免费的便笺纸。公司相信任何尝试过产品的顾客都会选择重复尝试，所以产品推出执行的重点转向让人们尝试。结果显而易见，公司获得了巨大成功。

KPI 的演变

创新的执行是其战略的执行。**如果结果无法衡量，战略就没有多大用处。**KPI 监测既可以确定创新是否达到目标，也可以确定执行是否实现计划。

为了确保执行正确，至关重要的一点是需监测创新的关键环节。为了做到这一点，我们需要确定主要的绩效指标。KPI 涉及创新目标、营销计划目标、促进者评价体系及价值主张的所有方面。KPI 必须是具体的、可衡量的、可量化的指标（见表 7–1）。

表 7–1　KPI 监控产品升级示范

· **市场** KPI
目标市场占有率（%）
市场单位份额
新产品相对于原产品的满意度
· **渠道** KPI
数值销量［零售店销售我们的产品（%）］
加权销量［零售店占我们国内销售额的比例（%）］
零售店地位［产品居主要地位的零售店（%）］
· **财务** KPI
商业盈利率（%）
利润 / 亏损（美元单位）
· **创新** KPI
从老产品转向新产品的顾客（%）
通过竞争获得的新产品顾客（%）

例如，乐购使用一个非常简单的 KPI 指标——销售额。如果一种新产品没有达到该公司的销售额目标，就会下架。新产品的生命周期是 18 个月。

扩展投放

扩展投放指从产品投放的所有经验和提高中吸取经验，并扩大项目范围。

我们已经提到的埃克森美孚公司的速通卡是扩展创新政策如何快速、风险低并产生利润的绝佳例子。此前，公司对速通卡进行了断断续续的引入。一经投放，该系统就证明了它的成功，具有较高的接受度和市场占有率。以下是埃克森美孚公司的做法：

把支付系统从自动加油站扩大到加油站商店。与埃克森美孚公司管理层所关注的相反，速通卡用户进入商店购买消费品。

开展营销活动，鼓励公司的销售人员及运输企业使用速通卡标志。

与天美公司签署协议，开发可内置速通卡的手表。

创建速通卡网络单元，把该系统扩大到其他服务场所，如洗车场、停车场、快餐店、自动售货机等。

创新可以通过以下方式进行扩展：

（1）进入新的地理市场（国家或区域）；

（2）调整目标，争取新客户；

（3）调整价格，增强市场渗透；

（4）结合在上市时未纳入的新销售渠道；

（5）改变核心产品的组成；

（6）采用边际创新扩展投资组合。

最后一点是根本性的。如果仔细研究任何市场的历史就会发现，**突破性创新创造了市场，而发展市场的是边际创新**。正如我们之前讲到的横向营销的观点，横向创新创造新市场，垂直创新发展新市场。有一些企业具有能力创造市场，这些企业在突破性创新（苹果公司是一个明显的例子）方面遥遥领先。此外，还有其他一些企业缺乏能力重塑市场，但是能够对其他企业推出的创新产品进行快速有效的修改和扩展。这些公司被称为“快速复制公司”，微软有一段时间也属于这类公司。在软件市场上，苹果是一家富有创造性和突破性的公司，它推出很多激进创新的软件产品，但在扩大和改善这些创新产品方面，苹果不如微软。微软能够更快、更好地完善创新产品，最后占领更多的市场份额。现在，这一切已经发生了变化，苹果吸取了教训。例如，对于 iPhone，苹果直到它有一个明确的执行后延伸策略——iPhone 应用程序，才发起该突破性创新产品（新终端）上市，不再仅仅做竞争的基础工作。由于产品和服务的生命周期变得越来越短，在创新中采取这种策略也是必不可少的。我们在成功进行激进或横向创新后，还需要有适合的后续边际创新或垂直创新。**如果激进创新成功了，我们必须快速采取行动，使用产品变化扩展市场。**对于所有突破性创新所带来的风险和投资，这是一种优化的方法。

改进

近来，这类执行已经变得非常流行。它的假设是，我们永远也不会实现完美的创新或执行策略，因而对于创新和执行的最好方法是在推出新产品或新服务后，我们要深知自己必须调整其组成和营销策略。

把市场研究中的通常方法应用在突破性新产品上（我们要寻求发现或创造这些产品不存在的市场）是没用的，因为这些新产品需要的详细的估计、计划和预算都是不可能确定的。传统的方法是基于收集所有可能的信息来增加成功的可能性。在这种情况下，传统方法不仅消耗大量的时间和精力，而且由于这些项目波动性、不确定性的特殊情况，我们绝不会获得有效或充分的信息。

近年来，快速启动的方法获得了认可，因为该方法可使我们从早上市中获得利益并快速取得市场的真实信息。

因为事先假设该产品将要修改，公司准备以一种完全不同的方式创新。预警机制落实到位，根据客户及用户反馈来确定必要的修改，且开发人员和工程师已做好进行适当修改的准备。

这种类型的战略意味着在创新过程的设计中发生根本性转变、全身心关注公司获悉的市场信息并采取相应行动的能力。

改进是基于这样一个事实：**市场变化非常迅速，公司不能等到创新产品完善后才在市场上推出，否则就丧失了市场先机。**在推出创新产品后不久，公司就需要对其改进或完善。因此，**创新是一个对产品或服务持续的市场完善过程。我们不是从创新方面思考，而是基于市场和客户反馈进行不断重新设计。**

谷歌采用改进的方法既令人惊讶又富有智慧。当他们推出一种创新时，就会让外部开发人员和程序员进行外观改进，完善产品，很好地利用程序员的“潜在产品完善团队”智慧。

在新的 Web 2.0 上，许多产品和服务都提供“永久测试”，其功能是基于用户（视为合作开发人员）使用，不断进行完善。

区域测试、市场测试和改进之间的相似性容易让人糊涂。表 7–2 可以帮助我们区别它们。

表 7–2　区域测试、市场测试和改进之间的区别

	执行方案（投资方案）	**执行范围**
区域测试	多个方案	部分 （测试城市或区域及控制城市或区域）
市场测试	一个方案（确定性方案）	部分 （根据区域、城市、渠道、分销商或顾客）
改进	一个方案（确定性方案）	全部

全面创新系统——第七章总结

各角色的主要负责人员

自上而下的发起

由内到外的发起

自下而上的发起

由外到内的发起

A 发起者	B 搜索者	C 创造者	D 发展者	E 执行者	F 促进者
最高管理层（总经理或首席创新官）	市场调查部门	广告公司	研发	现在的营销部（兼职团队）	
员工	市场调查供应商	创新型机构	新产品开发	现在的销售部（兼职团队）	
供应商	社会学家	营销	经营	专职营销团队	
分销商	营销	创新类型	制造	新部门	
客户	销售	研发	外部供应商	新公司	
投资者	舆论领袖	客户	营销	第三方联盟	
高校	观察者小组	供应商	销售		
科学界	研发	创新型员工	专职工程师		
发明者	内部的其他部门	其他供应商或第三方			
工程公司	其他供应商或第三方				

各角色人员所用的方法

A 发起者	B 搜索者	C 创造者	D 发展者	E 执行者	F 促进者
创新范围	创新评价	头脑风暴法	协助定义概念	营销方案和推出计划	
创新层次	相邻类别分析	蓝海策略	概念测试，完善设计	改进	
创新重点	内部咨询	形态分析	图片	KPI演化	
创新准则	社会发展趋势/社会阶层	横向营销	界定特征的联合分析	后续的边际创新	
创新检查单	市场趋势	属性清单	图纸	区域测试	
	购买过程	情景分析	实物模型	市场测试	
	创新路线	客户拜访	样品	产品测试	
	技术解决方案	共同创造	产品测试	ATR强度	
	设计参考	重新定义客户价值	家庭使用测试	实验	
	近期成功的营销战略/从错误中学习	集体讨论	专利		
	互联网监控	概念定义			
	人种学研究				
	地理定位				

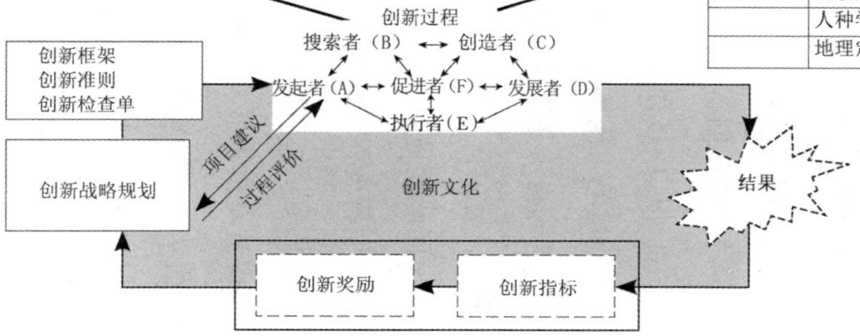

第八章 促进者（A-F 模型之 F）

促进者的定义

促进者的职责如下：

· 批准相关投资

· 做出最佳创新选择

· 推动创新过程

· 小组陷入困境时，重新启动小组工作

· 明确指示是否进行投放或创新执行

促进者的作用是确保创新进程的有效实施，并避免企业负担不必要的费用，因此促进者在创新中的作用是必不可少的。促进者在成本失控时负责终止创新进程，在发生差错时负责纠正并保持正轨，避免偏离目标或预算。我们应该记住，成功创新的秘诀之一是失败要早，越早产生的费用越少。促进者负责预测失败，淘汰目标过高或低潜力的想法，并采纳最有希望的想法，鼓励小组推进创新过程并提供必要的资源和支持。

促进者不像其他角色那样经常参与创新过程。促进者需要经常做出决定，如果合理就批准投资项目。但是如果他们天天参与项目，那么还是让他们不要过多插手创新过程会更好，这样做出的决定会更客观。

在创新过程的任何给定时间点上，我们都会列出哪些人员可担任促进者（在组织机构中按从低到高的层次排列）：

· 员工

· 负责创新过程的团队

· 中层管理人员

· 部门主管（营销部、研发部、运营部等）

· 财务总监

· 首席创新官（CIO）

· 总经理

· 首席执行官（CEO）

· 董事

· 股东

外部人员有：

· 专家

· 股东

· 投资者

在创新项目中，促进者可能不止一名。此外，在创新过程中，人员可能发生变化。例如，在创新过程的早期阶段，促进者的任务是列出各个创新项目，这时促进者可能是公司里提出最好想法的员工。另外，当涉及审批投资时，促进者可以为高管。通常情况下，创新过程中的阶段和促进者职位在结构上有相关性。随着创新过程不断向前发展，通常要求组织机构中拥有更大决策权的高级人员担任促进者。

那么我们需要的层次有多高？让我们回忆一下第三章，我们在创新的类型和等级水平之间建立了一种联系。理想的情况下，在创新过程的收尾阶段，促进者应为创新领域的最高职务人员。对于新业务模型，这类人员是首席执行官或股东；对于过程创新，是总经理；对于市场层面的创新，是营销总监或总经理；对于产品创新，是营销总监（产品延伸）。

图 8-1 说明了这种联系及符合创新类型的促进者的相应等级。

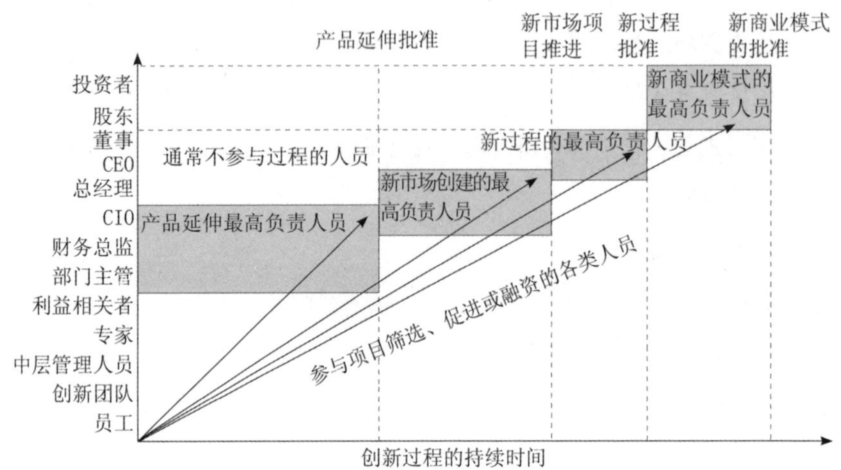

图 8-1　项目筛选、促进和融资人员

在某些情况下，促进者的职责与发起者的职责重叠，但也并非完全如此。例如，谷歌的员工利用空闲时间发挥创新发起者的作用或投票选择好的想法，但他们都不是批准投资项目的人员。乐购曾一度把创新过程的发起任务委托给研究人员和合作高校，公司管理层自己负责融资和促进工作。

促进的类型

根据时间点和过程阶段，促进可以分为三类：

（1）评估系统；

（2）启动停滞创新过程的系统；

（3）审批系统。

下面我们根据以上的促进类型简要说明促进者的工具及系统。

评估系统

主观评价

主观评价是一个非常基本的工具，经常用来排列想法或概念的优先次序。这对于小团体是一个理想的工具，并且也是负责创新过程的团队在过程的各个阶段须及时开展的任务。

它的目的是加快决策，减少讨论的时间，因此在非关键时间或创新开始时等不太重要的决策中使用，即组织有太多的想法或建议，需要放弃吸引力欠佳的想法或建议。

主观评价可通过对几个方面（一至三个维度）进行简单排序（从 0 到 5 或从 0 到 10）实施。维度指对想法需考虑的方面。例如，我们正在评估一系列产品或服务的概念，评估通常集中于一个或两个维度：

· 市场潜力

· 发展业务风险的难度

· 想法的吸引力

· 对现有业务的协同作用

· 战略重点

· 同当前业务的一致性

· 现有的竞争对手

这些结果可用表格直观地表达出来。每个人的评分权重都一样，所有的人对评价结果具有同样的影响力（至少在主观评价阶段如此）。

在处理较大数量的创意时，主观评价可以多轮进行，去除每一轮最差的创意后，对剩余的再次投票。然后以这种方式继续进行淘汰，直到选择数量减少到对于继续推进创新过程可管理的水平上。

有时，分析分数分布更可取，因为群组评分方式选择概念可采纳的方案有两种类型。第一种方案是基于平均分数。其优点是可以解释所有的分数，但缺点是它不能区分相同平均分的概念差异。例如，对于一个概念，

40 人评价打分都是 8 分（平均 8 分），而另一个概念，20 人打分为 10 分，20 人打分为 6 分，其平均分也为 8 分，但两个概念的结果之间有实质性的区别。在第一种情况下，我们可以说，这是一个大家“挺”喜欢的想法。在第二种情况下，我们只能说一些人“很”喜欢，而其他人对此态度一般，因为只给它一个及格分数。这产生了另一种类型的分析——标准偏差分析，一个评分很高且高于平均偏差的概念是一个极端化的概念，也就是说，它有热心的赞同者，也有同样热心的反对者。有些公司愿意冒险，关注这类概念，而不是大家都“挺”喜欢的概念。这都取决于公司的创新政策和愿意承担的风险水平。

当分数非常相似并且偏差增大（小数），可使用点分布系统。例如，你赋予最高评分选项 10 分，第二名 9 分，第三名 8 分，以此类推。

全公司范围评定

这与之前的系统相似，但它几乎涉及整个组织机构。对于筛选组织中提出的意见和建议，这是一个理想的方法，作为一种工具，甚至在创新过程之前它也可用来确定哪些想法适合纳入创新过程。

这是具有较强的创新文化并且为创新密集型企业所使用的一个工具。同时，因为要评级的想法是来自组织内部，员工应该有机会评估他们同事的想法，这是很自然的事。

谷歌经常使用这个系统，发展其企业内部网作为让员工披露想法并对想法投票表决的一种非常简单的手段。

比较受欢迎的投票系统不仅限于在选择或筛选想法上使用。它们也可以用来评定替代性的最终项目，在那里工作人员的意见和投票以及专家意见或需求预计是决策的另外一个因素。

它不是专为大型组织所设计的方法。在中小型企业里，如果创新需要全体员工的支持和参与，那么促使所有员工参与到项目中是一个非常有效的工具。它还有助于建立一种创新文化。

概念筛选和测试层次

一旦我们选择了评价很高的新产品创意，就可能需要了解各种产品概念的潜力。在第六章中，我们看到测试概念、产品和效用的不同方法。除了根据消费者和顾客的观点完善和改进创新的设计，测试内容还包括对市场代表性样本客户制定一系列问题，以帮助我们确定优先考虑的想法和观念，并且要估计创新的潜在需求量，尽管可能是粗略的估计。

概念筛选是指给受访者提出大量的概念，但提供较少的相关资料，以便受访者在接受访问时不会很快感到疲惫，这样才能对众多想法进行评价。概念筛选可以定性开展（焦点小组），或通过足够的统计数据库结构式问卷来实施。定性筛选可以帮助我们确定哪些概念评分最低，哪些概念评分最高。虽然这并不能区别中间概念，但它可以帮助我们确定放弃什么概念以及确定客户最喜欢什么概念。

在定量筛选的情况下，最常见的实施方式是采用两道问题，在大量的可能概念中确定要淘汰的概念和要保留的概念。受访者会被问及购买意向和他们非常喜欢的想法。对于购买意向，我们使用两个尺度——7 分或 5 分模式，选择后一种尺度的人越来越多。在 5 分模式下，受访者有以下可选项：

你会买这种产品吗？

· 肯定

· 一般

· 可能

· 可能不

· 肯定不

采用这种工具的公司经常会确定一个基准，也就是说，随着他们在市场上推出产品并得到结果，会把后来获得的数据同消费评估调查中获得的数据进行比较。这使他们得以建立一组基准，这组基准是概念在以后的测试中必须达到的标准。例如，在食品工业中，大家预计为了成功推出一个新的概念，要求对此概念在购买意向一栏“肯定”的选择比例为 20%

（称为“首栏分数”，即最佳响应），“肯定”和“一般”的比例之和（称为“前两栏分数”）为 60%。

筛选的目的是对大量的概念按优排序。当剩下的概念数量较少时，最常用的筛选方法是概念测试。如果产品已经开发出来，我们可以进行产品测试，也可以对产品进行试验及物理测验。

在概念和产品测试中，除了购买意向，我们也要考虑其他非常有用的问题来估计需求。例如，如果受访者回答他们肯定购买该概念或产品，我们还要询问购买此产品对其当前的购买习惯预计会产生多大的影响，即在该产品类别的消费中，每 10 件产品中他们认为会选购新的产品或概念的个数。由于访谈中还包括受访者经常从竞争对手处购买或取得的产品，我们可以对该概念产品可能分割的市场份额做出大概估计，所以这也是一种市场预期的提示。

对于整个市场及目标细分市场，我们都要做这些测试。在一般市场上测试达到平均分数的概念可能在细分市场有很大的吸引力。为了确定这种情况，我们需要非常广泛的样本，要足以生成对若干子样本的统计基础。因为这会增加市场调查的成本，所以最好的方法是预先确定在细分市场中我们认为会乐意接受该概念的人口数量，让市场调查公司做测试，确定目标群体，然后权衡测试结果以确保代表性。

有些公司也在自己的员工之间开展概念筛选和测试。

特尔斐预测法

特尔斐预测法是一种非常有用的预测方法，用来评估替代性的创新概念。特尔斐预测法旨在一段时间内通过有关领域专家小组的互动和讨论达成一致性的预测意见。

对于要创新的产品和服务，选择数量有限的具有相关工作经验的人员，给他们分发问卷。问卷结果结合定性评估和定量评估后，发给所有的参与者，要求参与者借鉴其同事的观点后修改他们的评估和预测。对于其他人提出的预计会在推出创新中出现的问题或障碍，鼓励所有参与者提出解决办法，确保参与者匿名参与。经过两三个回合后，对结果进行统计使用。

在连续几轮评估及修订后，评估意见往往趋于一致。也就是说，随着专家获取其他人员的评分分数以及对要评估的新项目相关的疑问和关注做出的答复，这些分数的标准差减少了。关键是，该过程趋于一个差异性非常低的平均分数，这种一致性的效用将会很高。

詹姆斯·索罗维基在他的著作《群众的智慧：如何做出最聪明的决策》（2004 年）中，强调了结合各个小组信息的优势，他认为从一组人员产生的决议通常优于仅由一个人单独做出的决议。

巴苏和施罗德（1977 年）研究表明，特尔斐预测法对新产品上市前的预计销售额与实际销售额相比，误差范围为 3%~4%。而其他定量方法产生的误差都达到 10%~15%，并且非结构化的传统方法的误差高达 20%左右。

特尔斐预测法的优点之一是使每个小组成员可以激发其他人员的意见。另一个优点是不要求参与者面对面地出现，所以小组成员可以来自世界各地，确保了参与者的多样性，这是该方法必不可少的要素。该方法的匿名性也可以防止主导性的、最有影响的、最知名的或最有实力的个别人员支配其他人的想法。鉴于互联网在信息处理、遴选专家、保持匿名性及在线呈现创新过程结果的潜在优势，这种方法在当下可以得到非常有效的应用。

其他主观方法

想法及概念的评估有时不依赖于一个定量的基准，因为通过对特定创新讲得通的一系列见解就可得出结论。这特别适用于突破性创新或创新公司，因为其难以界定市场的情况。

在这些情况下，新概念的评估是基于定性信息、市场观察及客户接触指标。对“热衷型顾客”——忠实用户及前卫顾客进行习惯及趋势评估，因为他们认识到了产品的潜力，有助于增加产品的好评，这类客户愿意承担新产品的风险。

启动停滞创新过程的系统

促进者不应把自己局限于提供资金或资源。促进者的作用是：当创新主管人缺乏正式授权无法单独继续执行时，促进者确保创新过程高效地推进，并避免不必要的费用支出。显然，这个职能不能落在股东、利益相关者或董事会成员身上。以下我们要研究相关的一些方法，这些方法由首席创新官、创新过程的组织主管人、总经理或相关人员来使用。

名义团体法

当团体成员的责任及权力不同导致团体决策及投票产生不平衡时，名义团体法（NGT）为克服团体决策典型问题并寻求解决办法提供了一种方法。

这种方法很有效，可以通过投票做出快速决策，并且所有团体成员的意见都给予考虑，而不需要多数人同意。

名义团体法及其任何衍生方法（例如，菲利浦斯 66 法）可以两种方式用于创新过程：

团队因为在任何给定时间内出现的不一致意见或其他问题而停滞不前时，名义团体法可用来重新启动创新过程；

对于团队正在评估的不同方案或概念，名义团体法可用来对它们进行优先顺序排序。

名义团体法的实施遵照下面的步骤：

第一步：引入

与会者参加会议，领导介绍本次会议的目的。与会者分成若干个小组（410 人），领导提出要解决的问题或阐释要做出的决定。

第二步：想法

每名与会者独立思考，不进行任何讨论，提出自己对问题有帮助的想法和可能的解决办法。对于项目评估，每名与会者也可独立思考，列出自己所预见的风险和机会。

第三步：想法描述

会议主持人陈述每个人提出的想法，但不进行讨论，只是以概况的方式简单地记录下来。

第四步：分析

对这些想法进行分析，但不深入讨论。然后，进行一次讨论，目的不是抛弃想法，而是丰富它们，避免判断和批评。最后，所有的与会者进行匿名投票。

第五步：排名

在上述结果的基础上，抛弃得票最少的想法，对好的想法进行排名。鼓励与会者对最好的想法进一步讨论，然后进行另一轮投票，目的是选定一个想法。

第六步：解决方案

进一步明确一致同意的解决方案，并制订详细的行动计划。对创新概念进行优先顺序排序的同时，根据投票结果对项目进行排名。

例如，努德莱斯巴食品公司每年采用名义团体法来决定年度的促销礼品。首先，他们确定什么样的礼物最适合一个特定的产品类别。在确定这个重点后，产品经理对最合适促销的礼品发起搜索。营销部门的所有产品经理都参与名义团体法的实施。

六顶思考帽

这是爱德华·德·博诺基于并行思维发展的一种方法（基于东方文化类型的讨论）。这是名义团体法的形式之一，旨在解决团体方式中需要解决的问题。它也可作为一种排名竞争的项目方法。

该方法的目的是避免由于与会者持不同态度而导致讨论时间过长或陷入僵局。团队单个成员所持的态度是由其个性以及赞成或反对讨论对象的清晰度决定的。一个具有明显批评性格的人会寻找缺点和问题，这有时有帮助，有时也能导致讨论陷入僵局。同样，一个持反对建议的人具有破坏性或消极的态度，虽然这种行为也可能有帮助，也可以发现一个项目带来的风险，但也会是破坏团体的因素。

六顶思考帽通过对特定问题确定所持的态度或立场来解决问题。这六种立场是：客观性（白帽），提出数字说明的事实和有关创新的客观信息；创造力（绿帽），适用于丰富的思考、新的想法和可能性；情感（红帽），可以让直觉、创新激起的情感在个人身上流淌，虽然不是基于数据；乐观（黄帽），强调创新提供的机会和可能性，以及建设性思考；悲观（黑帽），测试创新并思考其带来的危险和风险，自问为什么创新会行不通；控制和组织（蓝帽），提出创新过程及其组织的有关因素，对思考进行再思考。

在小组讨论中，作为一个团体，单个成员要依次或有组织地采纳这些角色或者立场。例如，当持红帽态度思考或工作半个小时，每个人都必须用相同的态度研究和判断创新，无论个人对项目的倾向是积极的还是消极的。然后，该小组“更换帽子”，所有人员换一种不同的心态继续讨论［例如，创造力（绿帽）］，以此类推。

这个方法是基于东方国家持有的一致性而非对抗性的思维，可以使团队工作高度组织化，有条不紊地解决创新各方面的问题，并不受每个成员个性主导方面的影响及个人对项目态度的影响。

在会议结束时，如果没有达成共识，还可以采取投票，但是对大部分而言，这种名义团队方法往往会产生整体一致的立场和共识。

菲利普斯 66 法

唐纳德·菲利普斯设计了这个打破死局或在多个选项之间快速而有效选择的名义团体法，把一个大组分成每组六人的小组，每个小组讨论问题六分钟。这六分钟也可以依次分配给小组成员，让其对正在讨论的问题提供一个可能的建议或解决办法。六分钟时间结束后，与会者单独投票选择他们的首选解决办法。每个组的代表选出最佳解决办法，然后这六名代表组成一个新的小组，也同样给六分钟时间让他们评估评分最高的解决办法。

在创新过程中，一些非关键问题因为团队达不成一致性意见，已经成为组织推进创新的绊脚石，所以组织需要快速找到解决办法。在这种情况下，这个方法的效果非常好。供考虑的解决办法由于数量众多而无法处理，使用这个方法可以利用有组织的民主方式对其进行选择，所以在这种情况下，这个方法也是很有帮助的。

六西格玛

许多公司不断创新，并保持多个创新过程同步进行，公司同时获得这方面的经验。随着时间的推移，他们可以判断一个创新过程是否在正常进行，或是否给予警示。这些公司做出的这种评估是基于在计划、成本或事项存在的一系列偏差，使用六西格玛可以做同样的事情。

公司在获得启动创新过程中的经验后，就可以把预示未来问题的特定可变因素与最后的结果联系起来。一旦相关性成立，在一定意义上就可能“自动化”地给出促进者对创新过程的评估。并非仅仅注重创新，在这里注意力转移到与创新过程效率和有效性相关的指标上。我们可以这样理解：当创新过程偏离这些指标太远时，创新过程在之后会遇到困难。

六西格玛实际上是旨在提高与质量相关过程的方法和策略，寻求最大限度地减少产品或服务的缺陷。它有广泛的应用：

像摩托罗拉和通用电气公司，制定六西格玛的原本目的是查明和消除大型工业项目中制造缺陷产生的原因。在过去的几十年中，各种行业的经理们修改六西格玛为己所用。例如，一些项目的专业管理人员依靠六西格玛来衡量团队的工作效力。

六西格玛适合对公司的创新过程进行持续评估。这个理念是以其对待其他过程同样的方式处理公司的创新过程，无论是生产过程、材料供应还是行政管理过程。

六西格玛力求最大限度地降低缺陷发生率。当然，这在创新产品中是不可能实现的一个比例，但它可以列举出在创新过程中导致缺陷和问题的各种因素。例如，公司在创新过程中出现下列情况：

· 滞后计划时间 30%以上

· 显示预算偏差大于 20%

· 显示过程中的障碍超过 25 个

· 受到管理层 25%以上管理人员的质疑

· 不同数量的预测表明其差异性超过 40%

该公司可以决定发出警示，并需更改该过程的设计，甚至考量项目的可行性。

误差的因数及误差允许范围也可进行调整，以适应各种创新：边际的或突破性的、技术或商业模式。

超出这些误差范围并不一定意味着我们必须终止该创新进程，而是提醒我们其可行性和成本存在问题。它也反映出对一个高于正常利润的项目需要进行评估预测，因为在这个过程中的缺陷数量直接关系到失败风险的大小。

审批系统

我们要研究的系统和工具可以用来批准或否决创新项目，并批准或否决其需要的投资额。

成本（或风险）效益分析

任何商业决策都会产生成本和效益，所以必须在经济方面列出并进行评估。一般而言，这些活动或举措只有在收益大于成本时才值得执行，而其余的活动或举措则不予考虑。这种方法完全适用于评估是否继续推进创新，虽然它也可以用于政治和社会的创新项目。在很多情况下，这种方法衡量的是风险而不是成本。

这种方法考虑到了创新产品或服务的所有收益和成本，不论它们是否归咎于其经营考虑（例如，创新会对公司的其他部门销售额造成任何潜在损失）。这一点就是该方法不同于其他经济或金融方法的地方。其他经济或金融方法，如损益分析或 ROI（投资回报）分析，只包括收入和经营成本，并没有考虑到与创新有关但并非创新损益费用直接部分的其他次要成本。

我们特别建议对产品改进项目或质量升级过程使用成本效益分析，因为该分析可非常清楚地衡量创新带来的收益是否与投入的成本成正比。它可以帮助你在众多的选择方案中确定哪一个方案能提供最高的投资回报。

这可以通过收益（以货币形式表示）对研发及执行成本（也以货币计算）的比例计算得出。根据这个比例，我们可以计算出利润需要多长时间才会超过成本，即投资回报时间。

下面是一个例子。一家市场调查公司为其定量研究部门引进一套在线问卷管理系统，现在对其可取性进行评估。

总成本为 94 000 美元：

· 电脑设备费用 45 600 美元

· 员工培训费用 14 400 美元

· 引进该工作方法期间，效率损失为 34 000 美元

预期收益为 109 000 美元：

· 处理能力增加效益 32 000 美元

· 错误减少成本 21 000 美元

· 获得新客户收入 56 000 美元

因此，投资回收期为 94 000 美元 /109 000 美元≈ 0.86 年，大概为 10 个月。

我们可以看到，该方法考虑到了直接和间接成本及利润。

二级成本效益分析对公共部门的创新特别有用。例如，某市政府应用成本效益分析来评估建立新博物馆这一概念的可行性，这将包括该创新的社会成本和效益。

社会成本。评估可能基于资产从其最近使用领域转移对社会造成的损失（例如，就业人员的社会机会成本等于选择性就业中的产品成本）。

外部效应。由于公共工程造成丧失土地和其他原材料、潜在的道路损失或城市拥堵等。

旅游部门的收入增加（更高的人口流动性和平均停留天数的增加）。

其他潜在活动（商店、餐馆、休闲等）引起收入进一步增加。

公司基于三个因素制定项目是否操作的标准：

最低利润（例如，创新必须至少达到10万美元的收入）。

最低回报时间（例如，利润必须在一年内超过成本）。

最低盈利率，即利润必须大于成本多少倍（例如，该项目的最终利润必须超过总成本的三倍）。

虽然对成本和利润的估计是基于主观推测，但这是一个非常有用的系统，可确定一个给定创新的所有预期影响。这种方法促使我们提出这样的问题："哪种是最佳的解决办法，哪种解决办法的成本最低？"

需求估计

对拟议的产品或服务进行需求（现有的或潜在的）估计，这是确定投资是否可行的第一步，产品或服务的需求以购买或使用的人数进行衡量。

有效需求有三个条件：

（1）必须有可以满足用户需求的产品或服务；

（2）必须为满足用户的需求付出代价；

（3）用户需要具有购买力。

估计需求通常有两种方法。第一种方法是乘以下列变量：

· 潜在市场量化（客户数量）

· 预测市场占有率

· 每月（或每年）购买次数

· 每次购买的平均单位数

第二种方法是乘以其他一些变量：

· 年度市场量化（单位、价值）

· 评估市场份额

显然，对于还不存在的商品和服务，我们很难估计需求。

对于任天堂的 Wii，尽管这种领先的视频游戏控制台在市场上取得巨大成功，但是欠佳的需求规划和不匹配的定价造成的损失至少有 6.8 亿美元，并失去了 6 个点的市场份额。任天堂在 Wii 上由于两年的产品短缺及未能很好地预见需求丧失了数亿的利润。据任天堂北美总裁说，他们的供给曲线和需求曲线并不交叉。

如何预测需求？答案取决于创新的类型。对于边际创新，常用的方法是使用从过去类似投放的信息或根据组合中其他产品销售额为基础进行估计。对于突破性创新，由于市场上没有参考信息，替代产品和服务的销售量可以用作参考信息，如在“销量来源”一节中对概念定义所确定的基准（见第五章）。

在这两种情况下，一种可能性是使用从产品测试获得的结果，它表明有多少消费者表示在产品上市后肯定会购买。我们期望通过沟通交流及促销活动影响顾客购买行为，要做到这一点，我们要乘以下列变量：

· 潜在市场量化（客户数量）

· 预计广告宣传会增加多少百分点的顾客认识我们产品

· 在试销、促销活动及广告营销阶段，预计百分之几的公众会尝试产品

· 在试销影响下，基于产品测试的“喜欢”项分数，预计重复使用产品的公众百分比

· 基于市场调查确定的一般消费习惯，预计重复购买的单位产品（频

率）平均数

当估计需求时，如果我们使用过去的信息来预测未来的销售量，一个很好的建议是对需求变化密切相关的已知变量进行检查：

（1）行业的年增长率；

（2）我们产品类别的价格弹性；

（3）我们目标市场的收入弹性；

（4）替代产品的交叉弹性；

（5）国内生产总值的增长趋势；

（6）消费信贷或投资的预期增长率；

（7）消费者信心指数（如密歇根大学的消费者信心指数）；

（8）人口和收入增长及其分布的变化；

（9）价格总水平的变化；

（10）消费者偏好变化；

（11）替代产品的出现；

（12）经济政策的变化；

（13）经济体制的演变及发展的变化。

损益表

损益表是一种会计工具，可反映公司在一定时期内（通常为一年）的经济运行情况，其中正数表示利润，负数表示亏损。它是创新中最常用的工具之一，无论是产品还是市场，因为公司通常会为每一类产品建立经营账目。

它也可以用在商业模式创新上，虽然同样重要或更重要的通常是投资回报率（见投资回报率）。但对于升级过程的创新，成本效益分析是常用方法。

分析损益表是一个非常基本的方法，读者们对其相当熟悉。关于成本的分摊，如果创新项目往往需要大量的投资，这些投资在第一年以折旧的形式分摊，那么该创新项目的损益表通常会强调折旧的权重。

损益表同样适用于分析产品投放和营销活动的成本。这就是为什么一个创新项目的损益表在其最初几年无法稳定地反映未来的利润情况。初始投资的折旧以及上市的营销投资都是之后成为新产品或服务的经营账目的额外费用。常见的处理方法是**制定一个未来 3 ~ 5 年的损益表，这样我们可以合理地评估出创新项目在未来实际的出资额。**

在管理费用或固定费用估算方面：第一种选择是有些人常常以很低的比例估算新产品管理费用，假设该公司的固定费用在新产品推出后基本不变（当然，这取决于其规模）；第二种选择是估计公司增设机构部门的额外费用，并只归因这部分的额外费用；第三种选择是最常见的，处理新产品及其他产品时，以销量为基础估算管理费用。

因为经营账目包括了制造费用及投放费用，所以经营账目是超出潜在费用相关评估的一个步骤（例如，估计需求、产品测试或特尔斐预测法）。因此在创新过程中，它是最关键的方法。它通常在创新过程的后期实施，因为它需要计算，除了必要的投资和可变成本外，还包括要制订的营销计划的费用，所以损益表一般通过几个方面进行编制，并随着获取创新项目的成本及收益信息在这几个方面进行数据更新。此外，还有临时损益表，用来评估是否要继续推进创新，所以需要根据同一家公司的其他产品的直接费率计算可变成本、管理费用、折旧及广告费用等。

投资回报率

投资回报率（RIO）是衡量投资情况的指标，也用来评估我们的开支效用如何，无论是现有的还是计划的开支。投资回报率衡量的是投资资金的有效性，而不是投资金额的大小。对于创新项目，可用投资资本回报率表示。投资回报率几乎适用于任何类型的创新，包括工艺升级、设计、新产品或服务推出以及完善成本。

同其他方法相比，投资回报率具有以下几个优点。首先，它可作为衡量风险水平的基准。投资回报率通常是相对于另一种投资的利率或成本，称为机会成本。如果公司的资金投入到另一个项目，投资回报率会是多少呢？如果我们把钱存入银行或投资于金融产品，我们的收益会有多少呢？这或许就是股东和投资者偏爱投资回报率方法的原因：能按他们接受的时期分期量化项目的价值，帮助他们把决策因素减少到两个方面——盈利性和风险。一般情况下，当企业支持一个特定的项目时，股东们希望看到自己的投资将获得较大的收益。采用投资回报率就可以为股东们提供更多有关产品的信息。此外，作为一种纯粹的量化方法，这种方法对于优先排序创新过程中出现的不同建议也是非常有帮助的。

在这方面，以下是常用在基于投资回报率设定批准或否决投资项目的标准：

设定其他投资项目的投资回报率水平。我们从财务及会计部门获取其他投资项目平均投资回报率后，就可以努力在其他项目上达到或超过这些平均水平。

设定投资回报率的平衡点。这意味着把投资回报率设定为收回投资成本的百分比。例如，如果我们投资 10 万元进行产品升级，获得回报也是 10 万元，这样我们没有得到任何利润，但收回了投资。这种做法在非营利组织非常典型。

根据出资者的要求设定投资回报率。在这种情况下，出资者或股东事先确定批准新项目的最低投资回报率要求。新项目如果达到股东或出资者规定的标准，就会获得批准（对于风险投资基金和商业天使资助的创新项目，这是很常见的做法）。

有关投资回报率，一个非常有趣的案例是电影《阿凡达》取得了令人难以置信的投资回报率。

《阿凡达》的官方预算为 2.37 亿美元，其他渠道估计的制作成本是 2.80 亿 ~ 3.10 亿美元，宣传费用 1.5 亿美元。

这部影片在首映日当天就获得了 2700 万美元票房收入，首映一周获得

7700万美元票房收入。影片在首映17天之后，成为票房收入最快达到10亿美元的电影。3周后，该片的卖座率全球排名第二，仅次于同样是由詹姆斯·卡梅隆执导的《泰坦尼克号》(1997年)。在不到6周的时间里，电影《阿凡达》成功打破纪录，成为电影史上第一部票房收入打破20亿美元纪录的电影。

投资回报率也可用于复杂的、大规模的创新项目。例如，欧洲迪士尼或英法海底隧道，都是使用该方法评估创新类型或举措的典型。在这种情况下，由于估计未来的需求和控制投资成本的难度很大，真正的投资回报与预测的数值有很大差异。

这提醒我们投资回报率的计算方法是相当主观的，甚至是可以操纵的。项目的支持者可以修改任何必要的内容，以满足他们的需要。因此，在计算投资回报率时，详细说明计算背后的假设同风险和预期收益水平一样重要。

投资回报率通常基于两个著名的财务指标——净现值(NPV)和内部收益率(IRR)。净现值是指未来大量现金流(或正或负)的当前价值，净现值为正就表示未来的预期收入可补偿全部投资。内部收益率是指对所有未来现金流速度的折现比例，以平衡全部投资，因此这也是衡量项目盈利能力的一个重要指标。

情景分析

我们在第六章中看到，情景分析是一种创造性的方法，也可以用来作为一种评估和决定是否继续推进特定的创新项目的手段。在这种情况下，情景分析法有两种不同的形式：

第一种是对项目的权衡不仅要考虑其预期回报，还要考虑环境和竞争的预期变化。有可能会出现这样一种情况，一个创新项目比另一个项目拥有更高的投资回报率，但更容易受环境变化的影响，如果竞争对手采取可能的措施，这个项目就并非最佳的选择。在这里，情景分析作为一个“过滤器”，可以约束管理层的定量估计，管理层也是在假设其他条件不变的基础上制定预算的。通常情况下，大公司的股东、董事会或首席执行官拥有管理层在做出此类估计中没有意识到的内部信息。这个方法则用来改进这些估计。

情景分析的第二种方法是通过设置时间间隔：悲观的、现实的、乐观的。在这种情况下，我们不使用不断变化的立法或竞争环境，而是致力于一种范围，这是一种大的间隔，以此做出定量估计及经营计划。其目的是进行分析，如果事情没有按照预期发展（最糟糕的情景），创新项目会出现什么情况；或者如果一切顺利（最好的情景），创新项目又会是什么情况。这是一种获得对创新风险看法的方法。

一些公司（如 IBM）给每个情景会分配不同的概率，并利用它们来对每个情景的预期盈利能力进行加权。与其他方法相比，最后的加权结果被认为是一个单一的评级。

市场测试

我们在第七章已经看到市场测试是上市前评估的一种方法。在评估一个创新项目的适用性上，市场测试可能是最可靠的方法。你只需在有限的地理区域内使用预定的销售渠道进行小规模的产品或服务投放。在量化创新潜力的所有方法中，市场测试能提供最真实的市场画面。它有许多优点，也有许多弊端。首先，它假定创新方面的投资（例如，生产线和产品开发）比较低（如果不是，小规模投放的成本几乎与全面投放一样多）。当工业投资远低于商业投资时，我们可以使用这种方法。换句话说，风险在很大程度上同沟通、广告、产品测试、分销和创造销售渠道、网络等方面的投资相关。在这种情况下，市场测试非常有意义，因为上市的范围有限，营销方面的投资偏低，我们基于这些结果可以估算出进行全国范围或国际性的量产是否有意义。

接下来的问题是，我们在创新的早期阶段就把创新项目披露出去，这意味着给竞争对手更多时间应对。所以只有在我们成功地取得专利保护创新产品或者已经准备比竞争对手更早进行全国性上市时才可以进行市场测试。比竞争对手更早正式上市是防止竞争对手窃取我们的创新技术。

最后，我们应该非常谨慎地选择实施市场测试的地理区域（或渠道、客户类型）。选择一个不具代表性的区域或选择特别倾向于购买创新产品的顾客，都会致使测试结果毫无价值。

审批标准

我们这里介绍的方法和系统并不是相互排斥的，而是相辅相成的。我们不建议单单依靠一种方法或系统来审批创新项目，而是建议组合这些方法，获得尽可能广泛和多样的观点，包括替代性观点。我们建议使用所有信息做出最佳决定。当然这违背人类喜爱简便的常规：我们倾向于选择一个数字和单一的结果，并以此为基础做出决定，而不是必须处理相互矛盾性的证据。然而，在现实生活中，这是自欺欺人的，因为我们没法用单一的数字确保做出正确的决定，在创新领域更不可行。

我们必须牢记，企业家、经理或商人的工作都有一定的风险。如果有一个工具能够准确预测推出一种创新产品的结果，那么商界的成功来之太易。事实不会如此。

我们所看到的方法应被视为对成功商人两个固有优点——直觉和冒险的补充。

商业创新的历史充斥着产品和服务，早期评估未能反映出接下来实际发生的事情。一些企业没有达到目标，一些企业超越了目标。对于许多创新项目，种种迹象表明很多低业绩的创新项目被证明取得了巨大成功，期望值太高的创新项目反而失败了。

这并不是否认这些方法的实用性或否认投资前需要评估创新项目，决策必须采用科学的实证方法并结合直觉和冒险。真正具有预测能力的人是那些融合两项才能于一身的主管人员，他们需要能够处理创新项目考核与评价系统，这些迥别的结果丰富了分析内容。

让我们来看看结合这些方法的例子。

如果满足以下条件，公司打算批准一个创新项目：

· 该概念在目标市场的购买意向（首栏分数）达到 30%

· 公司全体员工在 0 ~ 10 分的评分范围内给该概念的平均分超过 8 分

· 产品测试表明有 60% 的购买意向（前两栏分数）

· 预计需求相当于 300 万美元以上的营业额

· 预计市场份额超过 2%

· 在第三年损益账户的余额为正数

· 投资回报率超过 7%

如果一个创新项目满足所有这些参照点，我们将继续推进。否则，我们就终止这个创新过程。每个标准必须有它的理由。在上面的例子中，我们要求最小的测试水平以确保高水平的产品上市能力。因为需要最低销售量来验证项目，所以我们要求最低营业额为 300 万美元。要求最低市场份额为 2%，因为如果市场占有率太低，经销商不愿意在其产品组合中销售新产品。我们要求三年内盈利是因为这是一个行业标准。我们要求 7% 的投资回报率是因为平均风险下的货币机会成本，倘若低于这个回报率，股东就会转向投资金融领域。

但是，这些方法的结合使用不得产生过度评估，因为那样可能会导致决策过程瘫痪。

我们应注意不要过度评估想法。对于许多机构来说，评估是规避风险。然而，最具创新性的想法具有最大的投资回报潜力，同时风险必然也最高。如果一个高度创新的想法要经过多个委员会的多次评价及评论，对于发现的风险，这几乎是要放弃该创新项目或对其做大量修改，以尝试降低风险，但结果是它也失去了创新性。

设定投放目标的工具

一旦我们达到创新产品的投放阶段，这里介绍的工具可用于设定创新项目的目标。在这种情况下，我们必须：

· 选择一个或多个目标

· 确定验证的时间框架

· 设置范围或最低值

让我们来看一个使用这里介绍的方法设定目标的例子。公司决定创新产品的销售额在上市三年后必须至少占其总收入的 5%（类似现有记录的利润率），八年后必须占销售收入的 15%（相等或类似利润率）。只有符合这些要求，创新项目才能被视为成功的创新。

创新类型与促进者工具

使用的工具类别与承担促进者角色的人员之间有一定的关系。例如，股东经常使用投资回报率作为审批项目和分配资源的一种手段，但他们几乎不可能采取名义团体法，与此相反的是负责创新过程中的团队成员更愿意使用后者。

图 8-2 给出了促进者的类型与最常用技术之间的关系。

	主观评价	全公司范围评定	测试层次	特尔斐预测法	名义团体法	六顶思考帽	菲利普斯66法	六西格玛	成本效益分析	需求估计	损益表分析	投资回报率分析	情景分析	市场测试
投资者									X	X	X	X	X	X
股东									X	X	X	X	X	X
董事				X					X	X	X	X	X	X
CEO	X		X	X				X	X	X	X	X	X	X
总经理	X	X	X	X	X	X	X	X	X	X	X	X	X	X
首席创新官	X	X	X	X	X	X	X	X	X	X	X	X	X	X
财务总监		X									X	X		
部门主管	X	X	X	X	X	X	X				X			
股东	X	X												
专家	X			X										
中层管理人员	X	X	X		X	X	X							
创新团队	X	X	X	X	X	X	X	X		X	X	X	X	X
员工	X	X												

图 8-2　促进者工具与公司层次的联系

创新类型和我们所提出的方法之间也存在一定关系（见图 8-3）。

	主观评价	全公司范围评定	测试层次	特尔斐预测法	名义团体法	六项思考帽	菲利普斯66法	六西格玛	成本效益分析	需求估计	损益表分析	投资回报率分析	情景分析	市场测试
产品线延伸	X	X	X		X	X				X	X	X		
新市场新产品			X	X	X	X	X			X	X	X	X	X
新过程	X	X		X	X	X	X	X	X	X	X	X		
新商业模式			X	X	X	X	X		X	X	X	X	X	X

图 8-3　促进者工具的创新水平

最后，这里有一个评估各种方法的矩阵（见图 8-4），评估的依据是使用它们的公司数量及各种方法需要付出的努力多少。

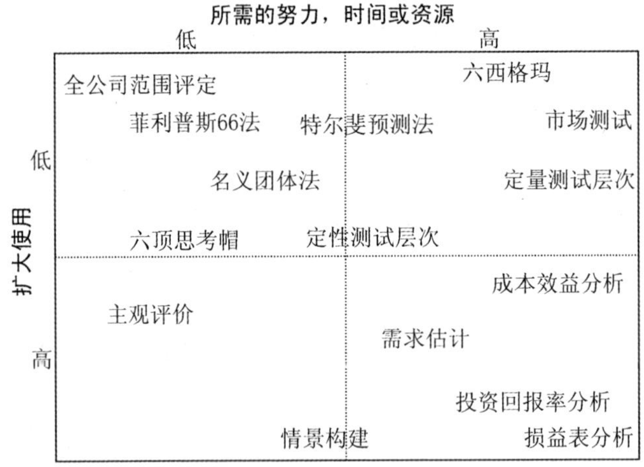

图 8-4　根据使用和要求，促进者使用的方法结构图

全面创新系统——第八章总结

各角色的主要负责人员

A 发起者	B 搜索者	C 创造者	D 发展者	E 执行者	F 促进者
最高管理层（总经理或首席创新官）	市场调查部门	广告公司	研发	现在的营销部（兼职团队）	最高管理层（总经理或首席创新官）
员工	市场调查供应商	创新型机构	新产品开发	现在的销售部（兼职团队）	财务总监
供应商	社会学家	营销	经营	专职营销团队	新项目委员会
分销商	营销	创新类型	制造	新部门	首席创新官
客户	销售	研发	外部供应商	新公司	董事
投资者	舆论领袖	客户	营销	第三方联盟	股东
高校	观察者小组	供应商	销售		员工
科学界	研发	创新型员工	专职工程师		创新团队
发明者	内部的其他部门	其他供应商或第三方			中层管理人员
工程公司	其他供应商或第三方				外部专家，利益相关者，或投资者

自上而下的发起
由内到外的发起
自下而上的发起
由外到内的发起

各角色人员所用的方法

A 发起者	B 搜索者	C 创造者	D 发展者	E 执行者	F 促进者
创新范围	创新评价	头脑风暴法	协助定义概念	营销方案和推出计划	主观评价
创新层次	相邻类别分析	蓝海策略	概念测试，完善设计	改进	测试显示的购买意向
创新重点	内部咨询	形态分析	图片	KPI演化	特尔斐预测法
创新准则	社会发展趋势/社会阶层	横向营销	界定特征的联合分析	后续的边际创新	名义团体法
创新检查单	市场趋势	属性清单	图纸	区域测试	全公司范围评定
	购买过程	情景分析	实物模型	市场测试	菲利普斯66法
	创新路线	客户拜访	样品	产品测试	六西格玛
	技术解决方案	共同创造	产品测试	ATR强度	成本效益分析
	设计参考	重新定义客户价值	家庭使用测试	实验	需求估计
	近期成功的营销战略/从错误中学习	集体讨论	专利		损益表分析
	互联网监控	概念定义			投资回报率分析
	人种学研究				情景分析
	地理定位				市场测试

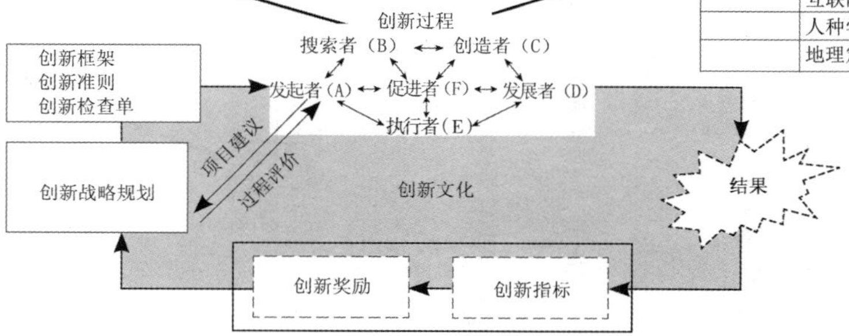

创新过程
搜索者（B） ↔ 创造者（C）
发起者（A） ↔ 促进者（F） ↔ 发展者（D）
执行者（E）
创新框架
创新准则
创新检查单
创新战略规划
项目建议
过程评价
创新文化
结果
创新奖励
创新指标

第九章　使用 A-F 模型设计创新过程的优点

A-F 模型的优点

有些人可能会认为 A-F 模型同传统的、陈旧的创新过程阶段相同。传统的创新过程：

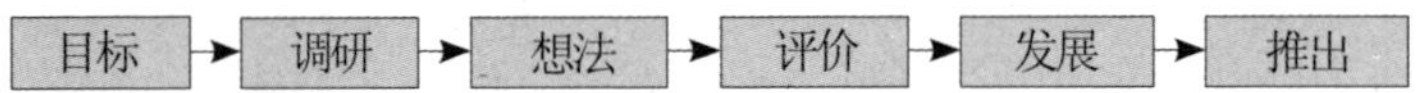

确实，A-F 模型也是按照 A、B、C、D、E 的方向前进，如图 9-1 所示：

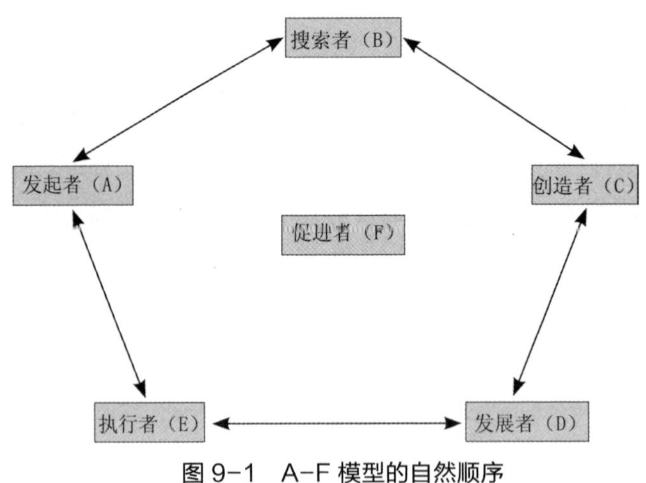

图 9-1　A-F 模型的自然顺序

目标的确定与创新发起有关，调研与信息搜索有关，想法产生与创造力有关，评价与出资有关，那么，区别在哪里？这个模型的额外价值是什么呢？我们来分析一下：

1. 按角色而非阶段

每个阶段都与一个特定的角色相联系，结果是每个角色都独立开展工作，与之前或随后阶段负责人的角色分离。以这种方式分配各阶段角色已被证明会让成员形成“这个阶段归我负责”的态度，结果是每个阶段的主要角色人员只负责创新过程的一部分。因此，如果创新项目失败，产生想法的人员会声称自己的想法很好，是执行人员搞砸了；而执行者会说制定的策略是错误的，他们只负责实施。

此外，要按角色运作。我们要从“这个阶段归我负责”转变到“这些阶段属于我们所有人”，这样每个角色都可以带来额外价值。因此，我们要让所有人都参与到整个创新过程中。当然，这通过专门团队就可以实现。如果专门团队的结构也是 A-F 角色模型，将确保创新过程各阶段的主要职能体现在没有阶段性的过程中。

我们模型的主要优点之一是各阶段中的创新过程的主要职能体现在没有阶段性的过程中：

以阶段为基础的创新过程往往十分僵化，缺乏灵活性。事实上，这些阶段是这六种角色之间群体动力的结果，形成自然的、自发的灵活性，从而使负责创新过程的人不必坚持规定的计划，并在过程中前进或后退时不再认为自己行事低效或者干脆放弃这种基于阶段的方法，因为这种方法很难按照严格的单一方式实施。

告别僵硬的各阶段，机会在群体动力下自然产生。在这种情况下，这个序列不是线性的，而是根据需要可以前进或后退。正如在第二章里我们讨论了该模型的灵活性，我们认为的自然顺序如下：

A-B-C-D-E（F）

顺序可转变为：A-B-C-A-F-D-B-D-F-E-C-E

或者更简短的顺序：A-D-E

2. 形成新的协作准则

当创新过程是一个可回溯到之前阶段的一组阶段时，就被认为是倒退或失败，这是一个众所周知的事实。人们都不愿意重回自己担任过创新角色的部门中工作，因为他们担心丧失对这个过程的决策权或影响力。下面是一些很常见的情景：

如果研究阶段提出的信息不能满足创造者的要求，后者会认为他们的观点很不合理，创造者认为市场信息和调查只能反映过去的情况，创造力是唯一能够预见未来的东西。他们不太可能要求别人提供新信息，相反，他们选择继续前进，并单纯依靠自身的资源来产生想法。

新产品的设计和研发部门慨叹无法成功开发出纳入“锦囊”的想法。殊不知，这是创造者常见的问题，他们不去要求自己检讨或思考新想法，而是简单地把概念发展成他们认为符合其领域的可能想法。正如经常发生的那样，创造者会说技术人员把他们的想法修改得面目全非。

随着事情按直线发展，产生种种分歧或冲突，新产品和新服务推出的负责人员往往是最终受害者。他们的看法可能是创新不具有足够潜力，导致产品或服务没有考虑到客户及其需要或市场上的商业现状。许多创新项目对于营销和销售部门都是一个威胁，因而参与及执行的资源会被分配到最低水平上，因为他们认为创新会威胁销售渠道及客户的关系。他们宁愿“破坏”创新，也不愿寻求改进。

这些部门之间相互需要之处：

（1）在确定目标中，发起者需要技术专家的支持，以了解技术所能提供的可能性；也需要市场调查、营销部门和销售部门的配合，以锁定机会所在的区域；

（2）调查部门需要营销部门的客户信息、销售部门的渠道信息以及研发部门的技术信息；

（3）研发和设计部门需要捕捉价值的营销能力，这在第六章已经阐述过了；

（4）营销部门需要工程师的专业知识确定技术可能性。

我们在前面的章节中已经看到，每个角色就其性质而言可以给其他角色人员提供额外的帮助。由于传统创新过程中各阶段的封闭性，这种帮助很少出现。在我们的模型中，随着我们通过多次前进后退式的互动，出现了新的合作阶段，我们称之为“交叉性投入”。

交叉性投入不是重要的任务，有时一个角色可以在另一个角色协作下一起执行。这不是对一个角色人员预期的主要任务，但后者的专业知识促进新技能的发展，可以帮助推进创新过程。

每个角色都有一个主要职能，其显示在表 9–1 的对角线上。

表 9–1　A–F 模型：角色互动矩阵

到……

从……

	A 发起者	B 搜索者	C 创造者	D 发展者	E 执行者
发起者（A）	发起 创新框架				
搜索者（B）		信息 有关信息			
创造者（C）			构思 概念		
发展者（D）				发明 切实的解决方案和营销计划	
执行者（E）					执行 推出

交叉性投入在下表中对角线的外面，表示他们可以给其他角色提供协作任务。例如，创造者能够提供给发起者的内容对应在第一列第三栏中——放弃想法（见表 9–2）。

表 9-2 各角色之间的交叉任务和合作任务

到……

从……	A 发起者	B 搜索者	C 创造者	D 发展者	E 执行者
发起者（A）	发起 创新框架	根据过程目标、层次和准则，确定研究框架	关注创意会议的重点 他们发起创新过程的目标和框架	确保同企业的整体战略一致	确保执行者按照规定的准则最终执行创新
搜索者（B）	对创新中的失败或错误吸取教训并分类。发现机会，进行新项目的发起	信息 有关信息	从调查中获得创意会议需要的灵感和材料内容	分析其他行业对同一技术的使用情况，以帮助发展者确定可用性和寻找可能的供应商	记录并标出参考的市场策略和战略，从类似的创新执行中吸取经验教训 在推出期间，监测KPI
创造者（C）	放弃那些无法开展的想法，继续那些有新创新潜力的想法	制定捕捉信息的方法，或把现有适合的方法纳入到过程中	构思 概念	对发展期间发现的问题、障碍、困难或限制因素，采用富有建设性的解决方法	对新产品或新服务推出计划，在创意会议上提出独创性新产品或新服务
发展者（D）	创新过程所用技术的新的应用可能性或应用领域	对于社会和市场趋势的分析，完成技术趋势的信息	帮助界定来自创意会议的概念 确定概念的技术性限制因素	发明 切实的解决方案和营销计划	对在测试和使用的产品，甚至在推出后，也要进行完善，这也是市场改进的要求
执行者（E）	执行突破性创新后，产生边际创新的想法	了解市场和销售渠道	创造者在提出主意后，捕捉价值的方法	在创建产品的开发没最终完成之前，预见到潜在的营销问题	执行 推出

在公司中，这种交叉活动或协作任务几乎是罕见的，但它们往往是自发出现的，并且通常不是一个正式的过程。使用 A–F 模型，这些做法可以在创新过程环境下组织并谨慎实施。我们在本章的“案例 2”中将详细地逐个阐述这些协作任务。

3. 角色而非部门

我们已经看到，不同专业领域的人员担任不同的角色并进行互动，但也有可能每一个角色由不同学科的人员组成。显然，发展者的组成人员主要是工程师和设计师，大多数的搜索者为研究人员。但是，根据公司的规模和项目规模，在分配到特定角色的人员之间，纳入一定数目的其他部门人员也是可行的。但需要注意的是，当我们按照指定到具体部门的阶段开展工作时，这种方法对开展工作是非常困难的。

利用 A-F 模型设计创新过程

该模型的一个显著优点是使我们能够设计出完全不同的创新过程，以应对目标和具体的创新战略。我们通过解决四个方面的问题来建立创新过程：

· 各角色的主要负责人

· 各角色所使用的方法

· 总时间及分配给各角色的时间

· 分配给各角色的资源

现在我们逐一说明这四个方面。

1. 各角色的主要负责人

对于谁来执行各角色，根据我们在前面章节的阐述，下表列出了所有可能的选择。这些不同的选项可供我们选择（可以选择一个或多个），见表 9-3。

表 9-3　创新过程中各角色的主要负责人

A 发起者	B 搜索者	C 创造者	D 发展者	E 执行者	F 促进者
最高管理层（总经理或首席创新官）	市场调查部门	广告公司	研发	现在的营销部（兼职团队）	最高管理层（总经理或首席创新官）
员工	市场调查供应商	创新型机构	新产品开发	现在的销售部（兼职团队）	财务总监
供应商	社会学家	营销	经营	专职营销团队	新项目委员会
分销商	营销	创新类型	制造	新部门	首席创新官
客户	销售	研发	外部供应商	新公司	董事
投资者	舆论领袖	客户	营销	第三方联盟	股东
高校	观察者小组	供应商	销售		员工
科学界	研发	创新型员工	专职工程师		创新团队
发明者	内部的其他部门	其他供应商或第三方			中层管理人员
工程公司	其他供应商或第三方				外部专家，利益相关者，或投资者

我们看到，从内部资源到外部资源，这里有很多种可能情况。我们该如何选择最好的组合？答案取决于对以下因素的组合：

——创新类型（突破性、边际性、升级、组合扩展等）

——部门或行业的类型（大众消费、B2B、服务、工业等）

——产品类型（功能和复杂性方面）

——该公司的创新能力和创新文化（创新性不足的企业会倾向于将这些角色分包或外包）

2. 各角色所使用的方法

一旦确定好人选，我们就进入下一步——如何使用方法。显然，每个角色将会大谈其对各自的项目资金希望使用的方法（见表 9-4）。

表 9-4　各角色人员使用的方法

A 发起者	B 搜索者	C 创造者	D 发展者	E 执行者	F 促进者
创新范围	创新评价	头脑风暴法	协助定义概念	营销方案和推出计划	主观评价
创新层次	相邻类别分析	蓝海策略	概念测试，完善设计	改进	测试显示的购买意向
创新重点	内部咨询	形态分析	图片	KPI演化	特尔斐预测法
创新准则	社会发展趋势/社会阶层	横向营销	界定特征的联合分析	后续的边际创新	名义团体法
创新检查单	市场趋势	属性清单	图纸	区域测试	全公司范围评定
	购买过程	情景分析	实物模型	市场测试	菲利普斯66法
	创新路线	客户拜访	样品	产品测试	六西格玛
	技术解决方案	共同创造	产品测试	ATR强度	成本效益分析
	设计参考	重新定义客户价值	家庭使用测试	实验	需求估计
	近期成功的营销战略/从错误中学习	集体讨论	专利		损益表分析
	互联网监控	概念定义			投资回报率分析
	人种学研究				情景分析
	地理定位				市场测试

在开始创新过程之前，我们需要清楚使用某些方法可能是不可取的。在所积累经验的基础上，周期性开展创新的公司经常列出方法清单，包含每一个角色建议修改的或采纳的最适合创新项目的方法。

随后对方法及方式效果的分析始终是有趣的。我们基于结果、效率及成本逐步建立了项目的类型体系，这可用作一种手段，把我们希望采用的方法设计到创新过程中。

3. 总时间及分配给各角色的时间

设计创新过程还必须包括预期或建议的日程安排。我们已明确说明，A–F 模型没有指定的或确定的具体阶段，各阶段应该是这些角色之间的互动结果。但是，基于创新过程的目标和性质，我们可以非常准确地预估出各角色所需的时间。

例如，一家公司正在寻求增加其投资组合中的产品口味，对发展者的时间要求要比推出突破性创新的少。

在很大程度上，部门或行业将确定所需的总时间。例如，一件新家具和一辆新车所需的时间是不同的。

这同样适用于创新级别，在第三章已有解释。商业模式创新要比过程创新需要更多的时间，同新市场创新所需的时间大体相等，但比产品创新的时间要少。

4. 分配给各角色的资源

同样的原则也适用于创新过程中预算的估计。由此可见，促进者在现场监督新项目支出的分配和审批，但是很难预见到各角色分配的资源，这有助于创新过程的参与者合理地确定各自的期望值。显然，时间数量和财政资源的数量没有必然关系（见表 9–5）。

表 9–5　资源分配给每个创新过程中的角色

	A 发起者	B 搜索者	C 创造者	D 发展者	E 执行者	F 促进者
预计总时间×月	占工作时间的X%	占工作时间的X%	占工作时间的X%	占工作时间的X%	占工作时间的X%	占工作时间的X%
预计投入金额：×××美元	占预算的Y%	占预算的Y%	占预算的Y%	占预算的Y%	占预算的Y%	占预算的Y%

让我们看一个完整的设计例子，想象一下一家公司对一种青少年新香水系列的创新过程，这种香水在该领域已经存在，但是属于成人用香水。

该创新过程的发起者是总经理。由于该公司没有自己的调查部门，所以外包搜索者的角色给一家专业的市场调查公司。营销部门担任创造者的角色，选定的其他内部人员担任创造性人员，总经理在财务总监的支持下担任促进者的角色，一个新设立的青少年香水部门负责执行，担任执行者的角色。该创新过程的目标是创建两种新型青少年香水，新成立部门负责推出创新产品（见表 9-6）。

表 9-6　青少年香水创新过程中的角色

A 发起者	B 搜索者	C 创造者	D 发展者	E 执行者	F 促进者
最高管理层（总经理或首席创新官）	市场调查部门	广告公司	研发	现在的营销部（兼职团队）	最高管理层（总经理或首席创新官）
员工	市场调查供应商	创新型机构	新产品开发	现在的销售部（兼职团队）	财务总监
供应商	社会学家	营销	经营	专职营销团队	新项目委员会
分销商	营销	创新类型	制造	新部门	首席创新官
客户	销售	研发	外部供应商	新公司	董事
投资者	舆论领袖	客户	营销	第三方联盟	股东
高校	观察者小组	供应商	销售		员工
科学界	研发	创新型员工	专职工程师		创新团队
发明者	内部其他部门	其他供应商或第三方			中层管理人员
工程公司	其他供应商或第三方				外部专家，利益相关者，或投资者

对于第二个方面（使用的方法），发起者使用创新范围、创新层次（市场创新）及创新准则。对他们来说，在这种创新过程中，搜索者将使用类似于相邻类别分析的方法，在青少年产品中搜索新开发产品（不一定是香水），并分析社会发展趋势。该公司希望该香水产品要标新立异，不同于市场上的主流香水。我们认为创造者将使用属性列表，并到异国走访发展新的差异化概念，与发展者一起协作，通过概念定义对建议实物化；后

表 9-7　青少年香水创新过程中使用的方法

A 发起者	B 搜索者	C 创造者	D 发展者	E 执行者	F 促进者
创新范围	创新评价	头脑风暴法	协助定义概念	营销方案和推出计划	主观评价
创新层次	相邻类别分析	蓝海策略	概念测试，完善设计	改进	测试显示的购买意向
创新重点	内部咨询	形态分析	图片	KPI演化	特尔斐预测法
创新准则	社会发展趋势/社会阶层	横向营销	界定特征的联合分析	后续的边际创新	名义团体法
创新检查单	市场趋势	属性清单	图纸	区域测试	全公司范围评定
	购买过程	情景分析	实物模型	市场测试	菲利普斯66法
	创新路线	客户拜访	样品	产品测试	六西格玛
	技术解决方案	共同创造	产品测试	ATR强度	成本效益分析
	设计参考	重新定义客户价值	家庭使用测试	实验	需求估计
	近期成功的营销战略/从错误中学习	集体讨论	专利		损益表分析
	互联网监控	概念定义			投资回报率分析
	人种学研究				情景分析
	地理定位				市场测试

者将开发出产品样品，并对消费者进行产品测试；执行者将建立一个新部门，勾画出营销计划，通过一系列的关键绩效指标（基本上是独立的、果断的认识和市场占有率、份额）进行监控；最后，促进者将根据投资回报率和成本效益分析评估项目的可行性（见表 9-7）。

对于第三、第四方面的时间和资源，该公司计划的时间为 4 个月，预算为 60 万美元，并估计各角色的总时间及预算的份额，具体如表 9-8 所示：

表 9-8 青少年香水创新过程的时间和资源

	A 发起者	B 搜索者	C 创造者	D 发展者	E 执行者	F 促进者
预计总时间：4个月	占工作时间的5%	占工作时间的30%	占工作时间的20%	占工作时间的30%	占工作时间的10%	占工作时间的5%
预计投入金额：60万美元	占预算的5%	占预算的20%	占预算的10%	占预算的30%	占预算的30%	占预算的5%

我们能够看到 A-F 模型是如何使我们得以设计整个创新过程的（见表 9-9）。

表 9-9 青少年香水创新过程设计

	A 发起者	B 搜索者	C 创造者	D 发展者	E 执行者	F 促进者
分配任务	总经理	市场调查供应商	营销部门和公司内的创新型员工	研发和经营部门	新部门	总经理和财务总监
交付（使用的技术和方法）	创新范围 创新层次 创新准则	相邻类别分析 社会发展趋势 社会阶层研究	属性清单 巴黎、米兰和纽约的考察	概念定义 样品开发 产品测试	制定营销准则 推出和KPI追踪（在第一年，市场获悉，市场渗透，试销和市场份额）	投资回报率分析 成本效益分析
工作时间占用比例	5%	30%	20%	30%	10%	5%
费用金额	3万美元	12万美元	6万美元	18万美元	18万美元	3万美元

过程协调

最后，虽然这些角色的动力本身可以自己决定过程，我们还是建议安排专人负责监督 A–F 的所有角色，例如项目经理。项目经理在众多控制过程中不同于其他人员，其职责是在关键时刻会进行干预，保证创新过程的继续推进。

在所有项目的关键时刻，需要有人来制止正在进行的讨论，或者在缺乏共识时，停止群体决策。同时，安排一个人作为中介人，代表其他部门、公司员工，甚至是自己团队的成员，这样可以使事情变得更容易。

项目经理并不是一个专制独裁或者负所有责任的人员，而是在关键的情况下避免创新过程停滞不前的人。如果是组织内人员，那么该人员可能是创新过程的发起者。

为了说明 A–F 模型可适用于任何公司，不管公司规模大小或从事何种业务，我们在“案例 1”中进一步说明该模型的多功能性和全面性。我们吸纳了相关的书中所讨论的内容——壳牌博弈规则转变者小组和 IBM 的新兴商业机会。同时，我们也包括三个涵盖不同类型的行业的创新理论例子：工业部门的新产品、零售行业流程的升级和服务业的新商业模式。

从方法到方案

A–F 模型不仅包括设计过程，也包括创新方式，如现代方式的创新、反向创新、共同创造或开放式创新。

注意：通过从发起者到执行者的各角色中增加外部代理人（客户、供应商、合作者或渠道），使用该模型可以说明最近的创新过程和方式。

例如，在苹果 iPhone 应用程序开放式的创新模式中，我们可以使用 A–F 模型说明各角色人员所起的作用（见表 9–10）。

表 9-10　A-F 模型下，开放式创新方式中各角色人员的作用

A 发起者	B 搜索者	C 创造者	D 发展者	E 执行者	F 促进者
最高管理层（总经理或首席创新官）	市场调查部门	广告公司	研发	现在的营销部（兼职团队）	最高管理层（总经理或首席创新官）
员工	市场调查供应商	创新型机构	新产品部门	现在的销售部（兼职团队）	财务总监
供应商	社会学家	营销	经营	专职营销团队	新项目委员会
分销商	营销	创新类型	制造	新部门	首席创新官
客户	销售	研发	外部供应商	新公司	董事
投资者	舆论领袖	客户	营销	第三方联盟	股东
高校	观察者小组	供应商	销售		员工
科学界	研发	创新型员工	专职工程师		创新团队
发明者	内部其他部门	其他供应商或第三方			中层管理人员
工程公司	其他供应商或第三方				外部专家，利益相关者，或投资者

结论

正如我们所看到的，这种设计完全适合于任何情况和任何行业。我们认为，就 A-F 模型在创新过程中要求的功能完整性而言，是适合创新领域的其他作家、研究人员或创新人员发展新方法、新工具和新方案所采纳的模型。同样，进入创新领域的公司将逐步发展自己的方法和工具。

营销 4P 理论在其极盛时期对公司的组织、定位和保证企业营销活动

连贯性都是一个很好的方法，同样我们认为 A-F 模型在创新领域对于组织、定位，包括对于连贯地使用数量巨大、变化多样的创新文献也是行之有效的方法。

案例 1 壳牌和 IBM 的创新设计过程

我们在本书第三章讨论过的案例中选取两个：壳牌公司的博弈规则转变者小组和 IBM 的新兴商业机会。我们复习第三章中的壳牌公司案例：

“例如，壳牌公司在 20 世纪 90 年代中叶组建了‘博弈规则转变者’小组，这个小组的成员为富有创意的中级管理人员，他们可以利用整个公司的其他技术资源。他们的任务是发展新想法，有 2000 万美元的预算来实施想法，以打破现有的规则和传统智慧。博弈规则转变者小组创建了几个专门小组，以执行创新过程中的一些基本功能——创新实验室，任务是完善和改进他们的想法；行动实验室，在受控环境中探索想法；以及企业家理事会（创业板），评估最好的项目并提供资金。博弈规则转变者实验从一个部门开始探索和生成想法。现在它已经扩展到整个公司，并且每个部门都有自己的博弈规则转变者小组程序，甚至还成立了一个专门从事激进项目创新的博弈规则转变者小组，这些是壳牌公司现有业务范围以外的项目。”

我们可以看到，管理层（发起者）拥有主动权，但这限于检查创新资源、开放的区域及创新的重点和范围。根据我们的资料，有可能该公司使用自己的调查部门（搜索者），负责检查技术的发展趋势和可能性；创造者在这里为创新实验室，也来自该组织本身（不规定创造能力或发展方法）；发展者也来自壳牌内部（研发和新产品部门），由一个专门的壳牌团队（壳牌称为“行动实验室”）负责执行，或组建一个新部门（也称为“博弈规则转变者小组”）专门负责突破性创新。我们发现，创新措施是来自专门小组（壳牌的说法是“创业板”）对新产品的主观评价。

我们可以看到，分配给这些角色的人员各个不同，但同那些在模型下不同方案中的人员一样，他们在本质上是相同的（见表 9–11、表 9–12）。

表 9–11 壳牌公司博弈规则转变者小组（角色）

A 发起者	B 搜索者	C 创造者	D 发展者	E 执行者	F 促进者
最高管理层（总经理或首席创新官）	市场调查部门	广告公司	研发	现在的营销部（兼职团队）	最高管理层（总经理或首席创新官）
员工	市场调查供应商	创新型机构	新产品开发	现在的销售部（兼职团队）	财务总监
供应商	社会学家	营销	经营	专职营销团队	新项目委员会
分销商	营销	创新类型	制造	新部门	首席创新官
客户	销售	研发	外部供应商	新公司	董事
投资者	舆论领袖	客户	营销	第三方联盟	股东
高校	观察者小组	供应商	销售		员工
科学界	研发	创新型员工	专职工程师		创新团队
发明者	内部其他部门	其他供应商或第三方			中层管理人员
工程公司	其他供应商或第三方				外部专家，利益相关者，或投资者

表 9-12 壳牌公司博弈规则转变者小组（方法）

A 发起者	B 搜索者	C 创造者	D 发展者	E 执行者	F 促进者
创新范围	创新评价	头脑风暴法	协助定义概念	营销方案和推出计划	主观评价
创新层次	相邻类别分析	蓝海策略	概念测试，完善设计	改进	测试显示的购买意向
创新重点	内部咨询	形态分析	图片	KPI演化	特尔斐预测法
创新准则	社会发展趋势/社会阶层	横向营销	界定特征的联合分析	后续的边际创新	名义团体法
创新检查单	市场趋势	属性清单	图纸	区域测试	全公司范围评定
	购买过程	情景分析	实物模型	市场测试	菲利普斯66法
	创新路线	客户拜访	样品	产品测试	六西格玛
	技术解决方案	共同创造	产品测试	ATR强度	成本效益分析
	设计参考	重新定义客户价值	家庭使用测试	实验	需求估计
	近期成功的营销战略/从错误中学习	集体讨论	专利		损益表分析
	互联网监控	概念定义			投资回报率分析
	人种学研究				情景分析
	地理定位				市场测试

这是我们在第三章基于新兴商业机会（EBO）描述的 IBM 创新系统：

“该公司请求客户、外部观察员及风险资本家提出 IBM 现在没有进入但具有潜力（IBM 称它们为 EBO，即新兴商业机会）的业务领域。IBM 并不依靠其自身的研发部门给出此类建议，因为后者更关注企业目前的领域，因此缺乏从局外人的角度来思考新的商业机会。IBM 的战略经理从大量的建议中挑选出最有可能成功的建议，然后同经验丰富的管理人员一起确定。部门负责人对其领导的众多人员承担责任。但是在自己的部门里，投资新的高风险项目，可控制的空间很小。然后，他们受委派打造企业未来。在职业生涯的高度，要求他们把自己的工作经验放在内部启动上。自2000 年推出这个系统，IBM 就诞生了 25 个新兴商业机会，其中失败的只有3 个。在成功的商业机会中，有四个项目（数字媒体、生命科学、Linux 和令人信服的估算）在 2003 年和 2004 年获得的收益均超过了 10 亿美元。”

我们可以看到（见表 9–13），发起者在这里是投资者和客户，提出的建议具有一定水平的创新性（新业务、新市场）。然后，同一个人执行信

表 9–13 IBM 的新兴商业机会（角色）

A 发起者	B 搜索者	C 创造者	D 发展者	E 执行者	F 促进者
最高管理层（总经理或首席创新官）	市场调查部门	广告公司	研发	现在的营销部（兼职团队）	最高管理层（总经理或首席创新官）
员工	市场调查供应商	创新型机构	新产品开发	现在的销售部（兼职团队）	财务总监
供应商	社会学家	营销	经营	专职营销团队	新项目委员会
分销商	营销	创新类型	制造	新部门	首席创新官
客户	销售	研发	外部供应商	新公司	董事
投资者	舆论领袖	客户	营销	第三方联盟	股东
高校	观察者小组	供应商	销售		员工
科学界	研发	创新型员工	专职工程师		创新团队
发明者	内部的其他部门	其他供应商或第三方			中层管理人员
工程公司	其他供应商或第三方				外部专家，利益相关者，或投资者

息搜索任务，并且在一定程度上发挥舆论领袖的作用，他们指出最重要的市场趋势。原则上，这里没有明显的创造性阶段，因为他们直接指出了有利可图的业务。发展和创造齐头并进，但任务不是分配给研发部门，而是分配给具体的管理人员，这些管理人员会脱离其正常的工作内容，完全致力于开发新的业务内容（EBO）。他们将提出一个单独的损益表，通过选定的 KPI 进行监控。所有投资项目必须由 IBM 公司的战略总监进行审批，审批主要是通过定性（主观评价）和定量（投资回报率分析）来评定各个项目的创新性（见表 9-14）。

表 9-14　IBM 的新兴商业机会（方法）

A 发起者	B 搜索者	C 创造者	D 发展者	E 执行者	F 促进者
创新范围	创新评价	头脑风暴法	协助定义概念	营销方案和推出计划	主观评价
创新层次	相邻类别分析	蓝海策略	概念测试，完善设计	改进	测试显示的购买意向
创新重点	内部咨询	形态分析	图片	KPI演化	特尔斐预测法
创新准则	社会发展趋势/社会层次	横向营销	界定特征的联合分析	后续的边际创新	名义团体法
创新检查单	市场趋势	属性清单	图纸	区域测试	全公司范围评定
	购买过程	情景分析	实物模型	市场测试	菲利普斯66法
	创新路线	客户拜访	样品	产品测试	六西格玛
	技术解决方案	共同创造	产品测试	ATR强度	成本效益分析
	设计参考	重新定义客户价值	家庭使用测试	实验	需求估计
	近期成功的营销战略/从错误中学习	集体讨论	专利		损益表分析
	互联网监控	概念定义			投资回报率分析
	人种学研究				情景分析
	地理定位				市场测试

采用 A–F 模型，任何规模、类型、行业的公司都可以设计自己的创新过程。现在，我们看看这三个例子：工业部门的新产品、零售行业流程升级和服务业的新商业模式。

1. 工业领域的中等规模企业的设计

设想一家制造大型纺织机械小组件的中等规模企业。该企业拥有大约 30 名员工，没有市场部或创新部门，只有 1 位执行官、4 位销售代表、1 位销售经理和 1 个涵盖制造及新产品开发任务的技术部门，工厂有 5 名工程师和 10 个工人，其余的都是办公人员。该企业决定推出一个工艺创新，以提高组件的产品质量并降低成本。这些组件是数码织机裁布刀的长刀片。该企业没有太多资源进行创新，所以它不考虑开展激进性创新，目的只是希望改进其现有的组件质量，以提高客户满意度和忠诚度。

采用 A–F 模型，他们的工艺创新设计可能为：

这个过程开始于经理主动请求主要客户对组件提出希望改进的方面及内容。经理要求（见下表）技术部门做相应的记录，以专注于过程的目标上；销售主管的任务是在发展者（见下表）的帮助下搜集过去创新和可能性的信息；该企业的技术部门人员和生产组件所用钢材的主要供应商负责提出想法（创造者）；对于创造者提出的想法，发展者负责评估其技术可行性；该公司的技术部门负责开发；销售主管负责执行计划；总经理负责审批投资项目。

因此，我们发现，在这个过程中，参与者局限于管理层和销售、技术部门的人员，并且客户提供输入信息，供应商提供建议。

下面是一份设想的协作任务表。虽然在这个过程中，任何人员在需要的情况下都可以启动一项任务，但可以预见的是发展者基本应支持其他角色人员的工作。

表 9-15　工业公司（中小企业）创新过程的设计（角色）

A 发起者	B 搜索者	C 创造者	D 发展者	E 执行者	F 促进者
最高管理层（总经理或首席创新官）	市场调查部门	广告公司	研发	现在的营销部（兼职团队）	最高管理层（总经理或首席创新官）
员工	市场调查供应商	创新型机构	新产品开发	现在的销售部（兼职团队）	财务总监
供应商	社会学家	营销	经营	专职营销团队	新项目委员会
分销商	营销	创新类型	制造	新部门	首席创新官
客户	销售	研发	外部供应商	新公司	董事
投资者	舆论领袖	客户	营销	第三方联盟	股东
高校	观察者小组	供应商	销售		员工
科学界	研发	创新型员工	专职工程师		创新团队
发明者	内部的其他部门	其他供应商或第三方			中层管理人员
工程公司	其他供应商或第三方				外部专家，利益相关者，或投资者

表 9-16　工业公司（中小企业）创新过程的设计 F 模型的主要任务和交叉性职能

到……

从……	A 发起者	B 搜索者	C 创造者	D 发展者	E 执行者
A 发起者	发起	调查框架	创新重点 概念确认	战略一致性	准则 额外资源
B 搜索者	经验教训 调查结果	信息	创意会议上想法刺激	技术相似性 寻找供应商 第三方	KPI追踪记录 成功的战略和策略
C 创造者	放弃的想法	新调查方法的创新	构思	问题解决方法	营销和销售计划的意见
D 发展者	技术方面的投入	技术趋势	对概念的技术验证	发明	改进
E 执行者	边际创新的可能性	对市场的了解	价值获取	销售和营销的限制因素	执行

在下表中可以看到该过程产生的工具及结果。这是一个非常基本、简单的过程，目的是改进产品，它消耗的资源很少。管理层明确地界定创新重点，并对必须开展的工作任务开出一份清单。搜索者（在这种情况下为销售部门）提交（切割组件）行业发展趋势报告，并提供其他公司已发现的有成功可能的解决方案。所有这些信息提供给担当创造者角色的技术人员。我们建议使用形态分析方法来找到新的组合，有助于改进这些组件。创意会议以共同创造的方式进行组织，在这种情况下，共同创造的方式为与供应商建立伙伴关系。批准的想法提交给发展者，并要求发展者先做出生产计划图纸，然后构建出原型。在组件改进未完成之前，制订推出计划。然后进行客户测试，并根据结果完成改进工作。该企业的技术和销售管理人员以及参与组建开发的顾客通过投资回报率分析对投资项目进行评估，评估工作由经理负责。

表 9-17 工业公司（中小企业）创新过程的设计（方法）

A 发起者	B 搜索者	C 创造者	D 发展者	E 执行者	F 促进者
创新范围	创新评价	头脑风暴法	协助定义概念	营销方案和推出计划	主观评价
创新层次	相邻类别分析	蓝海策略	概念测试，完善设计	改进	测试显示的购买意向
创新重点	内部咨询	形态分析	图片	KPI演化	特尔斐预测法
创新准则	社会发展趋势/社会阶层	横向营销	界定特征的联合分析	后续的边际创新	名义团体法
创新检查单	市场趋势	属性清单	图纸	区域测试	全公司范围评定
	购买过程	情景分析	实物模型	市场测试	菲利普斯66法
	创新路线	客户拜访	样品	产品测试	六西格玛
	技术解决方案	共同创造	产品测试	ATR强度	成本效益分析
	设计参考	重新定义客户价值	家庭使用测试	实验	需求估计
	近期成功的营销战略/从错误中学习	集体讨论	专利		损益表分析
	互联网监控	概念定义			投资回报率分析
	人种学研究				情景分析
	地理定位				市场测试

表 9–18　工业公司（中小企业）创新过程的时间和资源

	A 发起者	B 搜索者	C 创造者	D 发展者	E 执行者	F 促进者
预计总时间：3个月	占工作时间的5%	占工作时间的10%	占工作时间的20%	占工作时间的40%	占工作时间的10%	占工作时间的5%
预计投入金额：100万美元	占预算的5%	占预算的10%	占预算的10%	占预算的50%	占预算的20%	占预算的5%

2. 零售商流程升级

设想零售领域中的一家公司，不想彻底改变本身，希望进行过程升级来提高客户满意度，想要更轻松地进入市场和站住脚、更容易找到产品、更快结账和有更多种类的支付方式。

管理层发起这个过程，并确定创新的唯一重点（通过改进过程提高客户满意度）；零售商的调查部搜集信息，负责通过市场调查提供一份顾客满意度评审报告，并通过同内部员工及销售人员的访谈来获取他们对过程改进的建议，这些建议是他们基于自身的经验认为值得考虑的建议。并且，他们把对近期社会发展趋势的分析工作外包给一位社会学专家，该分析是有关用户针对不同产品和服务的满意度。内部员工和销售人员参加创意会议，该会议使用两个创造性方法——头脑风暴和重新定义客户价值。业务部将制定最好的想法，并负责给调查研究提供资金，该调查研究采用联合分析法，目的是将潜在的改进方面按优先等级排序。销售部门负责执行，他们被要求在五家商店实施新过程进行测试，对这些商店的顾客满意度同其他商店的顾客满意度情况进行比较。这时，公司不制定需改进的方面。在这两种情况下，我们分析关键绩效指标。如果发现有显著改进，财务总监在进行成本风险分析后批准相应的投资项目。让我们看看这种情况（见表 9–19、表 9–20）。

表 9-19 零售企业新过程创新的设计（角色）

A 发起者	B 搜索者	C 创造者	D 发展者	E 执行者	F 促进者
最高管理层（总经理或首席创新官）	市场调查部门	广告公司	研发	现在的营销部（兼职团队）	最高管理层（总经理或首席创新官）
员工	市场调查供应商	创新型机构	新产品开发	现在的销售部（兼职团队）	财务总监
供应商	社会学家	营销	经营	专职营销团队	新项目委员会
分销商	营销	创新类型	制造	新部门	首席创新官
客户	销售	研发	外部供应商	新公司	董事
投资者	舆论领袖	客户	营销	第三方联盟	股东
高校	观察者小组	供应商	销售		员工
科学界	研发	创新型员工	专职工程师		创新团队
发明者	内部的其他部门	其他供应商或第三方			中层管理人员
工程公司					外部专家，利益相关者，或投资者

表 9-20 零售企业新过程创新的设计（方法）

A 发起者	B 搜索者	C 创造者	D 发展者	E 执行者	F 促进者
创新范围	创新评价	头脑风暴法	协助定义概念	营销方案和推出计划	主观评价
创新层次	相邻类别分析	蓝海策略	概念测试，完善设计	改进	测试显示的购买意向
创新重点	内部咨询	形态分析	图片	KPI演化	特尔斐预测法
创新准则	社会发展趋势/社会阶层	横向营销	界定特征的联合分析	后续的边际创新	名义团体法
创新检查单	市场趋势	属性清单	图纸	区域测试	全公司范围评定
	购买过程	情景分析	实物模型	市场测试	菲利普斯66法
	创新路线	客户拜访	样品	产品测试	六西格玛
	技术解决方案	共同创造	产品测试	ATR强度	成本效益分析
	设计参考	重新定义客户价值	家庭使用测试	实验	需求估计
	近期成功的营销战略/从错误中学习	集体讨论	专利		损益表分析
	互联网监控	概念定义			投资回报率分析
	人种学研究				情景分析
	地理定位				市场测试

3. 服务业新的商业模式

让我们看一个稍微复杂些的例子。我们是一家网上销售保单的保险公司，现在公司决定开发一种新的商业模式。我们现在销售汽车险，希望从互联网销售（这是目前的销售方式）转变到采用新的销售渠道——驾驶学校和汽车经销商。这意味着整个利润结构发生根本变化，我们必须订立分享保单销售利润的销售协议。这种商业模式和我们目前的模式完全不同，因此我们必须寻求多方面的创新方案。我们需要一个长期的创新过程，这个过程需要大量的投资以及同第三方进行一系列的谈判。我们在保险政策和责任内容的设计上也将做出改变，因为我们的潜在客户可能是新司机，也可能是新车主。

让我们看看如何利用 A–F 模型设计服务业的创新过程，并确定一个新的商业模式。

我们创新过程中的发起是一个由汽车经销商、驾驶学校、保险公司三方之间达成的联合倡议。这种联合发起给我们提供风险保障及一般管理团队。但是，创新的范围和水平应给予明确的界定（一种新的商业模式），该创新准则将规定实际的投资限额以及新业务前三年的利润额。由于这个过程比较漫长，这里还将有一个检查单，检查内容包括对有关资源、人员等过程要求回答的问题（见表 9–21、表 9–22）。

表 9–21　保险市场新商业模式创新过程的设计（角色）

A 发起者	B 搜索者	C 创造者	D 发展者	E 执行者	F 促进者
最高管理层（总经理或首席创新官）	市场调查部门	广告公司	研发	现在的营销部（兼职团队）	最高管理层（总经理或首席创新官）
员工	市场调查供应商	创新型机构	新产品部门	现在的销售部（兼职团队）	财务总监
供应商	社会学家	营销	经营	专职营销团队	新项目委员会
分销商	营销	创新类型	制造	新部门	首席创新官
客户	销售	研发	外部供应商	新公司	董事
投资者	舆论领袖	客户	营销	第三方联盟	股东
高校	观察者小组	供应商	销售		员工
科学界	研发	创新型员工	专职工程师		创新团队
发明者	内部的其他部门	其他供应商或第三方			中层管理人员
工程公司	其他供应商或第三方				外部专家，利益相关者，或投资者

表 9-22 保险市场新商业模式创新过程的设计（方法）

A 发起者	B 搜索者	C 创造者	D 发展者	E 执行者	F 促进者
创新范围	创新评价	头脑风暴法	协助定义概念	营销方案和推出计划	主观评价
创新层次	相邻类别分析	蓝海策略	概念测试，完善设计	改进	测试显示的购买意向
创新重点	内部咨询	形态分析	图片	KPI演化	特尔斐预测法
创新准则	社会发展趋势/社会阶层	横向营销	界定特征的联合分析	后续的边际创新	名义团体法
创新检查单	市场趋势	属性清单	图纸	区域测试	全公司范围评定
	购买过程	情景分析	实物模型	市场测试	菲利普斯66法
	创新路线	客户拜访	样品	产品测试	六西格玛
	技术解决方案	共同创造	产品测试	ATR强度	成本效益分析
	设计参考	重新定义客户价值	家庭使用测试	实验	需求估计
	近期成功的营销战略/从错误中学习	集体讨论	专利		损益表分析
	互联网监控	概念定义			投资回报率分析
	人种学研究				情景分析
	地理定位				市场测试

搜索者的角色分配给我们的营销部门，必须深入分析新司机和新车主购买保险的过程。我们的市场调研部门承担相邻类别分析，如路边援助保险、售后服务保证或维修一条龙等。我们也将对汽车保险领域的所有创新项目开展创新审查，以确保我们在该领域提供的是一种新的服务项目。而且，五位意见领袖（一位金融领域专家、两位驾驶学校管理人员、一位汽车经销店经理和一位司机俱乐部经理）将通过我们在市场调查中的深入访

谈来评估该项目的首创性。我们从五位意见领袖那里寻求信息。此外，我们将成立一个观察员小组，在一个月期限内该小组负责随时报告汽车保险领域的情况。

提出想法的任务将被分配给一个外部的创意机构，该机构必须组建一个团队，其团队成员包括两位营销人员、两位金融机构人员（说明保险险别）及两位具有创造性倾向的销售人员。设想的创意方法是蓝海战略（确定新业务的理想方法），拜访不同的保险分销商，任何符合条件的客户均可参与共同创造会议：在过去一年已经办理了保险的、持有驾照时间不到一年的及拥有汽车不到九个月的。

创意团队将一起工作来确定新的商业模式，具体细节将在内部业务部门的工作会议上规定。我们需对这种服务进行市场调查，在建立新业务之前，我们需制定出营销计划概要，该任务将由专门的营销团队和特此创建的新公司或合伙公司负责。执行者也需积极地适应基于最近几个月市场情况所设计的保险、价格及销售策略。此外，对于出现的积极性结果，他们应该制定一个保险产品组合发展战略，至少包括另外五种保险产品。

根据服务测试，从投资回报率分析及委员会成员的评估结果获得的需求估计，我们将提交该创新项目给所有股东，以待批准。

案例 2　协作任务的细节和案例

从搜索者到发起者的信息投入：反馈和成果

因为搜索者监测新产品的投放，他们可以通过对经验知识适当分类，丰富对创新的认识，这些经验知识来自创新过程、发展及执行。或者从相反的角度看：毫无疑问的是通过创新审查或在第四章所讨论的方法——彻底的信息搜索过程会促使发现市场机会、新工艺及形成深刻见解，这些信息会让不同的团队发起新过程。这是传递给发起者或首席创新官（CIO）的关键反馈，发起者或首席创新官如第三章中所说是对正在实施的或过去的所有创新项目计划进行 360 度审视的人。

表 9-23　A-F 模型的主要任务和交叉性职能

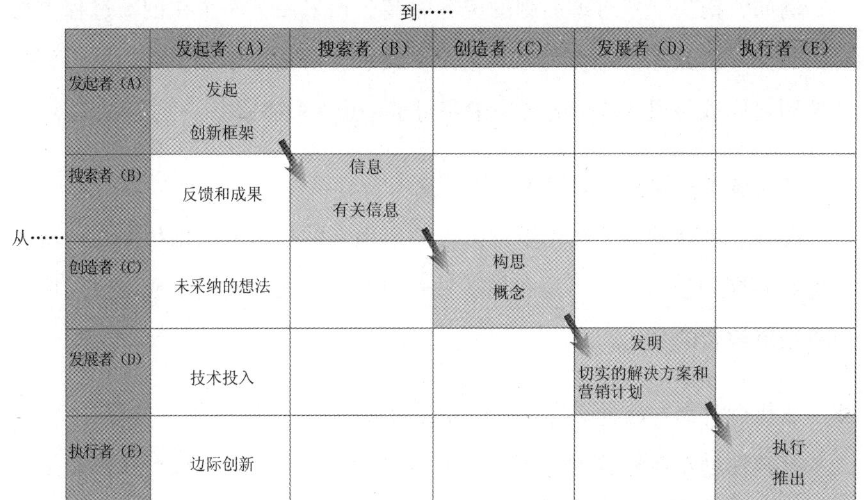

到……

从……	发起者（A）	搜索者（B）	创造者（C）	发展者（D）	执行者（E）
发起者（A）	发起 创新框架				
搜索者（B）	反馈和成果	信息 有关信息			
创造者（C）	未采纳的想法		构思 概念		
发展者（D）	技术投入			发明 切实的解决方案和营销计划	
执行者（E）	边际创新				执行 推出

例如，在乐购，许多创新项目来源于对贵宾卡数据的持续分析，其中的变化用于决定新物品类别。在这种情况下，乐购搜索者的职责是发现可能的创新过程，并告知发起者。

从创造者到发起者的投入：未采纳的想法

我们认为，要利用一切来自创新过程的东西。经验表明，创意会议会产生大量不被采纳的想法，因为它们过于偏离项目的目的，是必须放弃的。我们正在谈论的这方面包括简单的微小改进或边际创新，也包括管理层考虑的突破性想法。创造者可以直接启动从发起者到发展者的一个新的创新过程。我们设想有一个未被采纳但似乎很有潜力的想法，这个想法一旦得以评价和评估，可能是一个新的创新过程的开始，并不需要很多搜索者和创造者提供大量投入，直接可以开发、融资和执行，只需搜索者和创造者提供一些所需要的支持或协作任务。通常，一个想法会引出另一个想法，以此类推。这样，如果对创意会议上放弃的想法进行记录，一个创新过程可能产生另一个创新过程，以此类推。创造者、发起者的协作关系是一个特殊的项目产生方式，并有益于公司创新文化的形成。

例如，销售卡罗琳娜品牌的美容时装公司采用了一个在创新过程中放弃的想法，就是用燕麦作为原料生产洗发水，后来这个想法成为一个新的创新项目。该公司从放弃的想法中获得了一个主打产品。

从发展者到发起者的投入：技术投入

在开发创新的可能技术中，有可能出现新的技术或应用程序与创新产品拥有相同的技术，而不是在创新过程中所设想的那些技术或者仅仅用于改善投资组合的其他产品。

从执行者到发起者的投入：边际创新

突破性创新应被认为是通过相关的边际创新实现的。执行者可能是启动一个新的创新过程的最适合的建议发起者，在这种情况下，我们可以把边际创新发展成一种突破性的产品或服务组合。

例如，百事公司的零食部门每年都会在现有品牌下推出几种新口味产品。他们的市场营销部门根据对市场的观察提出这种边际创新的建议。

表 9-24　A-F 模型的主要任务和交叉性职能

到……

从……

	发起者（A）	搜索者（B）	创造者（C）	发展者（D）	执行者（E）
发起者（A）	发起 创新框架	信息搜索框架			
搜索者（B）		信息 有关信息			
创造者（C）		信息搜索创新	构思 概念		
发展者（D）		技术发展趋势		发明 切实的解决方案和营销计划	
执行者（E）		对市场的了解			执行 推出

从发起者到搜索者的投入：信息搜索框架

发起者通过确定创新目标、预期水平、准则和类型，为创新过程第一阶段必须收集信息的人员提供了一个理想的框架。事实上，这可能不会被认为是一项协作任务，但其部分主要职能属于协作任务范围（从发起者到搜索者）。

从创造者到搜索者的投入：信息搜索创新

创造者的创造性方法可以帮助搜索者制定新方法或结合现有的方法来捕捉信息，从而提供完全切题的方法，适合并适用于现在的创新过程。

从发展者到搜索者的投入：技术发展趋势

技术员和工程师可以提供完整的技术发展趋势信息。技术发展趋势包含在社会和市场的发展趋势分析中，这些信息从创新过程一开始时就非常有用，这是可能性的艺术，即技术可能性提供一切。

例如，英西女鞋公司萨卡伦敦的设计者们研究了各种技术可能性，然后询问社会研究者与时尚界的相关性，这种伙伴关系在激光技术的创新使用中受益颇多。因为公司可以得到顾客脚部的确切三维尺寸，根据每只脚的精确模型，最后由顾客亲自设计自己的鞋子。激光三维成像技术的可能性得到了验证，因为它把社会和市场的发展趋势与个性化的产品和服务联系了起来。

从执行者到搜索者的投入：对市场的了解

创新执行者基本上是与销售和市场营销有联系的人，可以向搜索者提供他们从市场和销售渠道了解的信息。搜索者往往高度关注最终客户，这点很好，但是这种观点并不全面，因为它没有考虑到我们参与竞争的市场环境。

这一合作任务的一个实际应用是互联网论坛和博客。营销部门把互联网上表达的意见在一定程度上看成是真正的信息资料，他们的管理和监控方向已转移到市场调查部门，并形成一种新的研究方法。这种方法来自执行者建立的客户沟通机制。

到目前为止，我们看到了搜索者从其他角色人员可获取什么样的投入内容。对于创造者，任务如下（见表 9-25）：

表 9-25　A-F 模型的主要任务和交叉性职能

到……

从……

	发起者（A）	搜索者（B）	创造者（C）	发展者（D）	执行者（E）
发起者（A）	发起 创新框架		创新重点 概念确认		
搜索者（B）		信息 有关信息	刺激因素		
创造者（C）			构思 概念		
发展者（D）			概念和限制	发明 切实的解决方案和营销计划	
执行者（E）			价值获取		执行 推出

从发起者到创造者的投入：创新重点和概念确认

发起者提供给创造者合理制定的所谓创意重点（见第五章）并保证创意会议上提出的想法集中在创新过程开始制定的范围内。例如，在通用电气公司，每个区域主管根据各自的投资组合类型，必须向董事会提出至少五个创新项目，并且这些项目在三年内至少可产生 100 万美元的收入。他们称为“富有想象力的突破项目”。这是发起者对创造者确定创新目标的一种方法。

另一个合作领域是在概念定义阶段。发起者可以验证概念的发展，并确定要进行评估的概念，这些方面都属于他们发起的创新过程的目标和框架内容。

从搜索者到创造者的投入：刺激因素

搜索者负责执行有关的调查，调查的一部分结果要么本身是直接信息，要么含有创意会议的刺激因素。搜索者可以同创造者一起准备此类会议所需的资料。然而，这有可能被认为是该角色的根本任务，而不是协作任务（从搜索者到创造者）。

例如，雀巢公司在对巧克力类产品的创新过程中，市场调查部研究了最近在五个国家的创新产品情况，并使用这些创新产品作为创意会议的直接刺激因素。

从发展者到创造者的投入：概念和限制

技术员和工程师可以（更确切地说是“应该”）进行合作来确定创意会议想法演化而成的概念，以尽可能确保想法可以转变为概念，并且从技术上具有可行性。限制是对于我们不能确定的创新产品功能、规格及利益等方面而言。技术人员不是反对者或冷酷无情的修改者，而是在这些好的想法进入界定阶段时评估其现实可能性的专业人员。

从执行者到创造者的投入：价值获取

执行者在想法提出后，为创造者提供捕捉价值的方法。例如，宜家销售部门发现，顾客认为他们的很多产品几乎不是家居必需，而是冲动性购买的结果。顾客购买它们是想增加前往宜家及穿越大商场行程的成本价值。他们称这些产品为“热狗产品”。如果创造者不分析、捕捉客户价值就提出这样一个观点是不可能的。这种分析一般都是来自执行者。

在第五章中所描述的创意会议上，最好的方法是让所有角色的人员都参加这种会议。当给予指定的练习诱导出简单替代和尝试时，人的创造力潜能会很高。同样，创造者应邀请所有的角色人员，单独或团组进行联系。在整个创新过程中，每个人从各自的角度开展工作，通过有代表性的所有角色人员样本，你得到的联系方式及解决办法就会各不相同。在这种组合中，创造者可以设计获得成功的解决办法，这些解决办法可能不是他们自己想到的。现在让我们看看创造者同发展者之间的关系（如下表所示）。

表 9-26　A-F 模型的主要任务和交叉性职能

到……

从……

	发起者（A）	搜索者（B）	创造者（C）	发展者（D）	执行者（E）
发起者（A）	发起 创新框架			战略一致性	
搜索者（B）		信息 有关信息		技术类比 寻找供应商第三方	
创造者（C）			构思 概念	解决方案	
发展者（D）				发明 切实的解决方案和营销计划	
执行者（E）				销售和营销的限制性因素	执行 推出

从发起者到发展者的投入：战略一致性

随着想法发展为计划、模型和原型以及制定出业务策略，发起者（如果是管理层人员）需让发展者保证他们与整体业务战略保持一致。

从搜索者到发展者的投入：技术类比

搜索者通过检测、分析产品和服务，在应用新技术中可以帮助克服有关设计及可用性的技术困难，无论这些产品或服务是否属于我们的行业、部门或类别，只要这些产品或服务使用相同的技术。当遇到技术限制因素时，他们还可以帮助寻找工业供应商，或在遇到市场限制因素时协助寻找合作伙伴。例如，谷歌（被认为是世界上最具创新型的公司之一）给予雇员时间全身心地搜索网页、寻找机会，这些机会是小公司已经开发出来的而谷歌可以将其整合的技术。2004 年，在这一战略实施之后，他们购买了 Keyhole 软件，包括一项现在让谷歌可以提供带有卫星影像地图的先进技术。

从创造者到发展者的投入：解决方案

创造者提供一系列解决方案来解决在生产、物流、采购或销售领域出现的障碍、困难或约束。生产、物流、采购或销售领域是可能出现困难的领域，并且往往是一个长期发展阶段，特别是涉及复杂的产品，如汽车或引擎。

例如，摩托罗拉在槟城（马来西亚的联邦州之一）的工厂的一个车间墙壁上贴了2000多张小字条。每张小字条的开头都是“我建议……”，它们一起构成了一个提供建议的“聚宝盆”，可以帮助解决新产品开发中出现的技术问题。

从执行者到发展者的投入：市场因素

执行者可以帮助预测后来可能出现的问题，而此类问题解决时通常花费很大，或因为时已晚而无法解决。我们谈论的问题包括那些涉及销售渠道的物流、顾客的有效性及经销商的认可度。换句话说，执行者在最终实物（创新产品）未发生问题之前，已经可以预见各种潜在的市场营销问题。例如，在星巴克，其标准的做法是使用店铺来验证发展者着手的创新项目。这样，执行者（必须执行每个新举措）可以建议发展者思考须考虑的营销因素。

表 9-27　A-F 模型的主要任务和交叉性职能

到……

从……

	发起者（A）	搜索者（B）	创造者（C）	发展者（D）	执行者（E）
发起者（A）	发起 创新框架				准则及资源
搜索者（B）		信息 有关信息			战略、关键绩效指标
创造者（C）			构思 概念		营销理念
发展者（D）				发明 切实的解决方案和营销计划	变形
执行者（E）					执行 推出

从发起者到执行者的投入：准则及资源

发起者在确定一系列的准则时，应该让创造者确信最终实现的创新项目仍然遵守这些准则。由于发起者往往是资源的调度者（这常常是事实），所以在执行时，执行者须要求该公司其他地区或部门的协作或援助。

从搜索者到执行者的投入：战略、关键绩效指标

搜索者有能力记录并给出参照市场的战术和战略，并借鉴在执行类似创新时出现的错误。例如谷歌，每推出一种新产品时，他们会分析用户使用中犯的错误，有时会要求客户提供反馈。这些错误可传达给执行者，然后要求程序员进行改进。

同样，在创新产品推出之时，搜索者可以监督关键绩效指标（KPI），如市场投放（数字加权分布）和知悉程度、尝试和重复购买情况。关键绩效指标可能包括早期使用者对产品或服务建议的改变之处，目的是可以迅速对这些改变之处（如果可能）进行讨论采纳。这项活动对于变形战略是非常关键的，我们在第七章已经解释过。例如，乐购的信息分析部门不断地分析当地小店铺的销售策略，并尝试在特定的临近区域、成功销售产品的基础上，调整对邻边超市的产品供应类别。

从创造者到执行者的投入：营销理念

创造者可以组织简短、快捷的创意会议来对新产品或新服务的上市计划提出独到建议。这是一种微型创新项目，其重点是计划创新项目的营销和销售。

从发展者到执行者的投入：变形

推出创新项目，并测试和使用开发的产品，因为开发的产品还正在测试和试用中，所以被称为“变形”战略。这要求发展者和执行者直接进行密切、严谨和灵活的合作，因为前者必须根据后者的建议重新确定创新设计，这样的更改也许不止一次。例如，3M 公司有三个创新中心，客户可以在那里尝试自己的技术，该公司可以看到这些技术是否具有实际效果。

该公司从中获得了对客户需求的深入了解，以逐步改善其产品。这一政策使 3M 升级了很多主打产品，如透明胶带和反光胶带。

总之，我们可以看到，重要的是按角色人员而非各阶段开展工作，产生新的互动，充分发掘创新过程中所有人员的全部潜力。参与创新过程的不同专业人员之间的互动，现在被认为是创新过程成功与否的一个关键因素。

增补内容　测试技术——从概念到成品

概念测试

我们想要对一个新概念进行验证，测试其市场潜力、品牌的契合度时，通常会进行概念测试。我们也会通过概念测试来确定顾客最重视的产品特性以及他们不感兴趣的方面，这样我们就能相应地将重心放在开发阶段上。概念测试通常是以人员访问的形式进行（最近采用网络问卷调查的形式）。概念测试的对象是顾客或者没有使用过该类产品的消费者，这些人就概念发表各自的看法。在某些情况下，我们会告知应答者价格信息，不过要在应答者对创意做出评价之后，以避免价格信息影响对概念的评价。受访者也会被问到对概念的认识（概念会以书面形式呈现，有时会有图形设计和简短的文字说明），例如：喜欢什么，不喜欢什么？这一概念吸引人的地方或者让人抗拒的地方？概念与品牌的契合度（假设受访者会使用现有品牌）？产品包装（要是有的话）？产品名称以及受访者会做出修改的地方？

产品测试

当产品有了雏形或者部分完成时，我们就可以进行产品测试了。产品的试用测试会在特定场景下进行。有时，在试验之前，我们会对概念进行解释说明。产品试用之后，我们会向受访者询问有关购买意向、感觉上产品的独特之处或者不同于市场上现有产品的地方，以及所试用的产品是否符合产品试用之前的概念说明等方面的问题。最后，我们一般会询问受访者对外观和特性的看法，以便进行改善。假设有一种消费品，我们会设法确定存在哪些遗漏或错误，哪些方面令人满意，哪些地方令人不满意，以及哪些地方需要改进，最终评估在创新过程中使用这一概念是否行得通（见第八章“促进者”）。此外，在产品使用或者试用之后，我们会公开价格信息，以便评估能够制定的最高价和最低价。

对于在最终工业生产之前仍继续进行修改和调整的开发者而言，所有信息都是至关重要的。

在某些情况下，产品试用之后，我们会提供给受访者更多试用品，以便他们能够在家继续试用该产品。这种方式我们称之为“家庭使用测试”。

家庭使用测试

在这一测试中，我们提供试用装给消费者（如果测试的是一项服务，同样提供体验的机会）。我们感兴趣的是在没有访问者并脱离访问场景的情况下，顾客处于自然环境时发现可能存在的问题。

在延期使用一段时间后，通常是一到两周之后，我们对这些家庭试用者进行访问。第二轮访问要么是当面访问，要么是电话采访，仍然重复询问有关喜欢与否、与品牌的契合度、购买意向以及需要改进的地方等问题。我们想知道与第一次试用相比，重复使用所产生的变化。除了这一目的之外，我们也会收集使用情况方面的信息：哪一位家庭成员用过该产品？在什么地方使用的？为什么使用？在使用的时候做过什么？所有这些信息不仅对开发者至关重要，如果最终投放创新产品的话，这些信息对于执行者也十分重要。

区域测试和市场测试

这两项测试是测试创意最成熟的方式。由于每种情况下都需要进行一定程度的实际操作，第七章专门对这两种技巧进行了讨论。

第二部分

第十章　创新战略规划

有充分的证据证明规划与创新成果之间存在联系。使用本章所介绍的方法的公司绩效要优于那些没有采用这些方法的公司。通过制定创新战略规划，宝洁的创新过程在一开始就符合公司的目标和战略要求，在此基础上，公司又提出突破性创新项目。

但是，规划不是件容易的事情。对创新领域成功的决定因素进行过研究的学者们都强调在创新战略规划过程中需要高度的"原则性"。

创新战略规划的要素和方法

规划是全面创新系统中的第一个要素。规划使我们付出的努力与企业战略保持一致，能够有效地分配资源，并保证有条不紊地开展创新过程。

创新战略规划应该是首席创新官（CIO）和首席执行官（CEO）的共同责任。如果创新项目没有直接负责人员，那么高管应负责创新战略规划，因为它作为一个战略方针，对任何组织的生存都至关重要。

创新战略规划的时间为 3 ~ 5 年，但每年都可进行战略和资源分配的调整。我们每年需调整规划的原因如下：

· 市场变化（客户、渠道及供应商）

· 技术变化

· 监管变化

· 竞争对手变化

· 创新取得成果

创新战略规划的方法包括企业经营诊断、企业使命、目标和战略，以及创新目标和战略。

我们先看看第一个方法：

企业经营诊断

企业经营诊断是对涉及并决定公司当前及未来的各种影响因素（行业动态、竞争格局、经济和监管环境）做出全面分析。诊断的目的是要确定什么因素帮助公司取得了今天的成功，哪些方面需要更正或修改以在未来继续取得成功。管理上投入精力、抓住增长机会都取决于诊断的结果。

诊断用于制定企业目标和战略，然后通过诊断形成跨职能领域和业务单位的目标和战略以及决策的标准和流程。

这里有一系列进行诊断的管理方法。这些方法不在本书的讨论范畴之内（如价值图、产业演进、波特五力模型、麦肯锡 7S 模型以及营销审计），但它们在创新领域非常有用，因此我们建议管理人员同创新的负责人员一起分享这些方法。

与公司的使命、目标及整体战略相匹配

正如我们谈论发起者时所解释的，创新管理人员运作项目并非完全独立于其他管理人员。**创新必须与企业战略相一致，并且来自企业战略。**

有些专家认为，这种依赖会阻碍突破性创新或限制机会的数量。他们的理由是，很多突破性创新都不是源于目标，而是来自市场发现或想法（也许是偶然的），这种想法迫使公司修改或重新定义它的使命、目标和战略。他们的结论是，这种发现是在战略制定之前发生的。

这种说法有一定的道理。但我们还是需要制定创新战略规划。我们如何能进行规划，又不限制寻求机会呢？答案是：提出想法或项目不受任何

限制。

我们应该区分可预测性和探索性创新。探索性创新是指这样一种创新：组织分配时间和资源给一些专人负责，自由寻找机会，不受企业战略的限制，且没有必须要取得市场发现的压力。这意味着投资最终会产生新的可能性创新，即使这些创新不属于企业使命，仍然值得考虑和进行评估。约42%的企业进行了这种探索性创新过程，大量的企业还在进行创新战略规划。这证明，“创新战略规划”不是一个矛盾体，**创新和规划这两项任务并不是互相抵触的。**

创新与企业目标、战略之间的关系

首先，在规划创新中，不应纳入与企业目标和战略不一致的目标、战略或政策。很多企业不打算规划创新，可能都是因为碰上这个问题。

其次，企业的目标应该是所有部门和职能领域“共有”的目标，如人力资源、市场营销、销售等部门。创新也是一个功能领域，正因为如此，它应该追求企业目标中的对应内容。此外，企业的整体战略决定每个职能领域的重要性和作用，包括创新。

试想一下，X公司的企业目标是在五年内盈利增长20%，而实现的战略是改善工艺和供应。供应主要涉及采购部门，工艺改进主要涉及创新部门。企业战略揭示了这两个部门在实现企业目标中各自发挥的重要性，下一步是确定两个部门的具体目标。

对于企业战略和目标如何转变为一个功能领域的目标，这是一个简单的例子。

使命：总体框架

对于企业明确使命，这里有不同的方法。企业使命是对意向的公开陈述，包括大量的战略可能性。当创新项目与企业使命发生冲突时，这里就没有太多回旋的余地。在创新过程中，一家专门使用硅制造厨房和家用产品的企业希望找到各级别的创新机会。硅是一种多用途材料，应用领域多不胜数。第一个想法（用电子产品的硅元件制作服装等）不是公司的使命所在。该公司不想进入这个领域。这个想法也已超出公司的经营范围。在创意会议上，创新团队必须快速调整，把想法集中到企业经营范围内。

有一种方法可让你确保创新项目符合企业的使命要求，这就是对该企业希望参与竞争的领域与其已排除的领域之间划分创新界限（见第三章“创新框架”）。

以下是一家出租汽车公司的理论范例：

企业使命：

提供私人交通的解决方案，可使用租赁的陆地、航空及海洋交通工具，在主要城市内或城市之间往返。

企业目标：

对于任何需要租用车辆在国内使用的个人，我们是首选品牌。

五年内，实现占有国内市场 40% 的份额。

在五年内平均投资回报率为 10%，营业额从 3500 万美元增长到 5000 万美元。

我们的服务在国内所有城市、港口和机场均可获得，居住人口超过 75 000 的城市最少设立两个客服中心。

企业战略：

发展对私人投资者或企业家的特许经营系统，并通过与汽车制造商的合作使用车辆。

创新目标

创新目标包括伴随着推出新产品、改进新工艺、进入新商业模式或新市场，是企业旨在实现的事情，在企业现状中发生的所有实质性变化。

我们应该对决心和目标予以区分。来看一个非商业案例。在 1 月的第一天，有人说："我今年减肥"，这个人不是在设定目标，而是在下决心。现在，如果那个人说，"在未来的 6 个月中，我要把体重减掉 8 公斤"，这个就是目标。一般而言，决心只是意向声明。有些高管口头上说出自己的决心，还以为是在设定目标，他们错了。在创新领域，这个问题又被具体指标所放大，这些指标相对很少使用（见第十一章）。对于创新决心，我们这里有几个例子：

· 我们要提高客服效率

· 我们要增加利润

· 我们希望在新产品政策上更主动

现在我们看看重新制定后的目标，如下：

· 我们希望创新，下一年的客服时间缩短 10%

· 我们希望工艺创新，在未来两年内实现利润增加 5 个百分点

· 我们希望在两年内新产品销售额达到 5%

目标设定已经成为许多研究的主题，并且经验表明，**目标越具体，实现的可能性就越大**。例如，在每年年初，乐购有个十人组成的团队决定该年将推出多少种新产品，并设定各自的具体目标。

创新指标是非常具体和明确的，因此它们同目标设定有密切关系。创新指标是用来衡量创新结果的一组变量，这些变量反过来又使你能够管理创新项目，了解你的政策是否产生效果。我们在下一章将详细阐述这些指标。对于根据指标（见第十一章）所确定的创新目标，我们下面给出一些例子：

· 新产品上市后，营业额必须从总营业额的 30% 上升到 50%

· 新产品的利润必须从总利润的 5% 上升到 15%

· 新产品成功率必须从 10% 上升到 30%

· 提出想法的员工比例必须从 5% 上升到 30%

创新准则可以确保员工提供的建议和想法与创新目标保持较高水平的一致性，我们在第三章中已经看到这一点。我们可以回想一下，创新准则

能对所有考虑的创新项目提供一个框架。例如，一家大公司可能会说，他们只在创新项目两年内的利润超过 100 万美元时才决定进行投资。创新准则和目标不是一回事，创新准则是对将给予批准的项目及批准的待启动的创新过程所规定的最低要求。

把指标和目标联系起来并不一定意味着所有创新目标必须是定量的，**定性创新目标也是非常有效的。常用的办法是先定性，然后定量。**

想象一下，一家企业要设定一个定性的创新目标：投放新产品的风险水平。指标是主观标准，一组管理人员对新产品的风险水平进行评估，每名参与者根据个人标准在 1～5 分的范围内给予打分。平均得分是 2.64 分，但该企业希望达到的最低平均分是（比方说）3 分。如达到 3 分，我们就可以对其设定明年的目标。

负责实现创新目标的人员

创新目标的责任最终都落在首席创新官（CIO，见第十二章“创新文化”）身上。然而，对于通过项目和流程进行的创新，创新目标分散在部门之间（如营销、研发、物流、生产等）或负责创新过程的团队之间。

这样，实现创新目标就会遇到困难。首席创新官可以把自己没有直接权力管理的一部分目标分配给组织机构中的其他成员。因此，首席创新官或创新负责人应在这种层次结构中担任具有一定权力的职务。

时间跨度、目标数目和资源分配

设立创新目标通常根据两类时间跨度：短期（下一年的目标）和中长期（3～5 年的目标）。除了一些非常特殊的行业需要更长时间的技术发展（如航空、航天工业、能源等），我们通常不制定时间跨度超过五年的目标。一些创新目标（如登月、飞行汽车等），可定为长远目标，但通常是先设定在 3～5 年内要实现的近期目标，然后逐步实现最终目标，究其原因是技术和环境变化的速度。这也是为什么要通过创新战略和资源分配的手段来设定 3～5 年内的目标。

应该设置多少个创新目标？答案取决于可用的创新资源数量、公司的规模和所处行业的变化速度。在一般情况下，管理层设定目标的数目相对较少（1～3 个），例如“新产品的销售比例必须达到的百分比”“实施的创新项目数量”或“创新导致的收入增加”等，这些设定的目标是针对整个公司的。通常，目标在业务单位之间进行划分。

这是我们先前举例的一家汽车出租公司，其创新目标如下：

· 投放汽车租赁服务达到总营业额 5% 的收入

· 流程升级将降低 3 个百分点的成本

· 营销创新可获得 2 万名新客户

· 发展新的业务单位，在三年内营业额达到至少 100 万美元

· 创新的最高预算为 100 万美元

当你有多个创新目标时，应根据其重要性进行排序，以体现管理的优先原则。

优化目标顺序这种方法也可用于资源分配。

确定创新战略

一旦我们确定了目标，就可以继续确定战略，应该在创新框架内确定创新战略。管理层选定的市场及区域都是创新战略的一部分，这有助于发起者缩小建议范围。

创新战略还包括：希望的创新数量、创新类型和竞争方式，要求的创新层次、创新促进项目的审批速度及资源分配。

让我们依次讨论这些项目。

创新的数量和类型

这里有三种类型的创新：边际或增量创新、激进创新、半激进创新。

这种分类基于两个因素：商业模式的改造程度以及对新的或现有技术的使用程度。结合这两个因素，我们得到的创新类型矩阵如图 10-1 所示：

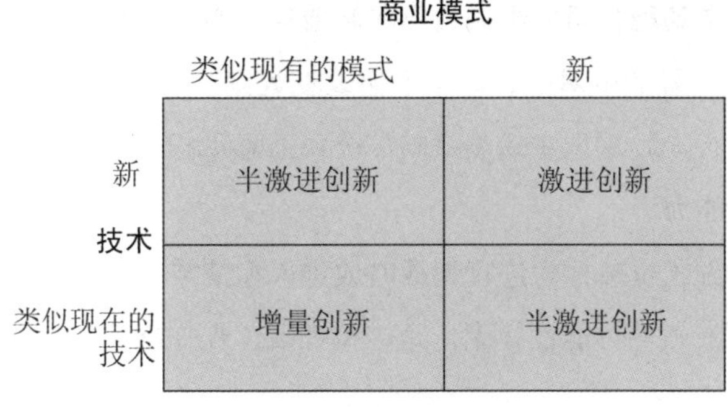

图 10-1　创新类型矩阵

其中，**边际创新的风险最低，通常所需的投入最少，而激进创新风险最大，半激进创新的风险介于两者之间。**确定创新类型是一种限制风险水平的方法，并且也可表明公司是否希望改变现有的技术及商业模式，是二者都改变还是二者都不改变。

依据这三种类型对所有可能的项目进行分类，我们可以看到有多少设定的创新在实施以及属于何类创新。如果同时实施多个突破性项目，我们的战略就富有挑战性和危险性。如果我们仅仅开展为数不多的边际项目，确定的是保守战略。

希望的竞争方式

达维拉等人总结了攻击型战略，划分为两类：为了避免失败而竞争以及为了取胜而竞争。对于第一种情况，当务之急是尽量减少损失，换句话说，是进行边际创新的防守型战略；“为了取胜而竞争”指的是风险型任务及挑战，我们愿意为了获取巨大的潜在利润而承担损失。在第二种类型的战略中，该公司将进行激进或半激进创新。

这两类创新战略分别被称为“保守”型战略和“主动”型战略。

许多企业注重短期战略，从而避免长期战略中的风险。**保守型企业认为，环境决定战略的可能性，他们的职责是要知道如何适应变化。**只有环境发生变化时，他们才采取行动。

相反，**主动型公司则根据自己的利益努力塑造市场。**他们不是要成为现在市场的头号竞争对手，而是宁愿改变规则。市场还没有发生变化时，他们就开始行动。采取主动型战略的公司愿意承担风险和错误，他们拥有较高的创新能力。

竞争的方式也被称为进攻型战略或进入型战略。依据这种方式可以更详细地确定战略的可能性，无论是避免失败（保守型）还是旨在取胜（主动型）。

主动型（如苹果公司）

创新人员：试图改变市场的规则

差异化人员：尝试引用新的采购特点

保守型（如诺基亚公司）

快速跟随者（也称为快速二级复制）：快速复制创新者的产品或服务

防守者：试图维护市场份额及客户群基础

用户群：公司专注于小规模的细分市场

低成本：公司试图开展价格竞争

要求的创新层次

我们在第三章中已经看到，管理层可以向发起者指定企业希望达到的创新层次。我们准备在各个层次的适用战略上更进一步。

第一层次：商业模式创新

渠道（产品或服务和顾客相联系的方式，如耐克城）

商业模式（企业盈利方式，如戴尔）

第二层次：过程创新

网络（企业价值链的结构，如沃尔玛）

启用过程（组装能力，如希柏）

核心过程（增加价值的专有的流程，如通用电气）

第三层次：市场创新

品牌（把产品或服务优点传递给客户的方式，如维尔京）

客户体验（为客户提供整体的经验，如雷克萨斯）

为现有客户提供满足新需求的产品或服务

为新客户提供现有的产品组合（如雀巢老年人咖啡）

在新环境下推出的产品或服务

第四层次：产品和服务创新

产品性能（功能、性能和容量，如英特尔奔腾处理器）

产品系统（围绕产品的扩展系统，如 Microsoft Office）

服务（服务客户的方式，如联邦快递）

资源调度和分配

创新战略也应该依据创新总预算确定分配给各类型及层次创新项目的资源份额。实施战略时，预算分配将作为项目审批的指南。令人难以置信的是，只有 24%的企业确定其创新预算。创新初始分配总费用是最佳的方法，即使这仅仅表明管理层愿意投入多少资金和人力来实施创新目标。我们已经看到，促进者逐渐获得资源，以避免在最终可能失败的项目上浪费资金。在创新中，资源随着创新进程向前推进来进行分配。这就是为什么企业不用担心进行创新总预算分配。

同样，战略的确定包括对创新数量和类型的粗略计划。汽车租赁公司是我们在本章使用过的例子，现在让我们看一下这家汽车租赁公司的创新战略：

（1）发展十个创新项目，其中八个属于边际创新，两个属于激进创新；

（2）在新业务领域寻求主动型战略，而在目前的业务领域中寻求保守型战略；

（3）根据创新层次发展以下项目。

商业模式创新：通过激进创新组建一个新的业务部门；两个项目均拨款 30 万美元；评估中得分最高的项目将得以实施。

过程创新：推出四个项目，每个项目拨款 3 万美元。

创新的重点是：

· 节省车辆维修费用

· 通过减少关键的接送时间节省费用

· 通过增加网上预订数量节省费用

· 通过账单结算系统升级节省费用

对目前产品进行组合以及通过捕捉新客户进行营销创新：两个项目均拨款 5 万美元。

产品和服务创新以及产品组合扩展：两个新项目均拨款 3 万美元。

实施创新战略

现在我们已经确定了战略，那么该如何去实现呢？或者换一种说法，我们该如何把战略应用到创新过程中呢？在 A-F 模型中，我们必须审查一些相关意见和建议，以确保它们与企业使命、目标和战略相一致，并确保它们反映创新的目标。管理层可能规定了一些东西——创新的总体框架、创新层次及类型的优先事项、创新重点或创新准则（项目的最低预期）（所有这些概念在第三章都已有描述）。产生一个想法或建议时，我们必须确保其符合这些要求。

如果建议与公司的目标、战略或使命不一致或者不符合管理层规定的要求，我们可以认为这是不适合的建议。不过，我们可以进一步把这类不适合的建议分为两种类型。第一种类型是不仅不适当，还缺乏吸引力。在这种情况下，我们建议放弃，但也并非绝对。最好的做法是留在“回收站”，可以在之后再次考虑或作为后续想法的灵感来源。例如，壳牌将未通过审查的想法添加到数据库中，公司全体员工均可进入数据库中完善它们。

但是，如果我们认为一项建议尽管不合适，但有很大的商业潜力，我们应该把它传递给高管，让他们考虑决定是否投资开发。但我们须切记，如果实施的话，这类想法将导致企业修改其政策。

这种一致性检查是否有意义取决于由谁来担任发起者。举例来说，如果高管启动一个项目，任命一个专门小组执行一项特定的任务（自上而下的发起），我们几乎可以肯定的是它与企业政策保持一致。但是，如果发起者是一名普通员工（自下而上的发起），企业只有首先确保该想法的适用性，才愿意推进创新过程，联合 A-F 小组的其他成员再开始投资。

但是假设建议是适当的，即与我们的目标和战略相一致，无论是整体战略还是创新战略。如果是这样的话，我们需要决定的是何时推进这个创新过程。

该公司很可能还有其他过程也在通过创新管道开展。我们在管理一个项目时不能离开其他项目、优先事项、预算约束和不断变化的业务条件。对于视为有效或适合的大量建议及项目，我们应如何管理呢？

我们需要根据创新计划对这些建议和项目制定方案，创新计划规定了资源的使用并对战略实施监控。要做到这一点，我们需使用三个主要工具：

· 创新管道的项目组合

· 创新路线图

· 资源桶

让我们对这些工具进行逐一讨论。

创新管道的项目组合

项目组合是建议一览表，该表根据项目难易、潜力和风险进行评定建议。

创新项目组合是战略和流程之间的交汇，也是创新负责人和不同发起者之间进行反馈的工具。

我们用汽车租赁公司来举例：

汽车租赁公司的项目单

项目单（含项目代号）

商业模式

配有飞行员的小型飞机租赁（AIR）

配有飞行员的直升机租赁（HEL）

市区自行车租赁（CYC）

街道可停车的车辆租赁（按小时计费）（HOUR）

紧急租赁服务：汽车上门服务（HOME）

市内摩托车租赁（MOT）

产品和服务

酒店预订服务（RES）

加油服务（GAS）

导航系统租赁服务（NAV）

车辆接送服务（PICK）

车用 CD 光盘库出租（CD）

针对有小孩家庭的 DVD 出租服务（DVD）

对投保私人保险的客户，减少重复保险项目的保费（INS）

车辆故障保险（BRE）

顾客所得

给予现有客户推荐的新家庭顾客一定的价格折扣（MGM）

对新顾客提供专业的驾驶培训（DRL）

对购买四张优惠券的新顾客，首次租赁免费（DIS）

对新顾客前 100 英里租赁免费（KM）

对一年内至少租赁三次的顾客，免费提供一次车辆租赁服务（1FOR3）

在两年内对顾客的租赁车辆进行升级（UPG）

过程

节省车辆维护费

同米其林达成协议（MIC）

同竞争对手达成车辆联合采购协议（PUR）

对顾客发现的故障，采用预警系统（预防性检测）（WARN）

所有车辆统一型号、统一颜色（ONE）

比现有周转率更快的更新系统（NEW）

同全国汽车维修连锁店达成协议（ALI）

节省重要的接送时间

通过 SMS 顾客抵达通知系统（SMS）

新的车辆停放系统，车辆快速离开（PARK）

预订时，网上预先签订租赁合同的系统（PRE）

对提前归还车辆的顾客给予一定的价格折扣（TIM）

车辆交付，租赁合同签订系统（DEL）

增加网上预订的顾客人数，节约成本费用

通过电话或黑莓电子邮件服务预订系统（IPH）

对保险业务顾客，采用企业内部网预订系统（INT）

网上预订顾客的省时系统（ONL）

同大酒店和旅游网站的连接（HOT）

同谷歌（Google）和雅虎（Yahoo）签订优先定位协议（GOO）

节省支付系统升级的费用

对以前租赁合同的浏览和自动比较（SCAN）

发送电子账单（INV）

根据顾客的预订信息，自动计费（BOO）

根据支付日期进行收费，减少收款时间（PAY）

对项目的评定是管理层的工作。在任何需要的地方，你可以使用第八章中所阐述的一些工具或寻求与其他项目的促进者进行合作。然而，对投资组合中的项目进行排名时，这仅仅是一个指导，其功能是运用创新战略（在任何特定时间所需的创新项目数量和类型）。最终项目评估会随着创新过程的推进而进行，正如我们在第八章读到的。

投资组合应该反映企业战略和创新目标（根据这些因素，如长期/短期、高风险/低风险和激进/边际创新，有助于项目平衡）。已经证明的是，使用此工具的公司能非常有效地分配创新资源，如图 10–2 所示：

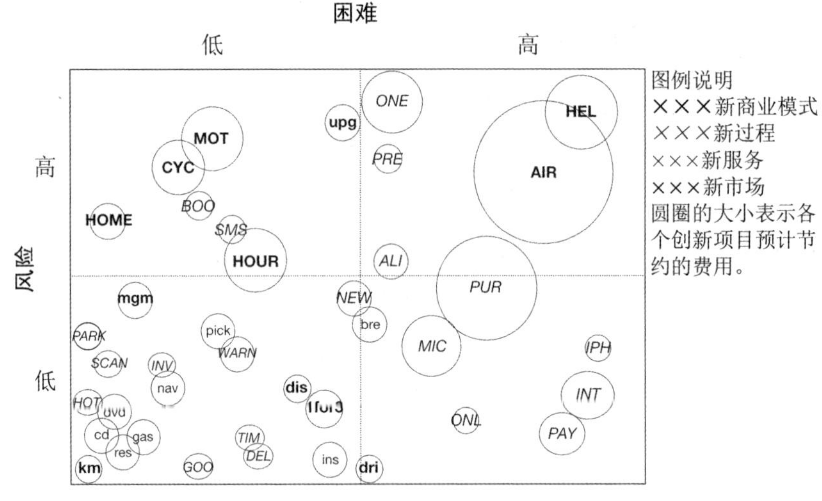

图 10–2　汽车租赁公司的项目组合

通常创新的主要障碍即创新反对者都来自公司内部，这是事实。这些障碍是资源采购、管理层风险规避和一些高管不愿推进某些项目向前发展。投资组合是克服这些问题的一个极好工具。

从投资组合中，项目得以纳入创新管道。随着想法、观念和事项沿着创新管道发展，公司做出决定促进哪些新事项和项目的发展。接下来就是创新路线图的用武之地。

创新路线图

创新路线图能使你想到不同的“过程”时机，无论是在执行的还是计划中的。它是用来规划资源配置并确定在任何特定时间推出创新的数量和类型。使用路线图，我们也是在应用创新战略（创新项目的数量和类型）。例如，康宁安排不同的创新过程时，他们总是在现有产品的短期发展（改进）和长期项目之间寻求一种平衡。

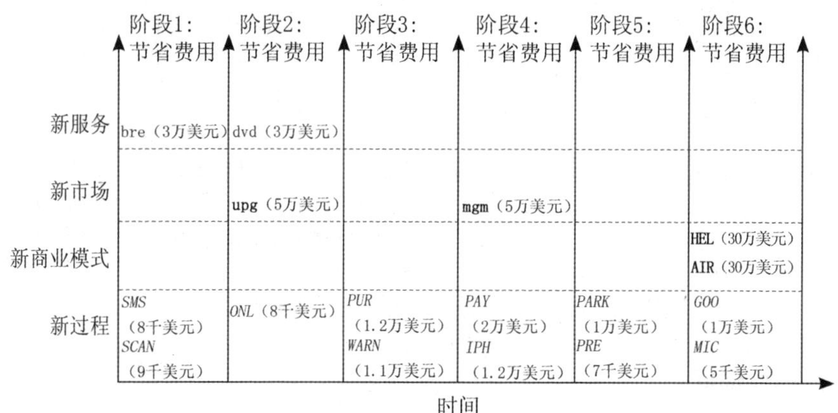

图 10-3　汽车租赁公司的路线图

资源桶

资源桶是一种确保根据公司的战略重点进行资源分配的手段。

其作用方式是使用资源分配中的同一标准对各个项目进行分类。例如，某公司已决定将 50%的创新资源用于新产品的激进创新，25%的资源用于边际创新（投资组合扩展）以及 25%的资源用于工艺改进。

创新管道中的项目分为同样的三个类别，在每个类别中根据各自的潜能及对公司的适合性进行排序。计算出每个项目所需的大致预算后，各类别排序靠前的项目得到批准，并获得资源分配，直到该类创新项目的资源分配完毕，且不能挪用其他类别的资源。

资源桶[1]

新服务(6万美元)
dvd(3万美元)
brd(3万美元)
nav(3万美元)
pick(3.5万美元)
ins(2.5万美元)
gas(1.2万美元)
res(1.4万美元)
cd(1万美元)

新商业模式(60万美元)
HEL(10万美元)
AIR(20万美元)
HOME(3万美元)
MOT(7万美元)
HOUR(4万美元)
CYC(2万美元)

新市场(10万美元)
upg(5万美元)
mgm(5万美元)
dis(4.5万美元)
km(6万美元)
dri(2.5万美元)
1for3(1.1万美元)

新过程(每个：12万美元)

重点交付(3万美元)
SMS(8千美元)
PARK(1万美元)
PRE (7千美元)
TIM(1.2万美元)
DEL(1.1万美元)

支付系统(3万美元)
SCAN(9千美元)
PAY(2万美元)
INV(1万美元)
BOO(1.2万美元)

在线预订(3万美元)
GOO(1万美元)
IPH(1.2万美元)
ONL(8千美元)
HOT(8千美元)
INT(9千美元)

维护(3万美元)
MIC(5千美元)
PUR(1.2万美元)
WARN(1.1万美元)
ONE(3万美元)
NEW(2万美元)
ALI(1万美元)

图 10-4　汽车租赁公司的资源（资金）分配

过程推进

项目一旦获得批准，将通过创新过程进行推进。我们首先必须选择A-F小组的其余角色人员（搜索者、创造者、发展者、执行者和促进者）。然后，我们为每个角色分配必要的资源，估计工作时数，并最终准备推进该创新过程。这样，A-F模型就符合我们的创新战略规划。

剩下要做的任务是为每个角色人员选择工具（见第四章至第八章），并根据过程选择正确的需要使用的协作模式（见第九章）。团队本身或管理层人员（CIO或CEO）可以做出这些决定。

[1] 根据促进者的打分，将项目评定为不同的类别。资金分配到各个组，直至预算资金分配完毕。这些项目不可能从其他类别中获得资金。

全面创新系统——第十章总结

各角色的主要负责人员

（自上而下的发起；由内到外的发起；自下而上的发起；由外到内的发起）

A 发起者	B 搜索者	C 创造者	D 发展者	E 执行者	F 促进者
最高管理层（总经理或首席创新官）	市场调查部门	广告公司	研发	现在的营销部（兼职团队）	最高管理层（总经理或首席创新官）
员工	市场调查供应商	创新型机构	新产品开发	现在的销售部（兼职团队）	财务总监
供应商	社会学家	营销	经营	专职营销团队	新项目委员会
分销商	营销	创新类型	制造	新部门	首席创新官
客户	销售	研发	外部供应商	新公司	董事
投资者	舆论领袖	客户	营销	第三方联盟	股东
高校	观察者小组	供应商	销售		员工
科学界	研发	创新型员工	专职工程师		创新团队
发明者	内部的其他部门	其他供应商或第三方			中层管理人员
工程公司	其他供应商或第三方				外部专家，利益相关者，或投资者

各角色人员所用的方法

A 发起者	B 搜索者	C 创造者	D 发展者	E 执行者	F 促进者
创新范围	创新评价	头脑风暴法	协助定义概念	营销方案和推出计划	主观评价
创新层次	相邻类别分析	蓝海策略	概念测试，完善设计	改进	测试显示的购买意向
创新重点	内部咨询	形态分析	图片	KPI演化	特尔斐预测法
创新准则	社会发展趋势/社会阶层	横向营销	界定特征的联合分析	后续的边际创新	名义团体法
创新检查单	市场趋势	属性清单	图纸	区域测试	全公司范围评定
	购买过程	情景分析	实物模型	市场测试	菲利普斯66法
	创新路线	客户拜访	样品	产品测试	六西格玛
	技术解决方案	共同创造	产品测试	ATR强度	成本效益分析
	设计参考	重新定义客户价值	家庭使用测试	实验	需求估计
	近期成功的营销战略/从错误中学习	集体讨论	专利		损益表分析
	互联网监控	概念定义			投资回报率分析
	人种学研究				情景分析
	地理定位				市场测试

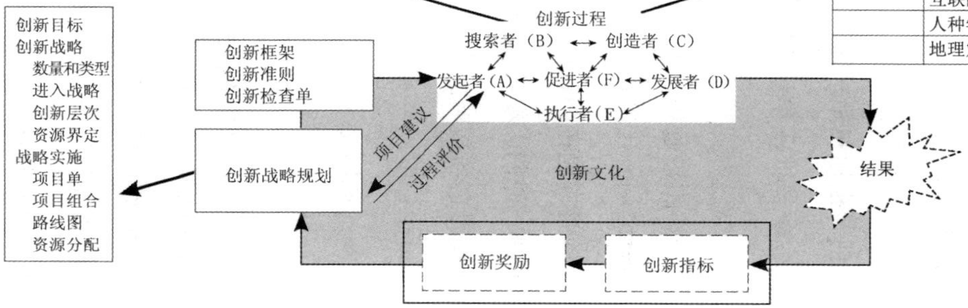

第十一章　创新指标

创新指标的定义

创新指标包括一整套工具和系统，用于衡量组织机构的创新能力。不仅是一个评价体系，也是诊断企业未来创新能力的工具。

创新指标是相对较新的东西，究其原因是人们认为其他措施（如销售额或利润的整体增长）用于确定公司的业绩已经足够了。

然而，现在创新已经成为关系到企业生存的根本政策。很多企业已经意识到，他们需要特定的工具来诊断是否做好了创新准备工作，也需要工具来衡量创新战略的成效。

设想一下，一家忽视创新的公司却拥有不断增长的利润或收入。也许其增长的原因是采取了适当战略、某些竞争对手消失或拥有业绩优秀的销售团队等。尽管如此，该公司并没有进行创新。创新指标就是要明确企业源于创新这部分的成功。

和我们在第八章介绍的指标不同的是，这里讨论的是整个公司，是衡量整个组织的创新水平，而不是特定的项目或创新过程中的潜力。

如果我们把当今最具创新性的企业名单同前一段时间的企业名单比较一下，将看到这些企业的营业额一直都是一个巨大的数字。这表明，今天的问题不仅是创新，而且是随着时间的推移持续创新。有些公司有不错的构思、突破性的商业模式以及制胜战略，但是一旦处于创新领先者地位时，就不能保持这一势头。创新指标不仅是一个评价体系，也是诊断企业未来创新能力的工具，并在企业营业额可能下降的情况下，我们能够知道如何及时扭转这一趋势。

如何使用创新指标?

创新指标是客观和可量化的测量单位，它对三类比较分析非常有帮助。

将自己与行业中的其他公司进行比较，并评价自己在竞争中的地位。这并不是一种普遍的做法，根据麦肯锡公司的调查，只有 42%的企业使用创新指标把自己和竞争对手进行创新能力比较。

比较同一家公司两个或两个以上的经营单位。在调查中我们发现，使用创新指标做到这一点的公司并不多，这让人有点惊奇，因为跨部门比较在商界已经是一种普遍的做法。

衡量企业或业务单位创新能力的成长情况。这种创新能力的前后比较是必不可少的，可用来确定每年在创新项目上投入的资金、培训和时间是否带来成果。它还使企业能够随着时间的推移修正创新战略。

除了这些特定的功能外，创新指标还有更广泛的战略用途，包括沟通（确定和告知战略内容）、控制（监督实施创新的努力情况，如培训投资、研发等）和学习（通过对指标结果变化的讨论发现新机会）。

最后，正如我们将在第十三章中看到的，创新指标在设计创新奖励制度方面也提供了客观的衡量标准。

尽管创新指标非常重要，但事实是创新指标仍然没有得到广泛使用。据麦肯锡公司对 722 家公司进行的调查显示，只有 22%的企业表示他们使用指标来衡量自己创新政策的效用。另一个有说服力的统计数据就是 45%的公司甚至不衡量创新成本和公司价值间的关系。

这么多公司不衡量自己的创新能力是令人非常惊讶的。首先，只有拥有可用的相关数据，管理层才能对问题做出决议；其次，测量创新水平能够使我们调整目标和行动。

如果公司意识到创新指标和创新成果之间的关系，可能会更加重视。罗伯特·G. 库珀进行了一项调查研究，他根据公司创新的表现，把公司分为很差、一般和优秀三类。创新指标是说明企业业绩情况的最佳变量之一（见图 11-1）。

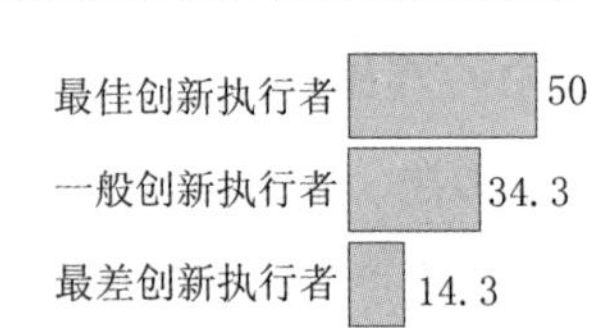

图 11-1　新产品业绩和创新指标使用之间的关系[1]

正如罗伯特·G. 库珀所说：

现在有少数企业把产品创新的结果作为评价高管绩效指标的一部分，在某些情况下，要把浮动薪酬和奖金同企业的创新绩效关联起来。例如，在 ITT 工业公司，新产品的结果现在是衡量业务部门总经理是否实现预定利润和目标的一个关键业绩指标。请注意，虽然现在这种做法仍然未被广泛采用，但是采纳这种做法的公司取得的业绩是那些未采纳公司的四倍左右。

使用创新指标应该是构成任何创新政策的一部分。正如彼得·德鲁克所说的那样，“我们没法管理无法衡量的东西”，创新指标和激励机制是开展创新的四个要素之一。

---

[1] 见罗伯特·G. 库珀：《新产品制胜：获利性创新之道》（*Winning at New Products: Creating Value Through Innovation*）。

指标的类型

指标可以分为“从经济角度来衡量创新成果”“衡量一个部门、业务单位或组织内的创新力度”“衡量创新活动和投资的功效”以及“衡量一个组织内的创新文化普及程度”四类。

下面我们给出 25 个指标，按这些标准进行分类。

经济指标

经济指标是使用企业的经济财务报表中的变量来衡量创新的积极或消极结果。

1. 公司新产品的销售额

这可能是最常用的指标之一，它以百分比进行衡量。通常计算两个时间段：上一年及多年的平均数，一般为 3 ~ 5 年，该指标常用来确定中期和长期目标。例如，雀巢几年前制定了一个目标：新产品的销售额必须高于公司最近三年销售额的 10%。

如果目标在 20% ~ 30%就是一个很高的比例。不过，鉴于创新在该行业的重要性，也有一些企业实现的比例更高。例如，作为玻璃和光纤市场的领导者，康宁公司销售额的 80%来自过去四年中推出的产品。

有时，该指标的计算不是依据创新产品占总销售额的比例，而是以增长幅度为基础来计算的，这就是说销售增长可归因于创新部分的增长。

2. 新产品的利润

在这种情况下，我们衡量的不是销售额，而是利润。该指标计算的通常是 1 ~ 5 年的累计销售额，具体的年份取决于新产品上市后的情况。原因是有些创新产品在一定时间后才开始产生利润。

3. 企业销售额来自创新而非新产品

这个指标不同于以前的指标，原因在于我们这里考虑到创新不仅包括推出的新产品，还包括工艺改进、客户关系、客户体验、捕捉新客户的想法、开发新渠道等。企业不应执着于新产品的推出。虽然事实是产品的生命周期越来越短，但这并不意味着每年都需要一个新的产品组合。不涉及新产品推出的创新可能产生巨大的成果，而且很可能不要求在生产和营销上进行大量投资，生产和营销是与新产品上市有关的领域。该指标旨在衡量现有产品和服务组合创新所带来的销售额增长。

4. 利润来自创新而非新产品

与上述相同，但我们衡量的是改进后的最终利润或贡献利润率。

5. 创新带来的成本节约

由于人们往往难以计算改进工艺所产生的确切利润，所以成本节约费用就作为一种常见的替代计算对象。这是工艺创新特别常见的指标，其计算常采用货币单位（美元、欧元……）、利润百分比或息税折旧摊销前利润（EBITDA）。例如，一家公司可能会设定目标为：工艺创新的节约成本带来 EBITDA 增加 7% ~ 9%。

6. 创新总投资回报率

这和我们在第八章看到的指标是相同的，但这个指标适用于整个公司或业务单位。也就是说，它计算的是全部创新产生的利润，即这些年中所有的投资利润回报。在第八章的项目评估中，收入是对创新未来的估计。而在这里，收入是真实的观测数据。作为一个指标，投资回报率需要一个相对较长的时间（5 ~ 10 年左右），但它也是一个很好的长期效用指标。由于我们处置的是一个较长的时间序列，该指标会逐渐演变，结果同企业的总价值相关联（在创新和研发密集的产业）。例如，康宁根据收入乘以研发投资来衡量创新成果（乘数为投资回报率的倒数）。

创新力度

创新力度是指创新的数量，不考虑其获得的结果。

7. 专利数量

在制药行业和技术型、研发密集型行业，这是一个典型的指标。只计算专利数量而不考虑它们是否带来收入，这似乎有些荒谬。不过，有些行业需要大量新发明或创造，才能最终实现价值。制药公司为研发一种新的药物需要发现数以千计的新分子。每个新发现的分子都必须获得专利保护。

甚至有的企业还没有获得申请的专利就开始对其进行评估奖励。惠普就是这种情况，公司每个技术员提出的专利申请都可获得 175 美元的奖励。

医药行业保留了一些过期的专利，这是一种令人担忧的情况，除非企业的新专利发展态势良好。

8. 产品、服务、客户体验、过程或业务模式的创新数量

在这种情况下，我们衡量的是能够实现的创新数量。该指标通常把新产品推出的数量和创新产品的数量区别开来，这和我们在财务指标上看到的方式一样。计算数量的优点是每年可以设定非常明确的目标。例如，一家公司可能会发现工厂在一年中已实施了 12 个改进项目，那在下一年必须实施 15 个改进项目。

9. 品牌数量

这是专利数量的营销版本。该指标在品牌生命周期很短的产品领域很有用，例如，儿童产品或许可经营的分销商产品。

10. 每年产生的想法数目

此指标不考虑最终成为项目的想法，而是侧重于提出的所有想法，包括被放弃的想法。我们在前面的章节中看到，想法是创新项目的来源。因此，想法的数量可用来间接衡量公司未来创新的项目数和参与创新的人员数。

11. 管道中的创新项目数量

此指标用来监控公司的项目管道。管道中项目的数量下降可能预示着在 1 ~ 3 年内创新数量的减少（除非该公司打算进行一个重大项目，并在该项目上投入所有资金）。这个指标用于中期管理创新。

12. 不断创新的项目数量

该指标是用来预测在短期内创新的力度，以及公司能够同时开展的创新数目。

13. 研发投资

虽然这是一个财务指标，但它更多涉及创新力度。研发的投资通常以货币单位衡量，或按照占公司年收入的百分比衡量。例如，3M 公司把年销售额的 7% 投在研发和相关的开支上（过去五年超过 50 亿美元）。研发投资有点像国内生产总值的百分比，非商务人员对这个指标也比较熟悉，因为媒体经常用它给各个国家和地区排名。

效用

这个指标用来衡量相对于使用的资源所获得的利润，目的是最大限度地提高创新产出，同时最大限度地减少投入。

14. 新产品的成功率

该指标被广泛用于衡量创新成果，特别是对于消费类产品。它计算的是所有上市且市场销售良好的新产品。现在的问题是，什么是成功率呢？具体的定义要各个公司确定，但它通常基于两个因素：盈利率和市场保有率。衡量新产品成功率的另一种方法是新产品达成的目标程度，该目标为项目开始时确定的目标。例如，对于一种创新产品，上市三年内销售额占总销售额的 3%，并具有其他产品相同的利润率，公司可能认为这就是成功的创新。

无论成功的标准是什么，它们通常需要定期修订。这在宝洁是一种普遍做法，使公司能够跟踪新产品的结果，并单独评估每个业务部门的业绩。

15. 产品上市时间

另一个有效性的指标涉及时间变量，而不是销售额。在技术变革快速、竞争能力同推出的创新产品的时间框架紧密相关的部门和行业，该指标的使用更为普遍。例如，三星的指标是使用创新产品和升级产品上市的速度。飞利浦给提前推出创新产品的开发团队提供奖金。

16. 每个项目的平均投资

该指标对在一定时段内公司内部进行比较是非常有用的。在这种情况下，我们把创新总投资额按照推出的项目个数进行分配（无论项目是否已成功），就会发现在一定时段后，我们通过比较可以看到该公司花在创新上的资源是否越来越少。当然，这种比较应区分创新的类型，因为激进创新往往要比边际创新消耗更多的资源。

17. 每个成功项目的平均投资影响力

这是前一个指标的变量，在这种情况下，我们把总创新投资额（成功的及失败的项目）除以实现目标的项目数量。把总投资额作为分子，成功的项目作为分母，这样可以间接测量一个企业进行的有效的创新整体效益。

18. 放弃的想法和项目的平均支出

我们要记住错误管理对创新的重要性。该指标是计算否决一个想法的平均成本，我们把否决的全部想法和建议的成本进行合计，然后除以这些想法和建议的数量，就得到一个平均成本。这样，我们可以衡量一个企业在何时会因为开支太大而中止创新项目。

19. 作为行业领导者的时间

这个指标的高分数不一定意味着一家企业属于创新型企业，特别是在寡头垄断的行业中，或在变革缓慢的情况下。这个指标适用于不断变化的行业部门，但这个指标只是表明一家企业在行业中的可持续创新能力。

文化

在这种情况下，该指标是指组织的创新文化相关的各个方面。我们对有效性、创新数量或效用不感兴趣，我们的兴趣表现在衡量创新的广泛性，特别是一个组织的整体创造力。

20. 提出想法的员工百分比

当我们提出想法的制度可显示提出想法人员的身份时，该指标才可能有效（或在匿名制度下，我们可以通过匿名 ID 的数量来计算提供想法的员工数量）。提供想法的员工占企业总员工的比例可表明该企业创新文化的广泛性程度。例如，我们发现全体员工中有 14% 的人会提出自己的想法。在丰田，约 70% 的员工会提出自己的改进意见。这或许可以解释为什么他们生产的车辆近乎完美。

21. 评估想法的员工百分比

这个指标同上，但是用于评估同事所提出想法的员工。这个指标同前面指标的相关性往往非常高。通常，提出建议的人也会进行评估，因为这两个行为可体现个人参与创新以及对创新的态度。

22. 每名雇员每年提出想法的比率

在这里，我们不是衡量所有那些献计献策的人员数量，我们希望衡量创新文化的力度，不仅包括那些提出和没提出建议的员工，也包括提出的想法数量。例如，在我们的组织（或部门）中，平均每人每年提出 1.3 个想法。这个指标令人吃惊的地方是它往往会产生非常低的平均数，同时，这也是一个有益的提醒，可改变人类与生俱来的惰性、自满和厌恶感。有一些公司会定期记录平均低于每人每年 1 个（甚至可能低到 0.34）想法的数目。该指标的一个变体是只计算个人产生的想法。在这种情况下，我们衡量的不是创新文化的广泛性程度，而是衡量致力于创造的人员的创新力度。

23. 花在创新上的时间比例

这个指标是计算一个组织内产生想法及项目管理的工作时间比例。因此，它是衡量日常工作中进行创新的时间。正如我们在本书中所看到的，有些公司会高度重视这个指标，所以为了确保管理得当，他们每周或每月给员工更多的自由时间。

24. 持续创新的部门数目

很多大公司不是将创新局限于营销和研发部门。那么，这个指标可衡量大公司创新普及程度，弄清有多少个部门在持续或经常地进行创新。这个指标有助于鼓励竞争发展创新文化。

25. 冒险倾向

虽然该指标在更大程度上是一个用于定性分析的变量，一些企业还是选择来衡量自己的冒险倾向，因为其与创新能力有很高的相关性。按照通常的程序，高管和人力资源部一起依据风险程度来评估管理层做出的决定。通过所有管理人员每年做出的所有决定个数可以计算出一个组织机构的风险倾向，不过这是一个主观估计。

通用电气公司已开始对其前 5000 位管理人员依据“发展特征”进行评估，其中包括创新的主题，如“外部重点”和“想象力及勇气”。通用公司已经把更多灵活性作为其传统指标，该指标是对于新重点或创新控制，更多的是风险管理。

目前我们还没有一个通用的指标，并且这些指标并不是一个比另一个更重要。如果仅仅是对指标的排名有兴趣，我们在这里提供一份由麦肯锡公司发布的指标排名。

使用 3 个以上的创新指标受访者[1]，总受访人数为 633 人。

在受访者组织中，重要的指标[2]占总数的比例（%），如图 11-2 所示：

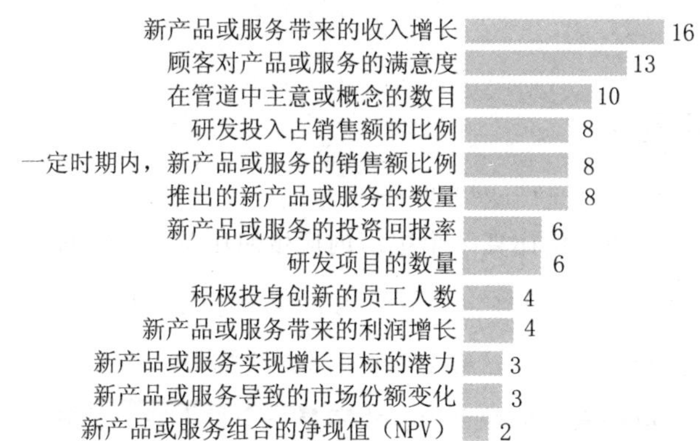

图 11-2 常用指标

[1] 这里没有列出做出其他回答的受访者。

[2] 这里没有列出低于 2% 的其他重要指标。

另一个来源所提供的指标排名如下：

（1）研发投入与销售投入相比的权重；

（2）每年的专利数量；

（3）上一年推出产品的销售额百分比；

（4）员工提出的想法数目。

在这里，我们提出了 25 个重要的指标。对于有兴趣了解更多的读者，关于这个主题有大量的文献资料，包括专门作为一个整体阐述创新指标、流程指标、项目和公司的完整著作。在创新的某一方面，仅提出想法，我们就能找到可能性的冗长清单：每个员工的想法、想法的质量、得出想法所花费的时间、产生想法的成本、产生新产品组合想法的能力、全部销售额除以想法的数目、采纳的想法相对于放弃的想法的百分比、员工提出的符合企业战略的想法与不相符想法的比例、按照创新类型分类的想法分布的百分比、按部门分类的想法的百分比，等等。

在这里我们要强调的是，指标具有科学性，也具有艺术性。事实上，我们推荐这些设计指标的方法还是比较容易设计的，因为它可为管理人员提供一个最符合其战略重点的评价系统。

指标组合

公司常常使用多个指标。但应该使用多少个指标？如果同时考虑我们所描述的 25 个指标，那数目也太多了。把它们都用来评估和管理一个企业的创新活动，不但是无效的，还是愚蠢的。

如果选择的指标太少，也不是一个好主意，尤其当它们被用于设计激励制度时更是如此。原因是像任何一种管理绩效测量的手段一样，任何指标都是一把“双刃剑”。

例如，一位经理的奖金取决于过去 12 个月内新产品的销售比例。为了拿到奖金，这位经理可能会决定一个接一个地推出新产品上市，而很少考虑这些新产品是否带来良好的销售利润。

波士顿咨询集团（BCG）的安德鲁说："两个或三个指标还不能让我们找到问题的根源。"所以，很多公司开始使用过多的指标。有一家公司在其一项业务中收集了85个不同创新指标的数据。安德鲁说："这意味着他们一个指标也管理不好。他们设定两个指标就够了，但他们花费巨大的时间和精力收集85个指标的数据资料。"他说，"选择的最佳指标数目是介于8～12个之间。"一位韩国公司的高级副总裁说："这也是三星电子公司使用的指标数目。"

合理的指标组合可以解决这个问题。在上面的列表中，有些指标是互补的，能覆盖其他指标不包括的方面。例如，在我们的名单中，第一个指标（新产品的年营业额）可以和第二个指标（来自新产品的利润）很好地进行互补。对于激励制度，这两个指标可以组合起来使用，这样将避免单独按销售量奖励所带来的固有问题。

在衡量创新绩效时，我们另一个选择指标的标准是体现我们制定的目标和战略。在第十章中，我们看到了可以使用不同的方法制定创新战略。指标应体现出创新的目标和战略的精神。例如，一家公司提出防守型创新战略，使用有限的资源，通过边际创新来维护自己的市场地位，他们应选择指标的编号为：1、2、14、17和25。

· 新产品的销售额

· 新产品的利润

· 新产品的成功率

· 每类新产品的平均投资影响力（目的是降低投资额）

· 冒险倾向

选择指标的第三个标准涉及在某一行业取得成功的关键因素。例如，我们在制药行业已经看到，专利数量是一个关键指标；在互联网行业，实施成本往往要少得多，所以与创意数量相关的指标是比较合适的；在消费品领域，指标为推出的新产品和取得的成果；在工业部门中，指标为创新的数目而非推出的新产品或创新带来的成本节约。如此等等，每个行业都有其最适当的指标。

事实上，创新研究人员一直无法建立每个行业的共同指标。

最后，选择的指标可以用一个函数表示：

指标 =f（x）（x= 互补性、创新战略、产业）

我们看到，**执行创新较好的公司平均要比其他公司多使用一两个指标。**此外，他们选择的指标涵盖创新过程的各个阶段（例如，参与创新的员工百分比、想法的数目或满足时间期限的创新百分比）。结论是：我们应该使用指标，我们应该根据具体的标准选择指标，我们选择的指标要能够衡量创新的多个方面（而不是只有一个方面），并且我们选择的指标应该组合起来使用。

在选择和设计指标时，我们应该牢记下列要求：

· 指标是可理解的

· 指标计算不应过于复杂

· 尽可能利用公司经常使用的指标

· 指标应与客户相关

企业在拥有使用指标的经验后，就需知道如何更有效地对指标进行组合。企业甚至可以开展更高级更复杂也更有价值的工作，构建框架来诊断一家企业的创新能力及创新历史。这是一种非常先进的方法，主要是创新方面的专家对此感兴趣。然而，本书旨在为企业高管提供方便使用的创新指南和合集，我们不会花很多篇幅阐述这个问题，只会概述它的内容及这种指标应用方法的用处。

如果我们仔细看一下本章的 25 个指标，就会看到其中有些指标与创新的投入有关。例如，用于创新的时间百分比是一个投入，其目的是在未来获得成果。其他指标与产出有关。例如，上一年的新产品销售额的比例是一个创新政策的产出。还有其他一些指标，例如，上市时间与创新过程有关。

为了评估创新方面的投入和产出之间的关系，我们可以构建一个计划或框架，把指标划分成相同的三类指标。因此，我们可以诊断出创新政策和投资是否已见成效，投入和产出之间是否存在一定的关系。

作为一种投入，企业可以衡量对员工的创造力培训投资和产生新想法的工作时间百分比。基于此，可以看到培训时间的变化是否带来某种成果，或者说获得更多的专利。

如果一家企业对创新培训的投入越来越多，但并没有看到产出增加，那么该企业可决定此类培训不再是一个重点，而应把这部分资源挪作他用，例如，把培训时间更改为提出想法的自由时间。

更多的投入并不总是等于更多的产出。发生这种情况可能是由于创新过程导致的，过程指标可以帮助我们回答这个问题。例如，尽管在培训方面增加投入，但是专利数量并没有增加，因为专利的发展期（这是一个过程指标）表明了申请专利需要的时间大幅增加。

这一切看似复杂，但事实并非如此。它的优点是，指标的使用不仅可获得有关我们业务的客观信息，也可确定我们对创新的投入是否有效。

为了把这个工具做得更完美一些，我们建议公司根据特定的问题对投入、过程和产出指标进行分组。例如，对于管理领域创新战略的沟通，有如下的一组指标：

投入：

· 创新目标的报告次数

· 管理层将创新战略重点传达给其他部门的次数

过程：

· 电子邮件创新报告的百分比

· 通知其他部门创新战略重点的执行摘要页数

产出：

· 组织内提出想法不符合创新目标的百分比

其他可能的分组依据为：职员能力、创新文化、资源、创新领域的领导地位、战略认识，等等。

指标和目标

理想的情况是应用指标设定创新目标，如前面的章节所述。

例如，企业可以设定从现在起五年内的目标，如下：

· 新产品的收入占总收入比例必须从 10% 上升到 30%

· 新投放产品的利润在总利润中所占比例必须从 5% 上升到 15%

· 新产品的市场成功率必须从 30% 上升到 50%

· 提出想法的员工比例必须从 5% 上升到 30%

无论我们使用哪些指标，重要的是对结果进行使用。如果我们使用指标进行衡量后，却不利用产生的结果，那么指标就毫无意义。

全面创新系统——第十一章总结

各角色的主要负责人员

自上而下的发起

由内到外的发起

自下而上的发起

由外到内的发起

A 发起者	B 搜索者	C 创造者	D 发展者	E 执行者	F 促进者
最高管理层（总经理或首席创新官）	市场调查部门	广告公司	研发	现在的营销部（兼职团队）	最高管理层（总经理或首席创新官）
员工	市场调查供应商	创新型机构	新产品开发	现在的销售部（兼职团队）	财务总监
供应商	社会学家	营销	经营	专职营销团队	新项目委员会
分销商	营销	创新类型	制造	新部门	首席创新官
客户	销售	研发	外部供应商	新公司	董事
投资者	舆论领袖	客户	营销	第三方联盟	股东
高校	观察者小组	供应商	销售		员工
科学界	研发	创新型员工	专职工程师		创新团队
发明者	内部的其他部门	其他供应商或第三方			中层管理人员
工程公司	其他供应商或第三方				外部专家，利益相关者，或投资者

各角色人员所用的方法

A 发起者	B 搜索者	C 创造者	D 发展者	E 执行者	F 促进者
创新范围	创新评价	头脑风暴法	协助定义概念	营销方案和推出计划	主观评价
创新层次	相邻类别分析	蓝海策略	概念测试，完善设计	改进	测试显示的购买意向
创新重点	内部咨询	形态分析	图片	KPI演化	特尔斐预测法
创新准则	社会发展趋势/社会阶层	横向营销	界定特征的联合分析	后续的边际创新	名义团体法
创新检查单	市场趋势	属性清单	图纸	区域测试	全公司范围评定
	购买过程	情景分析	实物模型	市场测试	菲利普斯66法
	创新路线	客户拜访	样品	产品测试	六西格玛
	技术解决方案	共同创造	产品测试	ATR强度	成本效益分析
	设计参考	重新定义客户价值	家庭使用测试	实验	需求估计
	近期成功的营销战略/从错误中学习	集体讨论	专利		损益表分析
	互联网监控	概念定义			投资回报率分析
	人种学研究				情景分析
	地理定位				市场测试

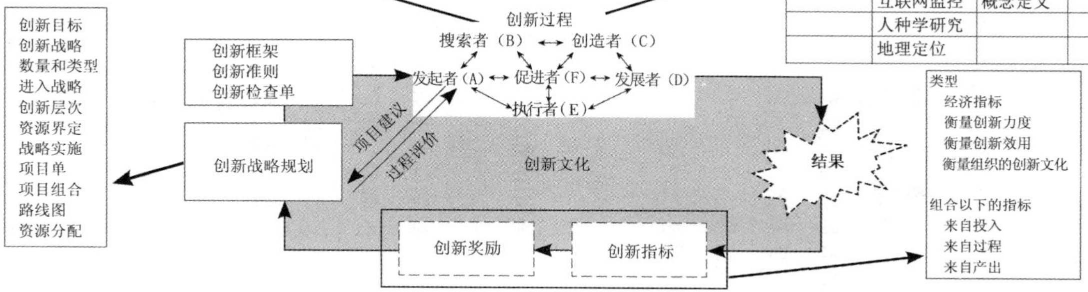

第十二章　如何培养创新文化？

创新文化的定义

在公司里，创新文化虽然不像工序那样具体可见，但也是完全可识的。具有创新文化的公司会显露出对创新的兴趣和热情，在这样的公司中想法无处不在。公司的所有人员，无论工作与新产品是否有直接的关系，都会积极提出自己的想法和建议。这样的公司，无论什么时候，都具有活力且容易实现创新。

作为领导者，谁都不希望远离创造力，希望组织中的每个人都提出新颖、有用的想法，包括财务人员。事实上，在过去几十年中，组织里已经成功实现了财务会计方面的深刻创新，如基于活动的成本核算。

如果任何公司的管理高层都把监听设备安放在员工食堂或工作人员最喜爱的酒吧，他们会很快发现：

· 每个员工对公司各方面都有自己的想法

· 许多想法都是深思熟虑之后得出的

· 所有的员工都有自己的想法

· 许多想法都值得公司斥资执行

在创新文化发展良好的公司，没有员工会谈及这种文化，因为创新已经成为公司的 DNA，融入每个员工的行为中。

具有创新文化的公司的另一个特点是：职员对提出想法非常感兴趣。

我们现在说的这种兴趣是来自员工内心的，而不是奖励制度激发的兴趣。这种兴趣是一个人的工作方法、活动领域以及所涉及工作任务的固有部分。在创新型公司中，组织机构里原本不会献计献策的人会发现自己不知不觉地在努力创造、建议、评估，并常常帮助公司寻找更好的工作方法。在公司，管理层可采用自上而下的方式鼓励员工发挥创造力，这种创造力在日常的工作中已经根深蒂固，最后激励的方式也转为自下而上的模式，从普通员工到董事会成员。创造力自然发展，并在员工之间传播。

确定创造性企业文化的另一种方法是观察企业的持续创新是否成为公司内公认的事实，也就是说，公司的每个人都知道正在开展的创新项目以及其会带来的成果。创新并不局限于某些部门或主管人员。保持信息畅通，每位员工都会关注公司的创新成果。创新成功的公司往往是目标细分市场的领导者。市场领导地位转换成一种自傲的成就，这不是一种骄傲的虚荣心或自满，而是员工知道他们自己在书写行业未来的自豪感。

这一切都非常有吸引力，说起来容易，但如何做到呢？如何获得一种创新文化？有些大公司的总经理认为，几乎是不可能改造现有的企业文化——成千上万的员工态度消极、工作效率低下、存在惰性、机构瘫痪。组织越大，就越难培养这种创新文化，这是事实，但这并不意味着这是不可能的。例如，几乎没有人会否认 IBM 和宝洁是两家巨型企业。不过，这两家公司的经历都证明，付出努力、制订良好计划、合理利用资源，就可以把保守型文化转变为创新文化。宝洁在全球拥有不少于 11 万的员工，但仍能从过去的模式转变成一家高效创新的模范企业，在这一点上没有任何对手可匹敌。

我们知道，创新文化（规划、过程和奖励）是界定创新型公司的四个要素之一，这是很重要的一点。因为有许多企业高管认为，要做的是引进创新文化，然后创新迟早会发生的，很明显这是错误的观点。因此在本章中，读者应该时刻铭记其他三个因素。如果你的企业没有创新文化，按部就班地培养和促进这种文化是没有意义的。例如，在本书的第一部分中所说明的那些目标太高的创新过程。

这就是说，在公司建立创新文化的过程中，我们需看到其各个关键因素。

文化创建者

首席执行官（CEO）

创建创新文化的主要责任在企业最高管理层，具体是首席执行官。管理层应鼓励员工进行创造性的独立思考，培养协作精神，鼓励有想法的员工向公司表达自己的想法。

乔恩·R. 卡曾巴赫是总部位于纽约的管理顾问公司卡曾巴赫的创始人之一，他说："首席执行官的支持是必不可少的。如果首席执行官决定'改进'想法，并做出重要的选择决定，那么'组织'认识到该想法重要的可能性就会增加。"

只有 CEO 能以最快的速度改变商业文化，阿兰·乔治·雷富礼说，宝洁有自己的首席创新官。雷富礼参加了所有"上游"研发审查会议，一年 15 次，会议展示各种新产品。他还在一年中抽出三天时间与公司的设计小组在一起，这是外部设计师小组，对即将上市的宝洁产品提出他们的观点。宝洁公司员工休斯顿说："他是宝洁的首席创新官，他对创新十分投入。"

经验证明，首席执行官的参与和创新成果之间有着直接的关系。罗伯特·G. 库珀根据新产品政策的有效性分析了三类企业，阐述高管参与产品开发和创新绩效具有很高的相关性，如图 12-1 所示：

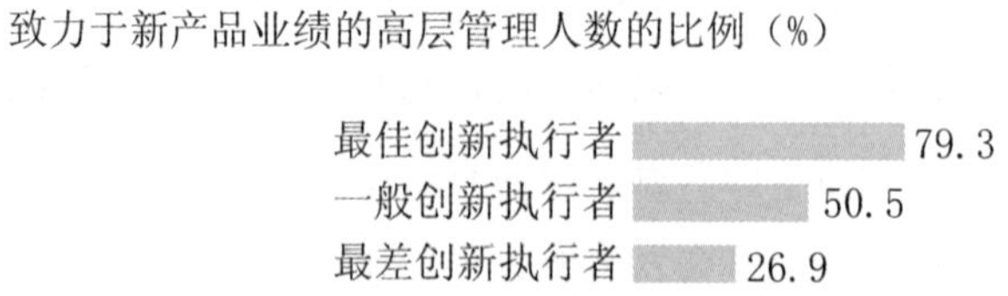

致力于新产品业绩的高层管理人数的比例（%）

最佳创新执行者	79.3
一般创新执行者	50.5
最差创新执行者	26.9

图 12-1　新产品业绩和管理责任之间的关系[1]

[1] 见罗伯特·G. 库珀：《新产品制胜：获利性创新之道》（*Winning at New Products: Creating Value Through Innovation*）。

在业绩突出的公司，高管发挥带头作用，积极开展创新工作，并努力塑造一个积极的工作环境和文化氛围，这在业绩低下的公司很少看到。

这表明：如果保守发展型公司的高管希望给组织灌输创造力，不仅需要自己表现出对创造力的兴趣，还必须根据职责相应地采取行动。也就是说，管理人员必须献计献策，并且是具有创新性的内容。否则，他们的下属也就不会下定决心，认真改变文化。星巴克的总裁每月都和公司 250 名高管一起召开会议，会议完全是侧重于公司创新项目的“问答会”。

首席创新官（CIO）

在一些大公司，首席执行官自己无法全身投入到对创新的管理和监测中。在这种情况下，最好的方法是配备一名管理人员来领导创新，可以称之为“创新副总裁”“首席创新官（CIO）”或“新产品与创新总监”。职位名称并不重要，重要的是必须对组织内其他部门和管理人员拥有实权，否则会缺乏必要的管理。

如果你在真正的权力职位上没有配备具有高度创造力的人员，企业就没有创新。其他行业中的大多数公司都忽略了这个教训。

为了通过发展创新工作对宝洁发挥先导作用，拉里·休斯顿亲自担任了公司新设立的创新副总裁一职。创新经理职责涉及从家庭护理到家庭保健的各业务单位，负责推动新模式下的文化创新。这些管理人员直接和休斯顿沟通，休斯顿也负责监督这些技术型企业家和管理人员管理的外部创新网络。

公司需要这样一位人物的第二个原因是，正如我们在第十章中所看到的创新战略规划，创新项目组合管理和持续创新过程中的协调都要求对创新相关的一切活动有一个 360 度的视角。他们是唯一具有完整的创新观点及了解想法演变的人。他们可以看到“大局”，把每个创新当成一小块拼图，嵌入整体中。

“你想在组织内拥有一个连贯性的战略……当你让个人环视公司的发展

目标时，会发现这些想法相对于公司目标往往显得太大了。”

负责创新进程的人不负责文化

我们必须区分首席执行官的职责和创新进程负责人的职责，无论该项目多么重要，后者的任务仅限于一个特定的项目。有些公司认为，如果他们启动了创新过程，并指派专人来管理，创新就会发生。在一天结束时，他们认为自己对创新过程有了预算、最后期限和负责人，但这还不够。我们已经看到，创新过程是公司在特定时间内实施创新的基本单位，它需要被纳入一个项目组合中，反过来，这又取决于一个企业战略。创新项目负责人需要向首席创新官（CIO）、总经理或者首席执行官（CEO）报告创新情况。**如果创新负责人在公司中没有一个更高层的监督，创新项目最终会陷入困境。**没有人向其提供报告的掌权者最终都会碰到严重的问题，因为仅仅创新项目负责人自己或他们负责的创新项目都不能在公司中塑造一种创新文化。

妨碍创新的组织内因素

创新需要想法，想法需要创造力。如果在一个公司内没有人提出想法和创意，可能是公司内部存在阻碍因素。因此，发现并解决组织内的阻碍因素是至关重要的，这也是公司实施创新文化最重要的工作之一。只要公司存在障碍，就不会有创新，道理就这么简单。一位首席执行官要培养创新精神，其采取的首要步骤就是消除障碍。

问题是，许多企业高管都未意识到他们的组织中存在创新障碍。他们不仅不知道，也宁愿不知道，因为企业最大的创新障碍是在管理文化、非正式的权力关系及公司经营情况上。

我认为大多数人并没有意识到自己的创新潜力，部分原因是工作环境阻碍了他们的内在动机。有证据表明，许多公司在消除创新障碍方面仍有很长的路要走。

创新的主要障碍包括一般性恐惧（尤其是对错误和指责的恐惧）、期限、压力、内部竞争、危机和结构调整以及缺乏方法。

让我们逐个审视这些障碍，并寻求解决的方法。

一般性恐惧

可以说，创新确立的不是一个目标，而是一个方向。结果的不确定性增加了风险，无论是现实的还是主观的。人类的一般规则是规避风险，避免未知。此外，**由于创新是一条通往未知的路径，它会产生恐惧，成为想法和创意的障碍**。世界著名的创造力专家特蕾莎·阿马比尔教授根据238人的12 000条情绪日记进行了实证研究，对于每一个日期，他们还写下了各自的创造性投入和想法。研究结果表明，焦虑、恐惧、悲伤、快乐和对公司的热爱水平与人们提出的想法数目直接相关。受访者心情愉快、感到幸福时，就能产生更好的想法。有趣的是，前一天的心情越好，他们越有可能提出突破性的想法。这似乎是一个良性循环，在一天的工作中获得快乐的人，在晚上心情与认知结合是第二天提出良好创意的孵化器。换句话说，幸福的一天预示着第二天拥有更好的创造力。

因此，**重要的是必须消除产生恐惧的文化**。最好的方法是通知所有人员，对他们的想法和建议进行筛选，放弃那些不值得考虑的（记住：失败是越快越好，越早越好，这样成本较低）。公司应该告诉员工提出想法的范围，制定评估想法的方法（见第八章“促进者”），该方法对组织中的其他人员也适用。人们可以自由提出建议而不必担心风险，因为公司已在使用风险控制机制。乐购的理念是，产品开发人员可以自由选择承担风险，公司的其他人员负责评估建议，并区分好坏。乐购对产品开发人员提出的大量建议和想法进行合理筛选后，只会考虑10%～20%的想法和建议。

害怕犯错

在我们的文化中，比较难以接受错误，因为犯错常被视为是无能的结果，人们害怕犯错。但是，创新具有较高的风险，所以可能犯的错误也会很多。怕犯错的另一个原因是害怕别人嘲笑。很多想法在其他人员没有进行改进或完善之前，都是看似荒谬的。因此，人们常常保持自己的想法。

爱因斯坦曾经说过："如果一开始的想法并不荒谬，那就没什么希望了。"对于很多人来说，让全公司的人都知道自己有一个可能很荒谬的想法是过于冒险的行为，我们可能会遭到同事们的嘲笑。

这里有四种方法可以让我们减少甚至消除面对别人嘲笑的恐惧。第一种方法是记录。正如在第十章中我们对管道中的项目进行记录一样，我们也可以为放弃的想法做一个记录，供以后重新考虑，思考也是一种灵感来源。我们传达的主旨显而易见：既然实际上没有任何想法被抛弃，那也就没有什么想法是荒谬的。即使想法最初被拒绝，在未来仍然有可能受到关注。

第二种方法是从错误中学习。我们过去所犯的错和未取得预期结果的创新项目都可以在公司被创造性地使用，这也是一种学习——吸取过去的教训，避免重复同样的错误。虽然这种方法并不能完全消除对错误的憎恨，但它可以改变对错误的看法，并鼓励更倾向冒险的一种文化。

第三种方法是以匿名方式提出想法建议。这种方法的形式有很多，并且现在的新技术已经更容易让我们以匿名方式献计献策（我们在后面来阐述这个问题），这样可以完全消除我们对犯错误、受指责的恐惧。

第四种方法是提供某种风险奖励。例如，通用电气公司对其高管的评估是根据他们的想象力和勇气，他们接受如何承担风险的培训并敢于迎接新的挑战。对于敢于执行最大胆建议的高管，公司还给予奖励。

害怕指责

害怕指责是具体的，不是主观的。错误会造成资金浪费，所以，当公司要求员工提出想法、创造和创新时，尽管员工不敢大声说出来，还是往往会想："好，要我们提想法，多创新，更有创造力，但如果出错了，或者如果我的想法导致损失而不是产生利润，那会不会是我的责任？我会怎么样？会不会影响我的事业？"

如果员工不信任公司，就不会为公司进行创新。调查显示，信任是建立创新文化的最关键因素之一。如果员工信任公司，这就不是一个问题。如果不信任，那么必须把建立信任作为第一步。

如果我们无法确定对创新项目内在问题负责任的人，那我们就不能培养创新文化，因为创新在很大程度上是对失败的管理。为了获得一些好的想法，我们将不得不包容很多不好的想法。这是一个不争的事实。

也许我们已经清楚地区别了新产品创新的责任，但它和我们谈到的工艺改进、边际创新（例如，采购部的流程创新）是不同的问题，因为流程在部门内部本身可以发展。如果部门主管有过不诚实的行为，他会把错误归咎于部门的失误。这样一来，我们很难期望员工会提出想法。

这里有三种方法可以解决这个问题。第一种，确保以匿名的方式来提出并评价想法。第二种，无论创新过程有多么简单，都分配给具体的管理人员，由该人员报告给其他高管，这至少可以解决一部分问题。最后一种方法，对于不愿承担其下属失误责任的部门主管，须改变其行为态度，这种改变是总经理及人力资源总监的任务。

最后期限和压力

人们有一种倾向认为，员工在有工作压力的情况下更有创造性。增大压力的一种方法是设定最后期限。"给出这样一个日期后，你必须充分开发高潜力的概念。"是否一条命令就能使人们表现得更有创新性？特蕾莎·阿马比尔教授经过实证研究表明，答案是否定的。

在对情绪日记的研究中发现，人们常常以为当处于最后期限的高度压力下，他们的创造性达到最佳水平。但是，对总天数达 12 000 天的日记进行研究，得出的结果正好相反（人们在最后期限的压力下，其创造性处于最低水平）。事实上，我们发现存在一种时间压力延续影响效应——当人们在巨大压力下工作时，不仅当天他们的创造力水平降低，而且在未来两天里也是处于最低水平。**时间压力扼杀了创造力，因为人们不能深刻思考当前的问题。创造力需要一个潜伏期，人们需要时间来思考问题，酝酿想法。**

我们还应该区分发起创新的机制和促进创新的机制。发起创新是指启动创新并投入运行中。促进创新是指增加创造力的付出，使创新更加有用、有效，以确保取得更好的结果。从这个角度来看，确定创新的最后期限、创新过程及负责人员，能够促使员工更高效地进行创新活动。但事实证明，压力并不能提高创造性工作的质量。当员工一边工作一边关注日历上所剩的天数时，他们往往容易犯更多的错误。这种分神会损害创造性工作的质量。因此，我们必须权衡是否需要设定一个最后期限——对于任何创新过程，最后期限至少可让人们知道手头还有工作要做，创新任务不能无限期地继续下去，但同时需要给予人员一定的自由，使他们能够积极地进行创新，而不受项目日期打扰分心。因而，更好的办法是给予员工一定资源，让其专注于自己的工作，而不是施加压力，因为施加压力的做法最终会适得其反。

过度的内部竞争

在促进组织内部各部门之间的竞争上，有些管理人员做法不恰当。例如，我们发现在广告领域，广告公司之间对相同业务和客户的竞争非常激烈，甚至同一个集团内的公司间也存在竞争。这是一种逐渐扩大的趋势。随着竞争对手的联合，大鱼吃小鱼的结果是企业集团内产生越来越多的内部竞争性组织。内部竞争有其优势，但也有其缺点，缺点之一就是阻碍创新。

内部竞争会促进创新，这是一个普遍的看法。但是我们发现，**当团队**

之间是竞争而不是合作时，创新也受到阻碍。

团队成员在有信心分享想法并展开讨论时，他们的创造力最佳。当他们为了奖励、为了赢得上司的认可而竞争时，当他们的个人成功受到威胁时，他们就会不再分享信息。

同样，我们绝不能混淆创新发起与创新质量。竞争是一种刺激，它有助于使人们意识到，我们需要开始创新。但是，当我们已经唤醒这种需要和意识，过多的内部竞争就会破坏合作，而合作对创新文化建设是必不可少的。

裁员和危机

自 2007 年以来，全世界一直处于严重的经济危机中，这导致许多公司裁员。裁员在员工之间形成了巨大的恐惧和焦虑，也对创新文化整体上产生了负面影响。

在裁员过程中，创造力会受到极大损害。我们研究了一家全球性的电子公司，该公司在 18 个月内对拥有 6000 名员工的分部裁员 25%，那是一种令人难以忍受的煎熬，在这种工作环境中的每个人的创新积极性明显下降。

裁员的威胁，破坏了开放的人员沟通、合作的意愿以及自由和独立感。面对裁员，员工被迫寻找庇护和规避风险的方法。裁员的影响在实施之前就会出现，一直延续到实施后的一段时间。在还没正式裁员之前，在组织中公布裁员计划后，员工开始担心自己会被公司裁掉。在公司执行裁员计划后，员工的创新意愿受到严重打击。在裁员完毕之后，员工的士气需要一段时间来恢复。因此，从维持创新能力及创新文化出发，在可能的情况下，更好的做法是进行一次单轮裁员，而不是在危机过程中多次裁员。

缺少方法

另一个障碍因素是缺少产生想法的方法。不仅是我们接受的学校教育很少教授创造力，在西方教育系统中也几乎是绝迹的东西，西方教育更加注重教学方法、逻辑和分析思维。因为人们有一个普遍的误解，创造力是无法教授的，也无法通过培训获得。然而，如果你不能告知别人如何产生想法，那么当你要求他们提供创造性想法时，他们可能不知道该怎么做。

消除这个障碍的方法非常简单，由专业公司提供创造性方法及产生想法系统的培训服务。在第五章中，我们看到了培养创新能力的多种方法，当然还有其他的方法。

例如，宝洁公司创建了克雷街项目，在这个实验中，几组员工花了几个星期来学习如何发挥他们的创造性才能。

很多人认为自己没有创意和才华，当他们尝试产生想法的方法后，他们对自己的这种能力感到非常惊奇和高兴。大多数人都知道集体研讨方法，一般也只是通过这种方式提出自己的想法。对于认为自己没有创意才能的人们，创意游戏能够显示出他们的创造性才华，我们绝不能低估这种游戏的作用。就其本身而言，这种创造力还是不够的（从创造力到创新仍然是一条漫漫长路），需要接受一定的创造性技巧训练。

激励创新的组织内因素

我们在上面已经了解到很多障碍因素。消除这些障碍是创建创新文化的一个必要条件。但除了消除这些障碍外，我们还可以激发组织内员工的潜在创造力。消除这些障碍，想法就如水流一般开始涌动，但给予激励后，涓涓细流就会变得波澜壮阔。特蕾莎·阿马比尔教授对两种不同动机——内在动机和外在动机进行了区别。

内在动机可定义为驱使我们做特定事情的动机，因为我们喜欢做，觉得很有意思，会感到愉快或满足。内在动机不是强加于人的东西，它来自个体的内部，是人们的倾向性、亲和力及爱好。我们无法控制一个人的爱好，但我们可以确保员工选择适合自己的岗位和业务部门。这就是人力资源部在公司招聘或工作调动中可以控制的方面。显然，在任何工作中，都有一些我们不希望处理的烦恼之事。如果我们希望员工提出想法，就应确保他们在自己希望的位置上。在某些情况下，甚至可能不仅包括工作或部门，还包括行业领域。例如，把一个不喜欢读书的人放在出版社高层管理的职位上，这个人就很难有创新的源泉。当人们在自己的本职工作中享受到快乐并产生兴趣之时，才会具有创造性。

至于外在动机，我们将在奖励章节中进行详细阐述，但有一点需要注意，不只是经济奖励很重要，他人的认可也很重要。

其他重要因素

大型报刊或主流媒体都非常关注创新型公司的一举一动，如谷歌，他们给员工提供台球桌、乒乓球桌等休闲空间，这看起来更像是体育场而不是 NPD 中心。它发展的一个普遍观点就是创新文化需要一个“放松”的地方，使员工的想象力可以翱翔。我们把这个问题留到最后来阐述，因为对于读者而言，创造力的空间非常重要。

某些环境会比其他环境更能促进创造力。**一个缺乏创造力空间的公司会发现创建创新文化更加困难**。我们必须给予这个问题应有的重视，这是一个重要因素，但不是决定性的因素。

一个良好的创造性环境，其特点主要包括：共同的空间、氛围和时间。

（1）共同的空间

部门之间缺乏合作被认为是创新的第二大障碍。合作要求不仅体现在创新过程中，创新型公司会提供一些硬件设施，以促进协作和团队精神。

例如，宝洁公司的“创新健身房”就是培训部门经理新企业文化和思考设计的地方，以及我们本书中给出了另一些例子，如 3M 公司的创新中心和壳牌公司的创新实验室。

此外，创造的专门空间可避免人员分神。特蕾莎·阿马比尔认为，缺乏专门空间是某些企业创意不佳的主要因素之一。

（2）氛围

谷歌花费很大心思在设计有利于创新氛围的设施上，这也是谷歌的驰名之处，包括为员工提供离开办公桌放松的空间、免费咖啡以及工作场所配有洗衣房等。影响创造力的另一个方面是照明。自然光更令人愉快，比人工照明更有利于创造力的发挥。

（3）时间

我们需要在每天的日常工作中，给予创造力一定的“释放时间”。在第三章中所描述的政策，如 3M 公司的自由时间或谷歌的自由思考时间都是鼓励创新文化的。人们在努力把工作做好的同时不能不去思考做事的新途径。

高管培养创造力和创新的一个方法是给予员工一定的空闲时间来寻找或开展“星期五项目”，如卡夫食品和戈尔公司采用的方法，他们不是过度进行风险规避，而是对临时性高风险项目进行投资；鼓励特殊团队——在正式业务机构之外的项目和团队。

对创造力的误解

到目前为止，根据本章的内容，读者可能会认为创新文化应该灌输给创新组织的每个成员。这是正确的，但只是在一定程度上而言。

我们必须把让大家献计献策的机制同创新项目领导机制区别开来。员工提出建议后，组织进行甄别筛选，最后只有少数建议发展为项目。我们需要小心谨慎地选择创新项目及创新过程的领导人员，这不是每个人都适合、都有时间执行的工作。包括 3M 公司、谷歌或卡夫公司等在内的一些公司，都会给他们的员工一段时间来思考建议，然后给出另外一段时间让大家执行创新过程。

也就是说，我们确实需要公司的所有成员贡献自己尽可能多的建议和想法。公司需要安装对想法和建议进行管理的电脑系统，可以让员工通过意见箱和公司内网发表自己的想法或建议。更重要的是，这种系统需简单、易用，并且不太费时。因为系统越复杂，使用的人员就越少。这些系统也有一个优点，就是员工可以匿名提出自己的想法或建议，从而消除上述制约因素，如害怕嘲笑或因为未来可能出现的错误（尽管是部分）担心受指责。匿名方式往往有利于员工更大胆地提出高风险、高度独创性的建议。

使用意见箱和计算机为基础的建议收集系统，存在三个主要的潜在问题，即超负荷、分散和重复。

当提出的想法超过该组织处理能力或者无法仔细检查时，超负荷问题就会出现。要解决这个问题，方法之一是员工自己对建议进行早期评估和筛选。这基于同维基百科或 Youtube 相同的原则，用户自己可对同行或同事提出的建议进行评定、评估、审查或放弃。

我们将在下一节阐述如何避免重复和分散（提出的想法是分散的，偏离公司的目标），基本上涉及对公司创新战略重点的内部沟通。前面第三章专门阐述发起者，我们解释了为什么创造性思维需要确定一个重点，并且该重点不能限制创造力的发挥。避免建议重点分散的一种方式是提供一个框架。公司并不是对所有问题或任何问题都征求建议，公司可以推出定期活动，要求所有组织成员对如何获取特定的机会或解决某些问题提出建议。例如，一家保险公司可能向其员工发布“我们认为可以开发加油站市场作为一种推销汽车保险的方法，欢迎大家对此提出意见或建议”的声明。

这种方法不仅避免想法分散，公司还可以根据目标对建议进行整理。如果你有一个平台接收来自各个主题五花八门的建议，就很难区别重复性的建议。相比之下，这种方法就要容易得多。

沟通的作用

内部沟通是改变企业文化的一个关键手段。公司应告知其员工一些

“战略、项目、创新先进人员、创新绩效和未采纳的想法”相关的信息。让我们逐一进行讨论：

战略和创新项目的信息沟通

员工应意识到公司的整体创新战略，以便集中努力提出适当的建议，避免缺乏重点。

因此，当我们针对一个特定项目推出创新过程时，我们需解释在给组织做什么，主要是回答下列问题：为什么开展这个项目？希望从中获得什么？预期的结果是什么？在这个过程中其他部门如何提供协助？实施或开发项目将涉及哪些部门？他们将如何从中受益？我们预计要花费多长时间批准和实施该项目？

例如，星巴克采用了他们所谓的公开论坛，即区域性的季度会议，会上高管们对各自项目的进展情况进行报告。对于每一个项目，员工会收到一张卡，在卡上可以写下他们的意见或建议。

创新先进人物的信息沟通

正如讨论奖励时所谈到的，我们还必须让员工了解“创新先进人物”，即对成功创新起到关键作用的人。先进人物的名单应包括提出独创性想法的员工，以及那些开发和执行该想法的人员。但公司往往只认可提出独创性想法的员工，忽视了开发人员和执行人员。他们的角色可能相对低调，但发挥的作用是必不可少的。

创新成果的沟通交流

最后一个方面是创新成果的沟通交流。对于正在考虑彻底改变创新文化的保守、僵化型的公司来说，这一点至关重要。当管理层宣布其创新的意图后，员工并不会认真对待，因为他们很久没见到公司开展任何创新了。虽然大家都同意需要创新，但公司的创新宣布听起来更像是一厢情愿，而不是实际上将要发生的事情。从保守文化转换为创新企业文化意味着企业必须服从行动，进行变革，起初最好是进行小的简易创新，并且必须将它们迅速传达给所有员工。组织通过结果沟通让每个员工了解发生的变化，无论表面上多么不重要的结果，组织都要进行沟通。创新开始逐渐地获得信任（真正的证据是有些员工的想法正在付诸实践）。这就是为什么在创建企业的创新文化中，最好是在小规模创新取得成果后，要同员工进行交流。我们都知道，脚踏实地的行事才能赢得别人的信任，这需要时间。

例如，IBM 过去强调发展其“摇钱树”业务领域，如今组建了新业务部门，无论大小部门，内部人员都认可转变后的企业文化。创建新的部门在该公司现在是一个高调的任务。今天，IBM 有更多的意愿进行实验、接受错误，并从错误中学习和发展。

沟通未采纳的想法

公司也应通知其员工被否决的想法。同普遍的看法相反，这并不会让员工泄气。相反，让提出想法的员工泄气的是他们的想法未被采纳，却不知道是什么原因。员工会因为没有得到任何有关反馈而大脑疲软，之后更有可能会选择放弃，不再提出任何想法或建议。相反，如果我们告知提出想法的员工没接受其想法及拒绝的理由，他们将在以后更积极地完善自己的想法。如果员工提出的想法太多，公司无法每个都给出放弃的理由，这时我们可以采用群体评估方法。

多元文化和职能跨越

创造力是对现有的想法以不同的方式进行组合。当我们到不同的国家旅行时，会获得新的刺激，这与我们平常的环境相结合，产生新的组合，从而使我们产生很多新的想法。弗朗斯·约翰松在他的著作《美第奇效应：创新灵感与交叉思维》中讲述了文艺复兴时期佛罗伦萨的美第奇家族，通过他们的赞助，政治家、天文学家、画家、建筑师、雕塑家和音乐家会聚一堂。就创造力而言，这种方法和思想的交集促成这一时期成为西方历史上文艺最繁荣的时期之一。

基于这一事实，许多创造性的专家提醒寻求推进创新文化建设的企业，要注意促进文化多样性，把不同的背景、经验、文化和传统的人员会集起来协同工作。我们的观点是，不同的文化背景更有可能产生多元化的建议。

这同样也适用团队成员的技能或专业知识，如此一来，通过职能跨越创造力得到促进。在这本书中，我们的 A–F 角色模型能促进创新过程的主管人员之间的交叉功能。在单个项目上多方面的观点可以增加成功的概率，并降低遗漏和错误的可能。跨职能团队是创新型企业的共同特点。例如，通用电气在开展创新项目时，它会动员许多领域的专家，鼓励部门之间的流动性，以促进内部关系和项目链接。又如，宝洁的这种综合性团队对新产品开发至关重要，其制定了构建这种团队的一种模式，团队强调公司各个领域的创新过程主管人员（市场营销、工程、研发等）的交叉职能。

罗伯特·G. 库珀的研究结果表明，跨职能和新产品开发（NPD）的业绩是相关的，如图 12–2 所示：

跨职能团队所占的比例（%）

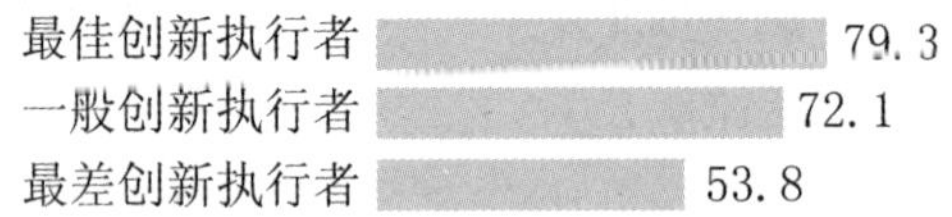

图 12–2　新产品业绩和跨职能团队之间的关系[1]

顾客亲和力

正如我们在前面解释的那样，顾客亲和力应是创新过程的一部分，但

[1] 见罗伯特·G. 库珀：《新产品制胜：获利性创新之道》（*Winning at New Products: Creating Value Through Innovation*）。

是创新文化必然导致观念的转变：从只向内看转变为从内、外看。

宝洁公司前总裁阿兰·乔治·雷富礼在致力于创建创新性文化时，发现公司只强调产品性能，这不利于维持良好的顾客关系；在业务领域有最优秀的技术人员，但缺乏对消费者体验公司产品的关注。为了纠正这一点，他从根本上改变了对待顾客的方法。这一转变（从产品到客户、从内到外）帮助公司打造了创新文化。

创建创新文化的步骤

我们已经看到创建创新文化的所有要点，我们必须强调，创建创新文化也存在风险，并不能保证出现创新。为了实现创新并成功转变为创新型公司，企业文化应与创新战略规划、创新过程和奖励制度并存，这是一个必要条件。

不过，阅读完本章创新文化众多因素的主管人员仍然可能会问，存在这么多的因素，要从哪里开始呢？又应该遵循什么样的步骤？

以下可能是最有效的步骤：

（1）CEO 通知董事会和高管其转变企业的文化意愿，目的是获得支持和合作；

（2）CEO 签署并做出保证，通知企业的其余人员进行企业文化变革；

（3）消除障碍；

（4）实施激励；

（5）制订和实施内部的创新沟通计划；

（6）建立建议管理系统；

（7）采纳创新过程（即 A-F 模型或门径管理）；

（8）反馈创新成功的成果，并从失败中吸取教训。

全面创新系统——第十二章总结

各角色的主要负责人员

A 发起者	B 搜索者	C 创造者	D 发展者	E 执行者	F 促进者
最高管理层（总经理或首席创新官）	市场调查部门	广告公司	研发	现在的营销部（兼职团队）	最高管理层（总经理或首席创新官）
员工	市场调查供应商	创新型机构	新产品开发	现在的销售部（兼职团队）	财务总监
供应商	社会学家	营销	经营	专职营销团队	新项目委员会
分销商	营销	创新类型	制造	新部门	首席创新官
客户	销售	研发	外部供应商	新公司	董事
投资者	舆论领袖	客户	营销	第三方联盟	股东
高校	观察者小组	供应商	销售		员工
科学界	研发	创新型员工	专职工程师		创新团队
发明者	内部的其他部门	其他供应商或第三方			中层管理人员
工程公司	其他供应商或第三方				外部专家，利益相关者，或投资者

自上而下的发起
由内到外的发起
自下而上的发起
由外到内的发起

各角色人员所用的方法

A 发起者	B 搜索者	C 创造者	D 发展者	E 执行者	F 促进者
创新范围	创新评价	头脑风暴法	协助定义概念	营销方案和推出计划	主观评价
创新层次	相邻类别分析	蓝海策略	概念测试，完善设计	改进	测试显示的购买意向
创新重点	内部咨询	形态分析	图片	KPI演化	特尔斐预测法
创新准则	社会发展趋势/社会阶层	横向营销	界定特征的联合分析	后续的边际创新	名义团体法
创新检查单	市场趋势	属性清单	图纸	区域测试	全公司范围评定
	购买过程	情景分析	实物模型	市场测试	菲利普斯66法
	创新路线	客户拜访	样品	产品测试	六西格玛
	技术解决方案	共同创造	产品测试	ATR强度	成本效益分析
	设计参考	重新定义客户价值	家庭使用测试	实验	需求估计
	近期成功的营销战略/从错误中学习	集体讨论	专利		损益表分析
	互联网监控	概念定义			投资回报率分析
	人种学研究				情景分析
	地理定位				市场测试

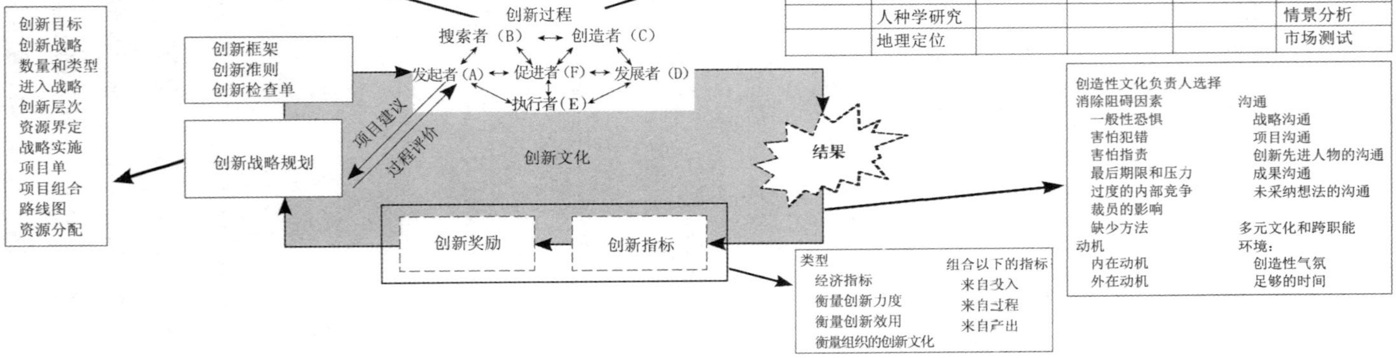

第十三章　创新奖励

创新奖励的定义

创新奖励机制，意指奖励员工创新的一整套政策（使员工能够分享创新产生的价值）。

我们应该奖励创新吗？

这个问题是激烈辩论的焦点。一方面，奖励机制的支持者毫无疑问确信：

在世界上最具创新性企业的名单上，好几家公司对前几名的创新人员进行奖励。

创新思维人员奖励是创新战略中想法管理的重要组成部分。奖励会增加动机、持续提出并分享想法。

另一方面，批评者也不是全盘否定奖励，他们只是反对用金钱奖励创新。

当人们争论是赞同还是反对“奖励”时，我一直都感到好笑。货币作为动力的有效性取决于奖项的相对价值以及与成果的相关度。

创造力的实验研究表明，金钱不是万能的。人们常说，他们不太关注工资。只有极少数的人会花时间琢磨自己的奖金是否和自己的创造性思维相抵。如果人们认为自己的每一个建议都会影响他们的薪酬高低，那么奖金和绩效工资计划甚至会成为一个问题。在这些情况下，人们往往会规避风险。

公司所犯的最大错误之一是把管理人员奖励机制过于直接地同具体的创新指标挂钩。把薪酬同创新的难易程度挂钩也可能导致管理人员以冒险的方式执行创新。

麦肯锡公司最近的一项研究表明，**有三种类型的非经济奖励要比其他的奖励方式更可取，这三类奖励分别是：获得高管的表彰，正式认可为优秀创新型员工的成就感，以及拥有领导新项目和团队的机会。**

在普华永道会计师事务所的办公创新中，谢尔登·劳伯写道："人们普遍认为，员工的动机主要来自金钱。然而，在对多个公司进行调查研究后，他们发现，在很多情况下，金钱都并非一种最重要的动机因素。最近，在我们自己的公司，对想法管理系统的主要参与者进行询问：他们最看重的是什么类型的奖励或认可？结果，发展机遇以55%的得票率排在第一位，而货币奖励排在第三，只有11%的得票率。"

如果创新是企业管理最重要的领域之一，是否不用金钱就无法激励员工？

要回答这个问题，我们必须考虑不同的因素来确定是否采用金钱作为奖励。

第一个因素是考虑接受奖励的人员特点。金钱奖励对一位研究员和一位工业企业的流水线工人的影响是不同的。即使是市场营销专家、研发工程师，金钱奖励创新所起的作用也是不同的。

正如在第十二章中所解释的，在创新领域工作的人员往往更喜欢自己的工作。研究人员可能会感觉给予额外的金钱进行创新对他们是一种侮辱，因为创新本身就是他们从工作中希望获得的。他们甚至把"奖金"看作对他们工作的补偿性工资，或者视为公司不再信任他们能力的信号：只有在他们实际工作上有所发现，获得专利或研发成功时，公司才愿意提供奖金。技术人员更乐于接受非物质奖励，如专业认可，这一点已经得到证实。

另外，市场营销专业人员的薪酬一般包括固定报酬和浮动奖励两部分，后者取决于目标销售量的完成程度。由于营销部门对创新（至少创新产品要上市）是部分负责，所以只有让浮动薪酬部分来自正在进行的业务，而另一部分来自新业务，这样才有意义。我们可以看到，创新奖励并不像它看起来那么直接。创新奖励不是说“公司付钱，员工创新”，而是“创新是公司确定员工年终奖的要素之一”。有些作者认为，只有在奖金的金额不是很多以及创新是一种边际创新时（产品类延伸和产品组合发展），对营销创新进行金钱奖励产生的效果才是最好的。

对于销售人员，类似的计划也是有意义的。如果薪酬分为固定报酬和浮动奖励两部分，把浮动部分和新产品销售挂钩，这是合乎逻辑的做法。组织甚至应奖励给新产品团队或部门一定比例的新产品销售额作为奖金，这可保证他们为后续销售努力。

有证据表明，**金钱奖励的效果只对较简单的创新项目效果最佳**。对组织内职级较低的人员（基本的行政人员、工人等）进行小金额奖励，这种方法很有效。

那么，金钱奖励用作一种激励因素鼓励人们提出创意的效果如何呢？

管理层不应该对创意人员进行金额很大的金钱奖励。因为这不可避免地会导致贪婪，其他员工也会认为不公平。

从对员工协会和日本人力关系协会的联合调查中显示，对于每名雇员每年提交的平均建议数目，日本公司是美国公司的 100 倍。为什么呢？一方面，我们以错误的方式奖励错误的事情。在日本公司里，其平均奖金额只有美国公司奖金（平均 500 美元）的百分之一。我们弄错了吧！一言以蔽之，对提出建议的奖励太多就超出了原本的目的。

我们已经说过，公司还是需要大量的创意。为什么他们不应该得到相应的回报呢？也许问题的关键在于只奖励“有效”的创意，大多数人认为这不公平，最终会导致参与创意活动的公司人员人数减少。

金钱奖励也会带来另一个问题，谁得到奖金？任何创新项目都有很多人员参与，这样一来，只奖励那些提出创意的人员，而不奖励那些开发或实施创意的人员，这也是不公平的。那么如何对所有人都奖励呢？对团队成员进行一揽子奖励也有其缺点：参与创新很少并且贡献也很少的人员同真正担负创新任务并促使项目成功的人员获得相同的奖励，显然也是不公平的。最佳解决方案是制定团队奖金额（基于尽可能客观的结果评估），然后每个成员按照各自的个人贡献大小（在这种情况下，基于上司和同级人员的主观评估）接受奖励。

创新奖金分配后还存在问题：如果有时我们必须取消金钱奖励，会发生什么？员工将不再创新吗？

在对创新的金钱奖励的可取性以及创造力本身性质的争论中，公开表彰和金钱奖励都获得了支持，这就促使其他类型的奖励获得发展，即非实体性奖励，如表彰或奖状。我们将在下一个主题阐述这个问题。

我们知道，在任何情况下奖励机制都会鼓励创造力和创新。在创新文化章节中，我们解释了内在动机呈现创造力的方式。外在动机（如奖励）像一个动力电源能够增强内在动机。所以，我们不否认它的价值。现实情况是，很多高度创新型公司也在使用经济奖励。

在我们看来，奖励或不奖励不是问题，关键是要确保创新创造的价值可以公平分享。这就是为什么在本章开始部分，我们定义“奖励”是指一套旨在奖励员工创新的政策，该政策也能使他们分享创新中产生的价值。

如果我们根据定义的第一层定义来解释奖励机制的目的（奖励员工创新的机制），可能面临很多人的嘲讽和不满。但是，如果我们把奖励作为一种分享创新价值的机制（定义的第二部分），大部分人都会点头同意。因此，问题可能不是出在奖励的设计上，而是在我们赋予它的目的及实际的用法上。

为了解决这些问题，下面我们研究奖励机制中最常见的一些类别。

奖励类别

经济奖励

奖金

奖励主要是经济方面的。奖励的形式通常如下：

· 月薪

· 加薪

· 专门月度奖金（例如，通用电气公司 2005 年月度奖金的 20%都用来奖励在客户关系的改善方面做出贡献并达到目标的员工）

· 成功奖金（例如，康宁为努力创新的员工提供现金奖励）

创新的现金奖励往往与专利挂钩，对单项专利，德州仪器给予 17.5 万美元的奖金；摩托罗拉给予 1 万 ~ 4 万美元的奖金；印度 Adobe 更进了一步，对于进入专利申请阶段的每个创意给予 5000 美元的奖励。

公司股份

在这里，公司给予的奖励不是奖金，而是公司股票。麦肯锡公司开展了一项调查，得出主要经济奖励方法的排序：现金、提成和股票或股票期权奖励。

例如，谷歌一年一度的“创始人奖”是对年度最优秀的项目人员奖励公司的股票期权；星巴克也使用股票期权作为对员工的奖励。

股份可能是最有价值的奖励因素，并且最能反映奖励背后的理由。至少在我们看来，股票是公司价值的体现。

销售提成

奖励创新另一个独创性的方法是依据销售额提成奖励员工，销售额可以是某些产品、新产品的销售额，还包括方法改进后的节省费用，等等。在零售行业，常常还有给定的时间表。例如，在 1999 年，当时宜家的员工人数已经超过 53 000 人，公司设立“感谢员工日”。在这天，公司全球总销售额平分给所有公司员工，对于一些员工，这意味着多出一个月的薪酬！

另外一种是巴克斯特的提成方式，员工可以从新产品销售总额中拿到0.33%的奖金，最高为5万美元。

实物奖励

为避免使用金钱奖励，一些公司采取实物奖励，最常见的方法是：增加工龄、卫生保健用品或为员工购买人寿保险等。然而，这类奖励很少用于奖励创新，而是经常用于奖励员工在其他领域取得的成就。

精神奖励

公开表彰

许多人认为公开表彰只是一种简单易用的方法，这是一种错误的认识。相反，**公开表彰对创造力和创新是最有效的激励因素之一**。简单来说，表彰包括让人们知道创新背后的人是谁，并且使公众知道促使创新成功的具体是哪些人员。有趣的是，我们知道沟通是创新文化的一个要素，这在第十二章讨论过，在这里，沟通本身也转变成一种奖励因素。

有时候，这种表彰可以补充奖品或奖励的不足。

当我在办公室走动时，总是惊讶于人们大都选择用证明其成就的东西装点他们的办公室。他们自豪地展示包括证书、通告、奖牌等表彰物品。无论大小，人们总想展示自己的成就。表彰不是一个总和为零的游戏，组织颁发的证书、牌匾等，数量不受限制，根据需要可以颁发给尽可能多的人员。此外，受表彰的员工越多，营销效果就越好。

西班牙的美达奎米亚公司在肉类加工机械领域是全球领先者。在进入该公司总部时，我们首先看到的物品之一是一把巨剑，铭刻着当年最具创新力雇员的名字。在创新人才的领域，这种表彰是员工自豪的源泉，作为一种动因，这要比单纯的金钱奖励强大得多。

对于成功创新并给公司创造价值的个人、团队或部门，表彰通常有三种形式：

书面：通过新闻通讯；

电讯：通过企业内网（例如，3M公司在其企业网站上公布成功开发突破性产品的技术人员名字以及研发经历）；

个人：通过会议或专门活动。

限制性团体进入权

另一种奖励方式是邀请他们参加某些专门的团体。例如，在诺基亚公司，对于成功获得十项专利的工程师，公司组建了“十项专利人俱乐部”。在公司总裁出席的年度典礼上，公司宣布该俱乐部新成员的名字，作为公开表彰。

宝洁公司奖励其首席科研人员的方式是组建一个名称为“维克多米尔斯”的协会，这是一个仅仅只有10多名杰出科学家和研究人员组成的精英团体。在宝洁，若能入选成为协会的会员，被认为是获得该公司最有声望的奖项。

另一种方法是在公司内部或外部提供专门性的培训方案、课程或计划。

参加重要会议也被当作一种奖励措施。印孚瑟斯技术有限公司邀请9位年轻的优秀创新管理人员（他们必须在30岁以下）参加每年的董事会会议，并和其他管理成员一起介绍和讨论他们的想法。

有些公司通过授予封闭性组织的进入权来激发人员的热情，从而促进想法的产生，这是一个聪明的做法。对于选定的想法，公司邀请其提出者进一步完善，而不考虑他们在创新过程中的经验以及他们在组织结构中的地位。公司邀请他们积极参与创新过程，只要该创新是来源于他们的想法。他们可以来自整个创新过程，包括信息搜集、技术发展以及执行。

时间

有些公司对提出创新性想法的员工给予更多的自由时间去思考，这也是一种奖励方式。对于提出优质创新想法的人，如果不是直接从事创新工作的，公司准许他们暂停日常工作，从而有更多的时间来进行思考。

研究资源

有些公司不是给予员工更多时间，而是以提供研究资源的形式进行奖励来鼓励创新。一位研究人员很可能从获得的工作资源中获得比现金奖励更多的快乐。多年来，3M 公司一直为科研人员颁发一种称为“创世纪奖”的奖项。每年，获得该奖项的人数在 12 ~ 20 人，每个奖项的金额从 5 万美元到 10 万美元不等，获奖的研究人员可以用这笔钱雇用更多的研究人员或购买新设备。

奖励标准

尽管所有指标都应该进行管理，但不一定所有的指标都值得奖励。

首先，正如我们在第十一章解释的，有些奖励会适得其反。**我们须小心谨慎地把奖励同特定的指标挂钩，否则可能导致灾难性的结果。**在互联网泡沫期间，许多奖金与新公司、风险投资基金或大公司的销售额挂钩，他们支付了巨额资金，却不知道获得了什么。原因是他们的主要指标为公司的财务评估，而不考虑任何与销售、利润或客户维系有关的指标。这种奖励措施会把高管工作引领到一个误区，从而导致了相当多的公司倒闭。

我们需要谨慎的第二个原因是，有些创新指标可能产生消极的影响。对此，不仅创新负责人员，而且其他部门的主管人员都须保持谨慎。此外，还有一些指标，只是为了监视创新过程，如管道中的创新项目数量。这些指标用来确保创新管道不干涸，但它们通常与奖励无关。

除了定量和客观的标准之外（如指标），我们也应引入主观标准的评价（同行人员或管理人员对创新人员的评价），以奖励创新。但只有当我们使用的评审人员是建立在足够广泛的基础上，采纳主观标准实施奖励才会发挥作用。

另一个标准是，一般来说，必须在实施之前确定与流程或项目挂钩的奖励，而且只有流程实施完毕并且结果出来后才能下发奖励。

对于激进性或突破性创新，主观评估的奖励效果最好，因为对这类创新很难界定目标。我们已经发现奖金同创新产品销售挂钩，会导致员工采取保守的工作做法，因此这种方法不适合突破性创新。在这类创新中，把奖金同目标挂钩这种方式，需要更加灵活、更加开放地处理。

谁来颁奖?

谁来授予这类奖励和荣誉？这通常是总裁的工作，也是强调创新战略重要性的一种手段。如果总裁主持奖励活动，就意味着创新是很重要的？

这看起来可能并不那么明显。**在大公司中存在一个伟大的悖论，那就是一个人在层次结构中的级别越高，他对底层人员的影响力越小。人们较少关注总裁发来的电子邮件，却比较重视他们的顶头上司发来的邮件。这同样适用于表彰。**

结论是，公开表彰应该由组织最高层负责，而经济奖励则应该由一线管理人员负责。

总结

奖励、奖金都可以增加员工对组织的忠诚度，提高他们的士气，激励他们为公司捕捉有利时机，并努力保持一个开放和关注的态度。正如我们全面创新系统所表明的奖励会加强战略和成果之间的联系。

这就是为什么说，选择正确的奖励组合对公司最有帮助的原因。所以，奖励的要领就是选择最适合你的行业、最有针对性的目标、最有力的创新文化和最适合的奖励方式。

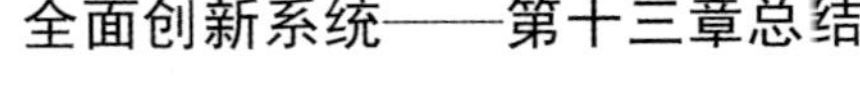

各角色的主要负责人员

A 发起者	B 搜索者	C 创造者	D 发展者	E 执行者	F 促进者
最高管理层（总经理或首席创新官）	市场调查部门	广告公司	研发	现在的营销部（兼职团队）	最高管理层（总经理或首席创新官）
员工	市场调查供应商	创新型机构	新产品开发	现在的销售部（兼职团队）	财务总监
供应商	社会学家	营销	经营	专职营销团队	新项目委员会
分销商	营销	创新类型	制造	新部门	首席创新官
客户	销售	研发	外部供应商	新公司	董事
投资者	舆论领袖	客户	营销	第三方联盟	股东
高校	观察者小组	供应商	销售		员工
科学界	研发	创新型员工	专职工程师		创新团队
发明者	内部的其他部门	其他供应商或第三方			中层管理人员
工程公司	其他供应商或第三方				外部专家，利益相关者，或投资者

自上而下的发起
由内到外的发起
自下而上的发起
由外到内的发起

各角色人员所用的方法

A 发起者	B 搜索者	C 创造者	D 发展者	E 执行者	F 促进者
创新范围	创新评价	头脑风暴法	协助定义概念	营销方案和推出计划	主观评价
创新层次	相邻类别分析	蓝海策略	概念测试，完善设计	改进	测试显示的购买意向
创新重点	内部咨询	形态分析	图片	KPI演化	特尔斐预测法
创新准则	社会发展趋势/社会阶层	横向营销	界定特征的联合分析	后续的边际创新	名义团体法
创新检查单	市场趋势	属性清单	图纸	区域测试	全公司范围评定
	购买过程	情景分析	实物模型	市场测试	菲利普斯66法
	创新路线	客户拜访	样品	产品测试	六西格玛
	技术解决方案	共同创造	产品测试	ATR强度	成本效益分析
	设计参考	重新定义客户价值	家庭使用测试	实验	需求估计
	近期成功的营销战略/从错误中学习	集体讨论	专利		损益表分析
	互联网监控	概念定义			投资回报率分析
	人种学研究				情景分析
	地理定位				市场测试

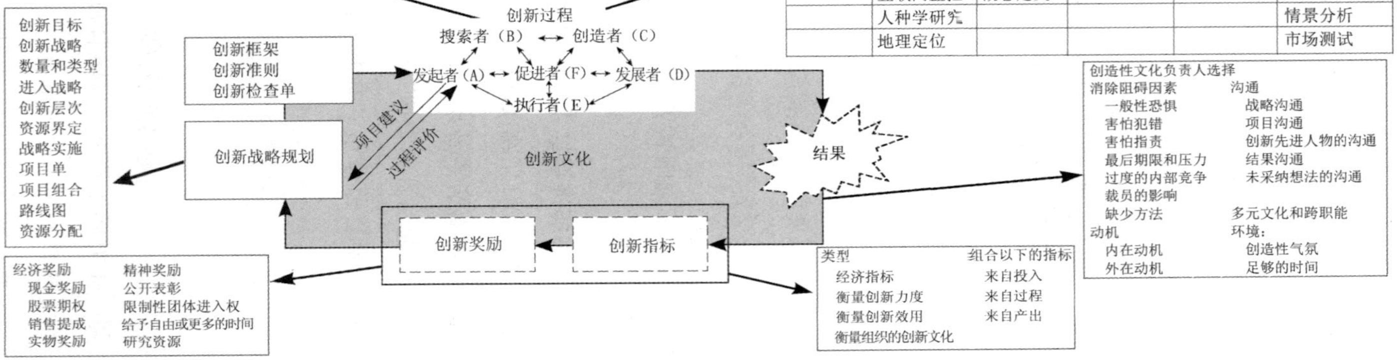

创新目标
创新战略
数量和类型
进入战略
创新层次
资源界定
战略实施
项目单
项目组合
路线图
资源分配

创新框架
创新准则
创新检查单

创新战略规划

项目建议
过程评价

创新过程
搜索者（B）↔ 创造者（C）
发起者（A）↔ 促进者（F）↔ 发展者（D）
执行者（E）

创新文化

结果

创新奖励
创新指标

经济奖励
现金奖励
股票期权
销售提成
实物奖励

精神奖励
公开表彰
限制性团体进入权
给予自由或更多的时间
研究资源

类型
经济指标
衡量创新力度
衡量创新效用
衡量组织的创新文化

组合以下的指标
来自投入
来自过程
来自产出

创造性文化负责人选择
消除阻碍因素
一般性恐惧
害怕犯错
害怕指责
最后期限和压力
过度的内部竞争
裁员的影响
缺少方法
动机
内在动机
外在动机

沟通
战略沟通
项目沟通
创新先进人物的沟通
结果沟通
未采纳想法的沟通

多元文化和跨职能
环境：
创造性气氛
足够的时间